江戸詩歌史の構想

江戸詩歌史の構想

鈴木健一 著

岩波書店

目　次

序論　江戸詩歌史の構想

本書で最も言いたいことは、江戸詩歌は孤立していないということである。言い換えると、江戸詩歌をひとまとまりとして捉え、前後への連関を見出すこと、それが本書の目的である。

中世までの豊かな実りを受けた上で、江戸詩歌は独自の展開を遂げ、近代へのなだらかな道程を用意した。そこでは、伝統と革新がせめぎ合いながら、少しずつ変化が生まれてくる。変容の内実は、雅びに対する〈俗〉の領域の拡大、伝統的な歌ことばの解体、日常性・写実性へのまなざしといったものを主体とする。

本書では、第一章「近代への道程」において、近代へのなだらかな道程を江戸時代が胎生したこと、第二章「歌人と伝統」では、伝統性との関連にやや重きを置いて、伝統性の呪縛との相克を経て江戸詩歌は転回したこと、について論じる。第三章以下は、従来の作品・作者中心の視座から一旦距離を取って、音声・名所・絵画というような江戸詩歌の特性を表わす、新たな切り口を提示した。第三・四・五章で取り扱った問題は、第一・二章の視座のもとに置かれ、両者は往還し合う関係にある、そうお考えいただければありがたい。

なお、本書の方法意識について若干記しておきたい。

ひとつの作品が他の作品から孤立して単独で存在しているということはありえない。すべての作品は、過去の作品表現の総体と向き合って成り立っており、新たに成立したその作品は以後の作品表現になんらかの形で関わって行く。関わり方に親疎はあっても、総体としての表現の連鎖が存在することは否定できない。表現の新しさはそのような共同性の上に成り立つものである。

たとえば、ひとつの作品、あるいは一人の作者に焦点を定めて、それを中心として表現の連鎖を描き出そうとすることも可能だろう。しかし、大体において本書では、作品・作者を単独で取り上げて定点観測するのではなく、それらの連鎖に重点を置く切り口を採用している。単独の作品・作者を取り上げた場合でも、共同性の吟味にこだわった。なぜなら、総体としての作品表現のありかたを解析するためには、作品や作者から一旦自由になる必要があるからなのである。

その際に基本的に必要なのは、文学史への信頼ということである。いわゆる教科書的な――静的なと言い換えてもよいが――文学史的記述を金科玉条のように捧げ戴くことは、事態を図式的に捉えすぎる結果になって、当然のことながら、それだけではつまらない。時間軸のなかであまりに整合性を持たせようとすることには無理があり、むしろ例外的なものを拾い出していく行為のなかに文学的ななにかが潜んでいることも多い。しかし、文学史は、作品表現の展開という大きな流れへの意識化がなされるという点で、以上の欠点を補って余りある有効な考え方であると思われる。

*

第一章「近代への道程」では、江戸時代における詩歌の展開をある程度の長さの射程をもって把握するよう試みた。〈和漢同情論〉、〈叙景〉の成立、恋歌、近代性というような切り口によって、江戸詩歌の特質を描き出そうとしたのである。ここでの見取り図を大まかにまとめると、伝統的な和歌を中心とする日本の古典詩歌が、和漢や雅俗の混融、写実の獲得、観念性の高まり、歌ことばの解体などといった江戸時代におけるありかたを経て、近代へと緩やかに転回していくということになる。

日本の詩歌が時空間を越えて中国の詩と同じ発想に基づいて成立したと考える〈和漢同情論〉は、日本人の〈漢〉への劣等感を払拭するものであり、国学者・歌人、漢学者・詩人、俳人にとって、それぞれの存在証明として必要なものであった。そして、この考え方は、十七世紀前半に過去の情報が秩序立てられ、さらに十七世紀後半に歴史的な時間感覚が錬磨されたことによって確立したものであった。また、それは、〈和〉と〈漢〉を高次のレベルで融合させていく、すぐれて日本的な思想であった(第一節　和漢の融合――〈和漢同情論〉の展開)。

朝顔を詠んだ和歌を時代順に見ていくと、恋心や無常観といった〈情〉主体のありかたから、江戸時代に至って無常観を否定して、その花盛りを積極的に評価し、かつ色彩を鮮やかに描こうとする〈景〉主体のありかたへと転じていくことがわかる。このような、江戸的〈叙景〉は、歌ことばの解体、他の詩歌ジャンルとの連動、性霊《せいれい》主義の台頭、園芸ブームなどと関連しながら成立したのである(第二節　写実の獲得――朝顔の叙景)。

現場性を失い、題詠によって詠まれるようになって久しい江戸の恋歌においては、新しい表現を追究した結果、徐々に観念性が強く打ち出されて行くようになる。それは旧来の伝統的な歌ことばの枠組みが崩れていくこととも密接に関わるものであった(第三節　観念性の高まり――恋歌の江戸)。

歌ことばの解体は観念化と連動して口語調をもたらし、江戸から近代へと和歌史を転回させていくことになった。海野《うんの》遊翁《ゆうおう》の和歌に見られる口語調、斎藤茂吉の鶯詠に認められる革新性と伝統性の共存、大根という歌材の江戸時代における先取性、武島羽衣《たけしまはごろも》の歌論書における江戸への親近感などは、いずれも江戸から近代への連続面を証するに十分なもので、一方で非連続面も存在しつつ、江戸から近代への和歌史にはなだらかな道程が認められる（第四節　歌ことばの解体――江戸の和歌から近代の短歌へ）。なお、近代性との関わりについては、第一章第二節「写実の獲得――朝顔の叙景」、第一章第三節「観念性の高まり――恋歌の江戸」、第二章第三節「日常性の発見――良寛と〈手まり〉」、第三章第二節「擬音への志向――蛙の声の描写」、第四章第二節『江戸名所和歌集』が描く市井」など本書の随所で言及した。

＊

第二章「歌人と伝統」では、江戸時代初期堂上の主宰者後水尾院《ごみずのおいん》、中期の賀茂真淵《かものまぶち》、後期の良寛を取り上げ、それぞれの史的位置付けを試みる。この三人のみをもって江戸時代の歌人の代表格とするというのではないが、重要な三人であるのは間違いなく、彼らの位置付けを記述することによって、伝統との共生、その呪縛との格闘、そして非伝統性の流入へという、江戸時代における和歌の流れがある程度把握できるよう心がけた。

「白雲の」という後水尾院の歌は、歌題・歌枕・歌ことばにおいて伝統性を踏襲しつつ、「つづけがら」に心を配り、表現の細部に彫琢を施すことでの新しみを加えようとしたものであった（第一節　微細への愉楽――後水尾院の想像力）。

賀茂真淵は万葉主義を標榜した歌人として知られるが、近代の言説、人生の軌跡、作品の分析を通してみると、歌人としての生理のなかに奥深く『古今集』が根差しており、そのことが真淵の歌人としてのすぐれた資質を支えていると考えられる。なお、真淵の恋歌でも、万葉的なものと平安的なものとがほどよく融合し、想像の世界に遊ぶのどやかさが発揮されている（第二節　雅びの呪縛――賀茂真淵の古今集）。

良寛歌の評価には、しばしば聖人としての要素が持ちこまれ、作品評価が人格評価にすりかえられがちであるが、そのことは、近代の相馬御風《そうまぎょふう》によって方向づけられたものであった。そのような旧来の良寛評価に絡め取られずに作品を作品として評価するには、良寛の歌を表現の歴史に還元させていく必要がある。たとえば「霞立つ」の歌でも、同時代に手まりという日常卑近な品が詩歌の素材としてあったことに注目することによって〈良寛〉は相対化される。さらに、良寛歌を本歌取りの手法という点から見直してみることで、聖人観という場から歌人としての技巧という場に評価軸を移すことも可能になる（第三節　日常性の発見――良寛と〈手まり〉）。

＊

第三章「聴覚世界の拡張」では、音声を切り口に江戸詩歌のさまざまな局面を切り取ろうとした。絵画のような視覚的な資料に比べて、聴覚的な資料は残りにくく、今のわれわれがそれを解析する際には、一層の想像力を必要とする。しかし、言語と音声との関わりは根深く、言語資料による音声の掘り起こしと、それによって言語感覚の豊かさを証明することは大きな課題である。

自然音、鐘の音、人の声、物質の音、遊廓の音のような、多様な音声が、都市空間江戸を特徴付けている。その音はそれまでの伝統的な詩歌が扱ってきた〈雅〉なもののみならず〈俗〉な対象へも広がりを見せるものであった（第一節　都市空間江戸に響く音声）。

古典詩歌史を通して詠まれ続ける蛙の鳴き声は、江戸時代に至ると徐々に写実性を帯びてくるようになるが、それは近代性を江戸時代が胎生するという意味を持つものであった（第二節　擬音への志向――蛙の声の描写）。

琴などの楽器に寄せる江戸の詩人たちの愛着は中国への憧憬に基づくものであり、その音を描写する場合にも白居易（白楽天）らの表現を取り込んで伝統性のなかに感じ取ろうとしていたが、それはむしろ詩人たちにとってリアリティーが感じられる行為なのであった（第三節　詩中の楽——江戸漢詩に描かれた楽器）。

和歌における蛙の声の描写には写実への志向がかなりよく見て取れるのに、漢詩が描く楽器の音色では伝統性の介在する度合がかなり残存していた。江戸時代における写実性は、伝統との相克のなかで徐々に獲得されてきたものなのである。

＊

第四章「歌枕から名所へ」では、江戸という都市空間において名所がどのように生成されて行ったのかについて論じた。江戸という時代の精神性を区切られた現実の空間によって示したのが江戸という土地であり、この地の特性を考えることは、時代精神を考察するに等しい。その空間的特質が文学において顕著だとされてきたのは、狂歌や戯作であったろうが、ここではそれと等しく重要な視座を提供してくれると思われる歌枕の問題と結び付けてみた。

『江戸名所図会《ずえ》』の挿絵に頻繁に引用されている詩歌作者としては、室町時代の道興《どうこう》、江戸時代の芭蕉・其角《きかく》、服部南郭《はっとりなんかく》らがいるが、これは江戸歌枕形成の歴史を反映したものであり、この書は地誌としてのみならず江戸詩歌における江戸詠を考える上でも価値がある。そして、この書では賀茂真淵以降の歌人は採られていないが、岡山鳥《おかさんちょう》の『江戸名所花暦』では真淵門の江戸派の作品が収められるようになり、より当代性が見出せる（第一節　『江戸名所図会』所引の詩歌）。

生活に密着した江戸の地名を歌に詠むという行為によって、歌人たちは、伝統的な手法と自分が生きている現実の感覚をふたつながら掌中に収めることができた。歌の表現にもその二面性は反映されており、それは近代短歌へのなだらかな道程を示すものでもあった（第二節　『江戸名所和歌集』が描く市井）。

なお、第三章第一節「都市空間江戸に響く音声」も、江戸という土地に関する考察である。

＊

第五章「絵画体験の浸透」では、絵画が人々の生活に浸透し、そのような体験の共有が詩人たちの共同性を保証し、彼らの知性が発動するよすがとなっていることを述べる。

「八幡太郎義家公、勿来の関を過ぐるの図」に賛をした江戸後期の漢詩を見ていくと、中国漢詩における「塞下曲《さいかのきょく》」の世界を下敷きとしつつ義家の和歌世界を描こうとする共同性の存在が確認できるが、そのように知性的なまなざしをもって歴史的な事実を捉えようとするところにこそ詠史詩の文学作品としてのすぐれた特質がある。絵画も、そのような共同性を保証するものであった（第一節　詩人たちの昂揚——勿来の関と源義家）。

「新羅《しんら》三郎、笙を足柄山に吹くの図」に賛をした江戸後期の漢詩では、『詩経』の鶺鴒《せきれい》の故事を下敷きにすることが多くあり、ここでも義家勿来の関画賛と同様の共同性が確認できる。この場合は、頼山陽《らいさんよう》の詩が、共同性の中心に位置していることが、よりはっきりと知られる（第二節　イメージの共有——笙を吹く新羅三郎）。

第一章　近代への道程

第一節　和漢の融合――〈和漢同情論〉の展開

一　はじめに

〈和漢〉が日本文学の根本的な問題として研究の重要な舞台に登場してきて久しいが、この概念がいつから自覚的に論じられるようになったのか、その淵源を見定めずして論じることは出来まい。しかし、〈和漢〉を方法として用いる研究は多くあっても、〈和漢〉という概念に対して正面から向き合うことはあまりなされていないように思われる。ここでは、私なりに答を模索したい。

具体的には、江戸時代に至ってしばしば論じられる〈和漢同情論〉について考えてみたい。〈和漢同情論〉とは、簡単に言うと、和漢を同一視しようとする自覚的な姿勢、特に文学作品の成立・特質に関して和漢を同じ水準のものとして捉えることへの意識化された姿勢を言う。和漢を対にする思想自体は『和漢朗詠集』を始めとして平安時代から見られることであるが、ここで取り上げる〈和漢同情論〉とは、和漢の同一性を客観的に把握した上で、より積極的に認めようとする概念であると、ひとまず考えておきたい。

論の順序としては、これまで一本の論文としてまとめられることのなかった〈和漢同情論〉という概念を、言説に即しつつまず整理したい。その上で、〈和漢同情論〉の成立時期とその史的意義について考察していく。以上の二点を明確にし、〈和漢同情論〉という概念を文学史の上に定位させることによって、和漢比較文学研究という方法論に、いっそうの根拠とより明確な方向性を与えることができると思われる。

なお、〈和漢同情論〉に関連する資料は江戸時代に多く見られるが、若干はそれ以前にも確認できる。二条良基《にじょうよしもと》の質問に頓阿《とんあ》が答えた『愚問賢注《ぐもんけんちゅう》』は、十四世紀後半に成った和歌史上重要な歌論書であるが、そのなかには次のようにあるのである。

三代集は明時の正雅なり。尤《もっと》も規範とすべし。凡《およ》そ毛詩三百篇は、本朝の童謡に似たり。其国の善悪を風して、政をたゞせり。日本紀に童謡落書の歌も、みな世の治乱をいへるにや。

ここでの「雅」は詩の六義の一体である。それが、三代集にたとえられている。一方、「毛詩(詩経)三百篇」は、『日本書紀』の童謡(政治を諷した歌謡)に似ているとされている。良基自身が述べているように、それぞれ平和な世と乱世の産物という共通性があるからである。このように、和歌と漢詩を同レベルのものとして自覚的に比較し論じるのは、中世、とりわけ南北朝期ごろからではなかったか。(1)

しかし、本格的にそのような傾向が見受けられるのは、やはり江戸時代に至ってからであった。

以下、国学・和歌、漢学、俳諧という三ジャンルのそれぞれに分けて、まずは考えていきたい。

二　国学・和歌

まず最初に、国学・和歌における〈和漢同情論〉についてであるが、比較的初期の例で、〈和漢同情論〉全体としても典型的と思われる言説から始めたい。

引用するのは、安藤為章《あんどうためあき》の『年山紀聞《ねんざんきぶん》』(元禄十五年〈一七〇二〉成)からである。安藤為章は徳川光圀に仕え、『扶桑拾葉集』『礼儀類典』『釈万葉集』などの編纂に携わり、『紫家七論』という『源氏物語』についての重要な書もある。和歌は中院通茂に、国学は契沖《けいちゅう》に学んだ。右の書には「和漢同趣」と題する一章がある。以下に本文を掲げよう。

万葉第二十天平勝宝六年四月二十八日大伴家持の歌に、

八千種に草木をうゑて時ごとにさかん花をし見つゝしのはな

御釈云、欧陽永叔、種花詩云、浅深紅白宜相間、先後仍須次第栽、我欲四時携酒去、莫教一日不花開。これ国は和漢をわかち、人は先後をへだてたれど、よく似たる歌なり。(傍線引用者、以下同じ)

傍線部分には、国は日本と中国で分かれていて時間的にも隔たりはあるものの、同じような詩歌が歌われるものだ、という感慨が記されている。「欧陽永叔」は欧陽脩《おうようしゅう》、北宋の人で、唐宋八大家の一人。十一世紀に活躍しており、家持よりだいぶ後の人ということになる。家持と欧陽脩の作品が同趣かどうかについては、厳密には首肯しがたい。しかしここでは、そう思ってしまう著者為章の主観が重要なのであり、同趣か否かの吟味には深く立ち入らない。

「これ国は和漢をわかち、人は先後をへだてたれど、よく似たる歌なり」という言い回しからは、どのような意識が汲み取れるだろうか。そもそも日本文化に関して日本人が抱いてきた伝統的な認識というのは、中国がお手本として常にあって、それを日本が摂取するということだったはずである。しかしここでは、中国に先行して同想の詩歌が日本において成立した例を持ち出して、国や時代に関係なく人は同じような思いを抱くものだ、と言う。つまり、もっとそのことを積極的に読み取れば、中国に倣ってばかりいるのではなく、日本人も独自に発想できるという自負心さえも感じられるだろう。
そのような感じ方が、江戸時代に至って台頭してきた国学の精神と密接な関わりがあるだろうことは想像に難くない。為章の言のなかでも、国学者の賞揚する万葉歌が中国の作品より先行する価値として認められていることに、それは顕著に現われている。

（1）『万葉集』の賞揚

ただし、万葉礼賛が認められる〈和漢同情論〉の言は国学者に限らない。そもそも国学の影響をことさら言わなくても、歌人が和歌の先行価値を言挙げしようという場合に『万葉集』を持ち出してくるのは、ごく自然なことと言えよう。以下は、国学という枠に限定されずに記された言説のなかでの『万葉集』賞揚の例である。
堂上歌人として霊元院歌壇で活躍した武者小路《むしやのこうじ》実陰《さねかげ》が門人似雲《じうん》に対して和歌の指導を行なった、その筆記録である『詞林拾葉《しりんしゅうよう》』の享保五年（一七二〇）四月十九日条には次のようにある。

ふるき詩に、
　四月清和雨忽晴、南山当戸転分明
といふ詩、いかさま名詩といふか、さも有るべし。詩評にも、悠然として南山を見るの意とひとしきよし。是にて思へば、四月清和雨忽晴、南山当戸転分明、此二句は、
　春過て夏来にけらし白妙の衣ほすてふ天のかぐ山
の歌、符合して見ゆ。是も不思儀なるもの也。彼詩の作者は此御製より時代後かと覚るなり。

「春過て」の歌は、『万葉集』巻一に載る持統天皇歌で、『百人一首』にも選ばれ、『新古今集』夏部巻頭歌としても

知られる。一方、漢詩の方は司馬光《しばこう》（温公とも。十一世紀、宋の人）の「初夏」の一節。『聯珠詩格《れんじゅしかく》』にも載る。傍線は、日本の方が中国より先に成ったとの指摘である。わざわざこのように指摘するのは、本来中国が日本に先行すべきとの固定観念が広くあるからなのであろう。そして、それに対して懐疑的、もしくは挑戦的にありたいという姿勢が打ち出されているのである。

また、江戸後期には『万葉集』と『楚辞《そじ》』を同格と見なすことへの関心が顕著に認められる。たとえば、石上宣続《いそのかみのぶつぐ》『卯花園漫録《ぼうかえんまんろく》』（文化六年〈一八〇九〉序）には次のようにある。

後水尾院御製、ならの葉の古きためしにもれし菊梅を忘れし恨やはなき、万葉に人愛するほどの花を詠ずといふも、菊を不詠、梅を忘るゝとは、離騒経屈原《くつげん》が作書也。（中略）万葉に菊をもらせる事、梅を忘るゝがごとしと有。

後水尾院は江戸初期の堂上歌壇を主宰した歌人だが、その歌にある「ならの葉の古きためしにもれし菊」とは『万葉集』に菊を詠んだ歌がないことを言う。また「梅を忘れし恨」とは、屈原が『楚辞』離騒経に梅を詠まなかったことを言う。つまり、『万葉集』が菊を詠まなかったのは遺憾なことだが、『楚辞』離騒経で梅を詠まなかったことについては、中国の人々は遺憾だと思わないのだろうか、と言うのである。『後水尾院御集』では二句目「世のふるごとに」、五句目「恨なしやは」となっているが、これでも歌意は変わらない。つまり、『万葉集』『楚辞』ともに和漢を代表するほどの書が重要な植物を欠いている点での和漢共通を歎いているのである。後水尾院の歌は引用されていないものの、ほぼ同様の指摘は、天野信景《あまのさだかげ》の『塩尻』や、江戸堂上派の歌人として名高い石野広通《いしのひろみち》の『大沢随筆《だいたく》』にもある。後者には、

ある人云、楚辞に梅なし、万葉に菊なし。和漢同趣、不思議の事也。こと更、梅はもろ〳〵の花の始に咲、菊は

もろ〳〵の花のをはりに咲て、梅を花の兄、菊を花の弟といへり。自然の事也云々。

広通云、わざとの事にもあらぬか、不思議也。

聯珠詩格四ノ十九丁鄭碩が詩、勧君莫把離騒読見説梅花恨未平。注ニ屈原騒経中独不及梅、千古之遺恨也。

とある。(2) ここでは、「和漢同趣」という語を用いて、明確に問題意識が述べられていることに注目したい。

また、平安四天王の一人であり、「同情新情の説」「ただこと歌」を主唱して、京都歌壇に新風を吹き込んだ歌人小《お》沢《ざわ》蘆《ろ》庵《あん》『布留《ふる》の中道』(寛政十二年〈一八〇〇〉刊)の「或問」の章には、次のようにあり、このあと、『詩経』と『万葉集』の近似した表現四例が列挙されている。傍線にあるように、ここでも和漢が期せずして同じであることが記されている。

問云、注書に、古今人情一般といひ、本文には、念々思ふ所、これより心のあたらしき物なしと云々。此わかれ、微細明了にきかせよ。

答云、(中略)我朝・漢土、万里をへだてゝ、人情一般なる証、少々可記之。

毛詩衛風伯兮章

自伯之東首如飛蓬、豈無膏沐誰適為客

万葉十

君なくは何身かざらむくしげなる玉のをぐしもとらむと思はじ

以上、万葉歌によって〈和〉の価値を〈漢〉と同格にまで引き上げようという姿勢が見られる三例を見たが、もちろん、万葉歌だけが〈和漢同情論〉に援用されたのではなかった。それについても一例を挙げておきたい。小山田与清に国学を学んだ随筆作者山崎美成《やまざきよししげ》の『海録』(天保八年〈一八三七〉成)には、次のようにある。

放翁詩・西行歌同趣　十一月十二日、文政九年、上野是心院、御本坊妙義長屋にて、官医武田道安主に邂逅せし時の話に、西行法師と陸放翁は時代同じくして、その詠ずる処も同意のものまゝあり。その一は、放翁の詩に、「何方可化身千億、一樹梅前一放翁」といへると、西行法師の「まだ見ぬかたの花や尋ねん」とよめる、趣同じといふべしと也、

「陸放翁」は陸游《りくゆう》。放翁・西行いずれも、十二世紀の人。西行の方が七歳年上である。西行の歌は「吉野山こぞしをりの道かへてまだ見ぬかたの花をたづねん」(新古今集・春上)である。放翁と西行についての同様の比較は、美成の『世事百談《せじひやくだん》』(天保十四年刊)にも載る。また、美成の『提醒紀談《ていせいきだん》』(嘉永三年〈一八五〇〉刊)は、旗本武藤庄衛と劉禹錫《りゆううしやく》の作品に言及し、「和漢異地にして事相同じ」としている。

(2)　国学者・歌人たちのジャンル意識

さて、ここまで具体的な作品同士の比較論であったが、和と漢、和歌と漢詩というジャンル全体に相渉る言説のなかから、〈和漢同情論〉の展開について考えてみる。

まず、契沖が『万葉代匠記《だいしようき》』初稿本(貞享末年〈～一六八八〉頃成)で、

歌は此国の詩なり。

と述べていることが注目されよう(3)。同書には「和歌の用は詩とおなじ」ともある。契沖は、実証性を極めるという目的達成のためには、和書のみならず仏典・漢籍に至るまで幅広く諸書を渉猟した。その過程で、和漢の世界が彼自身のなかでひとつの統合された姿として現前してきたのではなかったか。あらゆる書物を読み漁った末の感覚的な言辞が前出のそれなのだと考えたい。

また、霊元院歌壇で実陰とともに中心的に活躍した堂上歌人烏丸光栄《からすまるみつひで》の『内裏進上の一巻』(元文二年〈一七三七〉以前成)にも、

黄門、常可握翫《あくぐわん》との教は、文集の句をとり用ゐて歌によめとにはあらず。人の心の妙は古今もなく、和漢もなく、一様なれば、歌も詩もなどか同じからざらむ。彼の優美の文章を常に翫味せばおのづから意趣深くなりて、優美になるを通ずとはいへり。

とある。「黄門」は藤原定家、「常可握翫との教」は『詠歌大概《えいがのたいがい》』に見られる言。さらに、村田《むらた》春海《はるみ》『織錦斎随筆《にしごりのやずいひつ》』には、

からも大和も、歌はまたく同じものにて、大かたは其おもむきことなることなし。委《くは》しくいはゞ、から歌はことひろくとゝのほりて、すがたもさまぐ\なり。大和歌は事せばくして、かれにくらぶればたらはぬふしおほし。こは国がらのしかるにや、おのづからなる事なれば、あながちにうらやむべきことにもあらず。またしひてまねぶべきやうもなし。

とある。(4)

歌論では、こののち小沢蘆庵が「同情新情の説」を唱える。この説は和漢ということには重点を置いていないが、時間を越えて古今の人情が普遍的なものを共有するという考えは、〈和漢同情論〉と連動するものと言える。

(3) まとめ

以上、国学・和歌に関係する言説からは、〈和漢同情論〉が万葉歌と中国漢詩との比較を中心に捉えられていること、国学思想を核としつつも、その枠内にとどまらない広がりも存すること、などが確認できた。

国学にとっては、日本人本来の精神を見極めるという最終的な目的の前に、〈和〉を見直して高く評価することが急務であった。また、広く和歌においても、伝統的に中国漢詩からさまざまなレベルで影響を受け続けている関係のなかで、時間の蓄積とともに和歌自体の存在意義の確認をしておく必要も増してきたのだろう。そのような理由によって、国学・和歌において〈和漢同情論〉は必要とされたのである。

三　漢学

（1）具体例の比較

続いて、漢学者・詩人たちの〈和漢同情論〉について考えたい。これも、「二　国学・和歌」に倣って、具体的な作品同士の比較について言及しているものをまず挙げる。

木下順庵門の漢学者室鳩巣《むろきゅうそう》の『駿台雑話《すんだいざつわ》』（享保十七年成）の「倭歌に感興の益あり」の項には、次のようにある。

国風芣苢《ふい》の詩に、采々芣苢、薄言采之、采々芣苢、薄言有之、といふがごとし。是は婦人のおほばこを采《とり》て日をおくるを自から賦したるなり。なにのおかしきふしもなけれど、其時代泰平にして、婦人までも無事をたのしむの情、言外にあらはる。それにはからずしてかなひたるは、

　もゝしきの大宮人はいとまあれやさくらかざしてけふもくらしつ

とよめるにぞ、我朝も延喜天暦のころは、朝廷和平、群臣閑暇なりし事、おもひやられていと感ふかし。

「国風」は『詩経』国風周南を言う。引用句のうち、「芣苢」はオオバコ。王の徳によって世の中がよく治まっていることを詠んだもの。「もゝしきの」の歌は、『万葉集』巻十に「梅をかざして」として収録されている。『駿台雑話』

にある歌形は、むしろ『新古今集』春下に山部赤人作として収録されているものである。(5) 傍線部分からは、偶然そうなっただけで本来両者は同情であるとの認識が感じられる。

この例では、やはり万葉歌をもって〈和〉の価値を高からしめようとしているが、漢学の場合は、国学・和歌ほど万葉歌への傾倒は確認できない。

漢学者(歌人でもあった)日尾《ひお》荊山《けいざん》の『燕居雑話《えんきょざつわ》』(天保八年序)の「詩歌同轍《どうてつ》」の項から一部分を引用しよう。

> 詩と歌と、自ら意の通へるも有り、またはわざと取りたるも有ることながら、見あたりしを三ツ四ツ抄出して、秋雨の寂莫をなぐさめ侍る。まづ、宋陸放翁が詩に、遶檐点滴如琴筑、支枕幽斎聴始奇、と賦せしを、風雅集に、
>
> 　燈は雨夜の窓にかすかにて軒のしづくを枕にぞきく
>
> (中略)
>
> 唐張説が、客心争日月、来往預期程、秋風不相待、先至洛陽城、と賦し、能因法師、
>
> 　都をば霞とゝもに立つれど秋風ぞふく白河のせき
>
> と詠めるなどは、強ちに詩の意を取りたるにはあらで、自ら似通ひたる者と見ゆ。

ここでは、陸放翁(陸游)と『風雅集』(徽安門院《きあんもんいん》)、張説《ちょうえつ》(掲出された詩は『唐詩選』に載る)と能因《のういん》(『後拾遺集』所収)とが同一視されている部分を掲げたが、他にも白楽天《はくらくてん》と何某の僧、趙元甫《ちょうげんぽ》と源行家が例として挙げられている。傍線部分からも、和歌は漢詩から摂取してばかりいるように思われているが、そんなことはないというニュアンスが感じ取れる。

(2) 漢学者たちのジャンル意識

では、次に漢学者たちの言説を辿ってみたい。
まずは江戸時代最初期の藤原惺窩《ふじわらせいか》の言を見ておく必要がある。惺窩は、「舟中規約」という文章のなかで、次のように述べている。

異域の我が国における、風俗言語異なりと雖も、其の天賦の理、未だ嘗て同じからずんばあらず。

ここからは、国際主義的・普遍主義的性格が見て取れる。(6) しかし、このような考え方は倫理的にすぐれた人物であった惺窩だからこその言であり、まだ時代全般に亘る思考とは見なし難いと思われる。
少し時代が下って、林家の林鵞峰《はやしがほう》が著した『国史館日録』寛文五年(一六六五)十一月六日条には、文学だけでなく史書においても「和漢一轍《いってつ》」とする表現が認められる。(7)
また、伊藤仁斎《いとうじんさい》は『古学先生文集』(享保二年刊)所収の「和歌四種高妙の序」のなかで、次のように述べている。

詩、和歌と、源を一にして派殊に、情同じうして用異なり。故に和歌の説をもつて、これを詩に施せば、可ならざるところ靡《な》し。詩の評をもつて、これを和歌に推《お》すも亦然り。両つの者、条を同じうし貫を共にし、一一吻合《ふんごう》、たがひに用を相済さずといふことなし。

そもそも仁斎には「和漢雅俗の別なく、人情を道うの点で、本質は一である」(8)という考えがあり、しかもそれはある程度時代を反映したものとなっている。
仁斎の傍線のような発言は、もはやこの時点でさほど珍しいことではなくなっていたのかもしれない。徂徠学派においても、

(『毛詩』は)唯、日本の和歌と同じことにて、さのみ脩己治人の道を説きたる物にてもなく、治国平天下の法を示すものにもあらず。(荻生徂徠《おぎゅうそらい》述・三浦義質記『経子史要覧』)

我先師徂徠先生云はく、異国と我国と、風俗大に異なる中に、唯、詩と歌との道ばかり、詞の異なるのみにて、其趣全く同じ。人情同じき故なり。（太宰春台『独語』）

と述べられている。(9)

（3）まとめ

漢学においては、本質的に〈漢〉に同一化する能力が求められている。そして、〈和〉の潜在能力が高いことが彼らの自信にもなりえたのである。つまり、本来〈和〉と〈漢〉は対等の実力を有しているが故に、日本人が〈漢〉を学んだとしても、中国人に負けないだけの高い学識と思考を得られるのだと。

先に触れた国学・和歌にとっても、また漢学にとっても、〈和漢同情論〉は自己の存在意義を高める上で必要なものであった。逆に言えば、どうしても拭いきれない〈漢〉への劣等感を克服するための手がかりと言える。その点で、両者は利害が一致していたのである。

四　俳諧

ここまで、国学・和歌と漢学という和漢の伝統的なジャンルについて、〈和漢同情論〉の諸例を見てきた。両者の関係に加えて俳諧についても考えることで、より立体的に江戸時代における〈和漢同情論〉のありかたを知ることができるだろう。

江戸後期を代表する漢詩人の一人菅茶山《かんちゃざん》の『筆のすさび』（天保七年序、安政四年〈一八五七〉刊）では、俳諧と漢詩が比較されている。

和漢合意　大阪なる人妓を納んとせし時、其の友播磨の瓢水とやらんいふの俳句に、うちへいれなやはり野で見よげんげ花、といふを贈りし。清人もまたおなじことに、間花只合間中看、一折帰来便不鮮といふ句あり、絶域同情を見るべし。

「絶域」は、言うまでもなく日本と中国である。

また、やはり漢学者の津阪東陽《つさかとうよう》が著した『夜航余話《やこうよわ》』（天保七年刊）には多数の〈和漢同情論〉が見受けられ、そこでは和歌と漢詩との比較のみならず、俳諧と漢詩との比較も多くあるのである。このことについて、「漢詩と和歌と俳諧は形式は違っていても、同じ〈詩〉であるという認識が徐々に形成されつつあった。そうした認識への漢詩の側からの接近の姿を、江戸時代の詩話の中で、この『夜航余話』はもっとも顕著な形で示しているのである」という揖斐高氏の指摘がある。(10)

茶山・東陽は詩人・漢学者であるが、俳人たちもその認識は持っていた。蕪村『春泥《しゅんでい》句集』序（安永六年〈一七七七〉）には次のようにある。

波すなはち余に俳諧を問。答曰、俳諧は俗語を用て俗を離るゝを尚《たふと》ぶ、俗を離れて俗を用ゆ、離俗の法最かたし。（中略）自然に化して俗を離るゝの捷径《せふけい》ありや。答曰、あり、詩を語るべし。子もとより詩を能《よく》す。他にもとむべからず。波疑敢問、夫《それ》詩と俳諧といさゝか其致《ち》を異にす。さるを俳諧をすてゝ詩を語れと云、迂遠なるにあらずや。答曰、（中略）況《いはむや》詩と俳諧と、何の遠しとする事あらんや。

「波」は、召波《しょうは》。蕪村の高弟で、別号を春泥舎と言い、『春泥句集』はその遺稿集である。召波は服部南郭に漢詩を学んでもおり、和漢兼備の人であった。召波から「離俗の法」について問われた蕪村は、漢詩に学ぶことを説き、召波が和漢の別を言うのに対して、蕪村は両者を近接するものとしている。蕪村自身も、漢詩の影響が色濃い俳人であり、このような考えを持つのは彼にとって自然なことであったろう。

幕末の俳人大梅（詩人小島梅外）の言も挙げておきたい。(11)

詩も歌も心の声なり。是（引用者注・俳諧）も又名異にして趣一なり。修し得て心の虚大ならずは、声必らず大ならず、其声の大なるに至りては、余響千載の今日に残つて猶《なほ》人の耳底にとゞまる。祖翁の俳諧は和歌の一端なり。是を正風とよぶは、其心の正大虚無いゝさかも人造のわたくしなく、能《よく》自然の道に帰すればなり。（「竹堂の句帖の序」〈天保十年〉）

「祖翁」は芭蕉を指す。ここには、漢詩・和歌・俳諧という詩歌ジャンルを同一視する姿勢が、より明確に打ち出されている。

俳諧という新興のジャンルにとっては、伝統的な和歌・漢詩と詩情が通底すると見なすことによって、自らの価値を高めておくことも必要であった。その上で、俳諧独自のありかたも目指されたわけであるが、それは伝統とまったく切り離されたものではなかった。その点で、〈和漢同情論〉に連なっておくことには俳諧なりの意味があったのである。

なお、ここで指摘したような問題は、和歌・漢詩と俳諧という二項対立による〈雅俗〉論へと容易に転換しうる。しかし、一気にそこまで問題を拡大させることは、論点を拡散させてしまうことになりかねないので、あくまで〈和漢〉の対立軸にとどまり、〈和〉が和歌のみならず俳諧も内包するような形での広がりを有するものだというレベルに限定しての指摘としておきたい。

五　〈和漢同情論〉の成立とその意義

ここまで、国学・和歌、漢学、俳諧という各ジャンルにおいて、そのジャンル個々の事情に基づいた〈和漢同情論〉の必要性があることを見てきた。そして、個々の問題を越えて、さらに本質的な問題が起因していることも指摘できる。それについては、〈和漢同情論〉の成立時期という視点と関連付けながら論じたい。

結論をある程度先取りしてしまうと、〈和漢同情論〉という考えは、十七世紀後半からはっきりとした形を見せはじめてきたのではないかと思われる。

先に触れたように、契沖が「歌は此国の詩なり」と述べたのは貞享末であった。また、林鵞峰の「和漢一轍」との発言は寛文五年である。そして、安藤為章・武者小路実陰・烏丸光栄・室鳩巣・伊藤仁斎・荻生徂徠ら十八世紀前半に成った記述をはじめとして、先に取り上げたものの多くはそれ以後のものであった。藤原惺窩の普遍主義的な考えは前述したように彼の個人的な人格に帰すべきもののように思われるし、後水尾院の歌の内容も〈和漢同情論〉を理念化したとまでは言い難い。

そして、この十七世紀後半という時期は、これまでの時間の総体を体系立てて理解することのできる重要な時期であったのである。このことについて、しばらくこだわってみる。

そもそも江戸という時代全体が、中世以前の時代を総体として把握し、相対化できた時代であった。それには、時間的蓄積がなされたこと、出版が整備されてきたこと、また文芸の場合には雅俗各種の分野が出揃ったことなどが理由として指摘できるが、さらに江戸初期の十七世紀前半におけるさまざまな情報の整備ということが考えられる。たとえば、堂上における後水尾院歌壇の歌人たちがなした和歌に関する情報の整備、幕府の儒官林羅山《はやしらざん》らによる史書や啓蒙書の編纂がその代表であろう。

後水尾院歌壇では、寛永(一六二四〜四四)頃から類題集や室町期の三玉集などの歌書の編纂がかなり実証的な手続きのもとになされていたように思われる。古典講釈も、後水尾院や『源氏物語』の家としての中院家を中心にしばしば行なわれていた。そのように総合的に整備された和歌に関する情報に基づきながら、これまで以上に活発に歌会が開かれたのであり、その集大成として明暦三年(一六五七)と寛文四年に後水尾院から各四人への集団的な古今伝授がなされた。古今伝授は、和歌に関する総合的な知識が備わっていることを歌壇の構成員に保証するものであったはずである。

林羅山の場合にも、『本朝編年録』(のちの『本朝通鑑《ほんちょうつがん》』)の編纂を幕府に命ぜられたのを始めとして、『鎌倉将軍家譜』『京都将軍家譜』など系図類も多数整理した。また、漢籍から重要な章句を摘出し、それをもって一書を編んで啓蒙的な試みとしたものも多い。羅山の仕事には、総合性、実証性、啓蒙性が万般にわたって備わっていたのであり、そのような性質の業績も過去の時間を整備することに強力な役割を果たしたに違いない。

くり返しになるが、江戸初期すなわち十七世紀前半という時代は、さまざまな情報を整理し、それらに秩序を与えた時代であった。そのような過程を経て、十七世紀後半には、過去への時間的感覚がいっそう正確でかつ研ぎ澄まされたものになっていった。言い換えれば、過去の時間の集積をもっと明確な形で再構成できる、歴史的な時間感覚への錬磨が時代全体としてなされた時期が十七世紀後半なのである。その最も象徴的な例は、羅山とその子鵞峰によって寛文十年に成った『本朝通鑑』であろう。

ここで〈和漢同情論〉に立ち戻ってみよう。

おそらく、そのような歴史的な時間感覚の獲得の結果として、日本文学の歴史のなかでの和漢のありかたがよりはっきりと認識されていったのではないか。つまり、〈和〉と〈漢〉は時間的な蓄積とともに混融していく状況が促進されて江戸時代に至っている[12]という状況認識を明確に持ち得、〈和漢同情論〉が自覚化・理念化されるような精神基盤が十七世紀後半に成立したのではなかったか。〈和漢同情論〉の理論的確立の原因を、そのように想像してみたいのである。

それに関連して、興味深い例をひとつ挙げておきたい。

林梅洞《はやしばいどう》・鷺峰が著した『史館茗話《しかんめいわ》』（寛文八年刊）には、『白氏文集《はくしもんじゅう》』渡来の際に、嵯峨天皇が白楽天の詩を一字変えて小野篁《おののたかむら》に示したところ、篁がもとの詩の通りに添削し、その詩才を讃えられたとの有名な逸話が載る（原漢文）。

嵯峨の天皇、詞藻を巧みにす。常に野篁と文字の戯れを成す。一日、河陽館に幸し、一聯を題して曰く、「閤を閉ぢて唯《た》だ聴く朝暮の鼓、楼に登りて遥かに望む往来の船」。篁に示す。篁が曰く、聖作恰好《かっかう》、但「遥」を改めて「空」と為さんか。天皇駭然《がいぜん》として曰く、此の句汝之を知るか。対して曰く、知らず。天皇の曰く、是れ白居易が吟なり。本《もと》、「空」に作る。今「遥」の字を以て之に換るのみ。抑《そもそも》、足下、白居易と異域同情か。歎ずべし、歎ずべし。篁、莞爾《くわんじ》として退く。時に白氏文集一部初めて本朝に伝はり、蔵《をさ》めて御府に在り。世人、未だ之を見ず。

じつは、この逸話は『江談抄《ごうだんしょう》』に載り、『史館茗話』はほぼそれによっているのであるが、[13]「異域同情」という語は『江談抄』には見出せない。『江談抄』（類聚本系）には、

今、汝が詩情、楽天と同じなり。

とあるのである。この嵯峨天皇の言も、ある種和漢を同一視した見解と言えなくもない。しかし、そのことへの自覚化とはほど遠いように思われるし、なにより「異域同情」という語の有無がこの場合重要であろう。つまり「異域同

情」だということを感覚的に把握しているということなら、『江談抄』の方もそうであるに違いない。しかし、「異域同情」という語を用いてはっきりとそのことを理念化するような姿勢のなかには、そういう状態をより客観的な視線のなかで捉えることができるという、歴史的な感覚への自信のようなものが感じ取れる。そのような態度は、やはり十七世紀前半を経たのち獲得されたものと考えておきたい。

以上が、〈和漢同情論〉の成立とその意義についての大要であるが、なお二点付言しておきたい。

一点は、国学を究極にまで推し進めた本居宣長などにとっては、和漢同情を殊更に言わなくとも〈和〉の価値は自明のものとして認識されており、ここまで述べたような〈和漢同情論〉による〈和〉の価値の獲得の歴史というような視点は容認しがたいものであったにちがいないと思われることである。そういう点では、ここで図式的に描いてきた私なりの見取り図は宣長によって相対化されてしまいもするであろう。ただし、この件に関して、江戸という時代全体のなかでは、宣長の考えはむしろ少数派であることは、これまで列挙した多数の言説の存在によって一応証明できるのではないか。

もう一点は、〈和漢同情論〉に関連するものとして、和魂漢才論があることである。[14] これにおいても、宣長は和と漢を対立的に捉えているのに対して、谷川士清《たにがわことすが》は和漢を融合させていこうとしていることに注意したい。おそらく、士清の考えの方が当時一般のそれを反映したものだったのではないか。

六　おわりに

〈和漢同情論〉には、〈漢〉に対して抱いてきた劣等感の克服という性質が含まれている以上、江戸時代におけるナショナリズムの問題とも関係してこよう。ナショナリズムの形成は、やはり十七世紀の後半から徐々になされ、国学の盛行とともにその傾向が促進され、そして幕末を迎える。〈和〉の価値の引き上げは、日本の自信の現われ、もしくは、そのように振る舞わねばならないという自覚の現われでもある。

三谷博氏[15]は、古典の発見や国語への関心の高まりをナショナリズム形成の動因として指摘するアンダーソン・モデルを援用しながら、十七世紀後半においてこれまでの日本における歴史が相対化されたことの重要性を指摘し、さらに幕末のナショナリズムまでの道程を描き出した。先に指摘した〈和漢同情論〉の自覚化が十七世紀の後半であったとの見通しも、このことと連動していよう。

さらに三谷氏は、日本のナショナリズムが対外危機によるものではなく、中華帝国に対する対抗心によって形成されてきたと指摘しているが、このことも〈和漢同情論〉と関連する。つまり、日本文化にとって、〈漢〉は自らの姿を映し出す鏡のようなものとして常に存在したのである。

ただし、ナショナリズムとの関連は、〈和漢同情論〉全体の特質にとってあくまで一部である。ここでは、文芸の問題に引き戻して、もう一度考えてみたい。

文芸の問題としては、先にも指摘したが、やはり和漢混融状況の促進化という点が重視されるべきだと思われる。和漢比較という観点から日本の古典文学を見た場合、〈漢〉は長い時間をかけて日本に取り込まれていくことで、日本文学の生理にまで深く及んでおり、単純な他者とは言えなくなっていく。それがいつの時点かは、どのような基準で考えるかによって、ずいぶんずれが生じるであろう。しかし、時間の経過と和漢混融はある程度正比例している。江戸時代では、文芸表現・内容における和漢の混融状況はほぼ自明のこととしてあった。それによって、〈和〉と〈漢〉の二項対立が止揚されていきもしたのではなかったか。つまり、権威として重くのしかかっていた〈漢〉と、なんとかそれを乗り越えようとする〈和〉というような単純な対立ではなく、すでに〈和〉と〈漢〉をともに内包するという感覚を自然に持てる文化的状況がそこに出現していたのである。一応〈和〉側と目される人々も、また〈漢〉側と目される人々も、その感覚ゆえに自己の存在価値をより高次のレベルで位置付けることができた。いわば、そのような感覚を保証するものとして〈和漢同情論〉はあったのである。

現在われわれの〈和漢比較〉という発想の形成にも、江戸時代における〈和漢同情論〉の確立による和漢同格への視座が大きく寄与していると思われる。つまり、江戸の〈和漢同情論〉という窓によって、われわれは中世以前の古典文学を享受しているのである。そのような歴史的認識を持つことも、和漢比較文学研究全体にとって意味のあることだと思われる。

(1) 小沢正夫「国学者・漢学者の古代和歌論」(芸林、一九九二年二月。『万葉集と古今集—古代宮廷叙情詩の系譜』新典社刊にも所収)
(2) 近世和歌研究会一九九二年四月の嶋中道則氏のレポート
(3) 注(1)小沢論文にも言及がある。
(4) 揖斐高「漢詩人としての村田春海」(『俳文芸の研究』角川書店、一九八三年。『江戸詩歌論』汲古書院刊にも所収)
(5) 宮下幸平『駿台雑話の講義』(芳文堂、一九三六年)
(6) 源円了『近世初期実学思想の研究』(創文社、一九八〇年)
(7) 宮崎修多「漢文戯作」(『岩波講座日本文学史』第十巻、岩波書店、一九九六年)
(8) 中村幸彦「文学は「人情を道ふ」の説」(国語国文、一九五一年二月。『近世文芸思潮攷』岩波書店刊、『中村幸彦著述集』第一巻、中央公論社刊にも所収)

(9)　高橋俊和「宣長と古今伝授」(秋桜、一九九二年三月。『本居宣長の歌学』和泉書院刊にも所収)にも引用。
(10)　『新日本古典文学大系　日本詩史　五山堂詩話』(岩波書店、一九九一年)解説。
(11)　揖斐高「大梅論」(成蹊人文研究、一九九七年三月。『江戸詩歌論』汲古書院刊にも所収)
(12)　拙著『近世堂上歌壇の研究』(汲古書院、一九九六年)第一部第三章
(13)　『影印　近世漢文選』(和泉書院、一九九七年)解説(堀川貴司)、本間洋一「『史館茗話』所収詩話の先行・後続文献一覧〈初編〉」(同志社女子大学学術年報、一九九六年十二月)
(14)　鈴木淳「谷川士清と日本魂の行方」(国語と国文学、一九九三年五月。『江戸和学論考』ひつじ書房刊にも所収)
(15)　三谷博『明治維新とナショナリズム』(山川出版社、一九九七年)

【付記】　本稿初出後に、田中康二「村田春海の和学論」(日本文学、一九九八年九月。『村田春海の研究』汲古書院刊にも所収)が、この問題を村田春海と本居宣長の関係に絞って論じている。蘆庵については、伊藤達氏「小澤蘆庵における詩経題について」(和歌文学研究、二〇〇三年十二月)がある。

第二節　写実の獲得――朝顔の叙景

一　はじめに

風景を描写するという営みが、古代から現代に至るまで、それぞれの時代の特色を反映する形でそこに生きた人々によってなされていったという意味で言うなら、各時代ごとに〈叙景〉の成立があったに違いない。ここでは、江戸時代においてどのような〈叙景〉が成立し得たのかを考えることで、逆に詩歌史における江戸の位置を照らし出してみたい。

具体的には、朝顔の花についての歌を時代順に見ていきたい。中世まではその花の命の短さと無常観を重ね合わせて詠むことが支配的であったのに、江戸時代に入るとそのことにとらわれることなく、むしろ生活実感に即した別な形での朝顔観が生じて来る。ただ、その場合にも〈叙景〉とは何か、情景描写とは何をもってそう言うのか、が問題になる。情と景とのあわいを見定めつつ、江戸的〈叙景〉の成立について考えてみたい。

二　江戸以前の朝顔を詠んだ和歌

まずは、万葉以来の伝統的な朝顔詠について概観しておく。

（1）『万葉集』

『万葉集』においては、「あさがほ」とあっても現在の朝顔と同じかどうかは疑わしく、むしろ今の桔梗かとするのが大方の説である。(1)

集中には以下の五例が見出せる。

萩の花尾花葛花なでしこが花をみなへしまた藤袴朝顔が花　（巻八・山上憶良）
朝顔は朝露負ひて咲くといへど夕影にこそ咲きまさりけれ　（巻十・作者未詳）
臥《こ》いまろび恋は死ぬともいちしろく色には出でじ朝顔が花　（巻十・作者未詳）
言に出でて言はばゆゆしみ朝顔の穂には咲き出ぬ恋もするかも　（巻十・作者未詳）
我が目妻人は放《さ》くれど朝顔のとしさへこごと我《わ》は離《さか》るがへ　（巻十四・東歌）

最初の一首は秋の七草を列挙したもの。三、四首目は、人目を引く印象鮮明な花であることに恋する態度を表明することを関連付けて詠む。『万葉集』での朝顔は、秋に咲く可憐な花として認識されているものの、その用例数は少ない。

（2）平安和歌

平安和歌に至ると、朝顔の花を女性の顔と捉え、恋に結びつけて詠むことが、数多く取り上げられるようになる。それは『源氏物語』において朝顔斎院が朝方の顔を源氏に垣間見られたことによって命名されたことでもよくわかるし、また次の歌などもその代表例として指摘してよいだろう。この歌は、あなたはずっといらっしゃるわけではなく帰ってしまわれるのに、私はすっかり打ち解けた顔を見せてしまいましたということを、朝顔の花を私の顔の比喩としながら詠むのである。そこには、自然の朝顔が咲いている景もあるにはあるが、比喩にされるという受身の存在でしかなく、やはり恋という情に重きが置かれている。

朝顔の花前にありける曹司より、男のあけて出で侍けるに
もろともに折るともなしにうちとけて見えにけるかな朝顔の花　（後撰集・恋三・読人不知、朝忠集）

さらに次のような例も同様である。

山がつのかきほにさける朝顔はしののめならであふよしもなし　（新古今集・秋上・紀貫之）

右の歌は、「あな恋し今も見てしか山がつのかきほに咲ける大和撫子」（古今集・恋四・読人不知）と同じ発想である。さらに同様の例として『源氏物語』朝顔巻において、朝顔斎院が詠んだ、

秋はてて霧のまがきにむすぼほれあるかなきかにうつる朝顔

という歌や、また、

おぼつかな誰とかしらむ秋霧の絶え間に見ゆる朝顔の花　（新勅撰集・秋上・読人不知、和漢朗詠集・槿）

との詠もよく知られている。

平安和歌になってから見られるもう一つの特徴としては、花と人とがともにはかない命であるという共通性によって、無常観と関連させていく点が挙げられる。

そのことに決定的な役割を果たしたのは、

松樹千年終是朽　　松樹　千年　終に是れ朽ちぬ
槿花一日自為栄　　槿花《きんくわ》　一日　自《おのづか》ら栄を為す　（和漢朗詠集・槿・白楽天）

であろう。『白氏文集《はくしもんじゆう》』の渡来によって、日本文学で表現される感性が劇的に変化したことについては多くの指摘がなされて久しいが、この場合もその例に漏れない。松が千年の寿命とはいっても終には朽ちてしまうし、朝顔は一日の命とはいえ彼らなりにその栄えを楽しんでいるというこの文句は、当時の日本人の心を強く捉えたのである。そのような内容を詠んだ歌として、たとえば、

題しらず

置きて見んと思ひしほどに枯れにけり露よりけなる朝顔の花　（新古今集・秋上・曾禰好忠《そねのよしただ》、好忠集）

がある。咲いたと思ったらもう萎んでしまったという朝顔についての景が描かれてはいても、世の無常をはかなく思いやるという情の方が強くて、独立した景としては成り立ちにくくなっている。この類としては、

世の中をなににたとへん夕露もまたできえぬる朝顔の花　（順集）

あさがほをなにはかなしと思ひけむ人をも花はさこそ見るらめ　（拾遺集・哀傷・藤原道信、和漢朗詠集・槿、道信集）(2)

ありとても頼むべきかは世の中を知らするものは朝顔の花　（後拾遺集・秋上・和泉式部）

などがよく知られている。

なお、『俊頼髄脳』『奥義抄』『和歌色葉』『八雲御抄』など数多くの歌論書には、

朝顔の夕影またずちりやすきはなのよぞかし　（新撰和歌髄脳）

という歌が混本歌（五七五七型）の例として引かれている。

以上の二点、すなわち女性の顔と関連させての恋心、無常観が、平安和歌における朝顔詠の大きな特徴と言ってよい。そして、これら二点はやはり〈叙景歌〉という範疇には収まりにくく、朝顔を詠んだ歌は初発の時点で景としての

独立性を欠いていたと言える。

(3) 中世和歌

『新古今集』に朝顔の花を取り扱ったものは三首あるが、この数は決して多いとは言えない上に、三首のうち二首は「置きて見んと」の好忠歌と、「山がつの」の貫之歌であるというように平安和歌である。さらにもう一首は、

なにかおもふなにをかなげく世の中はただ朝顔の花の上の露　(新古今集・釈教)

という釈教歌で、清水観音の歌と伝承されているものである。したがって、中世和歌としての朝顔の用例を『新古今集』から拾い出すことはできないのである。

中世和歌を概観すると、量的には無常観によって朝顔のはかなさを捉えることが支配的である。試みにいくつかの私家集から用例を掲げておく。

諸行無常の心を　西行
はかなくてすぎにしかたを思ふにもいまもさこそは朝顔の露
露もありつかへすがへすも思ひしりてひとりぞ見つる朝顔の花　(山家集)

秋　藤原定家
朝顔よなにかほどなくうつろはん人の心の花もかばかり　(拾遺愚草)

槿　源実朝
風を待つ草の葉におく露よりもあだなるものは朝顔の花　(金槐和歌集)

ただし次のような『夫木和歌抄《ふぼくわかしよう》』槿花の条に見られる、必ずしも無常観に捕らわれない景が印象的な歌もあった点

には注意を払っておくべきであろう（二首目は『壬二集』にも所収）。

あくる夜の空かきくもる村雨にさかり久しき朝顔の花　藤原為家

かたをかの日かげしぐるる柴の戸にしばしかかれる朝顔の花　藤原家隆

なお、ここでは、中世から江戸初期にかけて成ったとされる『題林愚抄《だいりんぐしょう》』『明題《めいだい》和歌全集』『類題《るいだい》和歌集』における「槿」の条に載る平安・中世の歌々をさらに見ておきたい。この三集には共通する七首が証歌として挙げられており、最初の一首は「ありとても」の和泉式部の歌、二首目からは次の通りである。

山がつのしばのそでがき朝顔の花ゆゑならで誰かとはまし　（続後撰集・雑上・藤原定経）

山里のしののあみ戸の隙をあらみ明けてぞみつる槿の花　（堀河百首・源国信）

槿の花の姿をみつるより暮を待つべき心ちこそせね　（堀河百首・源俊頼）

いつまでか折りてみるべき日影待ち露にあらそふ槿のはな　（堀河百首・肥後）

しののめにをきつつをみん槿は日かげ待つまの程しなければ　（堀河百首・紀伊）

けさのまの色もはづかし槿の花にをくるるあきの白露　（土御門院）

これらの作品は中世後期以降に類題集が普及したことによって、朝顔の本意を考える上での参考歌と見なされたものなのである。和泉式部の歌や肥後の「いつまでか」の歌は無常観が色濃い。定経の「山がつの」の歌を踏まえたもの。心情が前面に出て、あまり景が明確ではない。逆に、国信の「山里の」の歌は、景が直感的に把握されていて新鮮な感じがする。「槿の」の俊頼歌も朝顔を肯定的に捉えている。「しののめに」の紀伊歌は、はかなさを踏まえつつも無常観というのでもなく、朝顔への思いを率直に述べている。

三　江戸の和歌

一方、江戸時代に入ってからの特徴としてはどのような点が指摘できるだろうか。

まず第一に、中世に至るまで朝顔観の基調をなしてきた、花の命のはかなさを言う無常観を明快に否定し、むしろその花盛りを積極的に評価しようとする姿勢が出てくることがある。たとえば、次の一首。

槿　　　　　　　　　　　　　　　　橘千蔭《たちばなちかげ》

はかなしと誰かいひけん夕陰に咲きまさりたる花の朝顔　　（うけらが花、享和二年〈一八〇二〉刊）

無常観という情を「はかなしと誰かいひけん」と明確な形で否定することで、目の前の朝顔の咲く景がむしろ鮮やかに浮かび上がってくる。さらに、

槿　　　　　　　　　　　　　　　　木下幸文《きのしたたかふみ》

朝にけにいや咲きまさる朝顔の花ははかなきものとしもみず

垣もせにさく朝顔の一さかりはかなきこともわすれてぞ見る　　（亮々遺稿《さやさやいこう》）

などもそうであり、「はかなきものとしもみず」「はかなきこともわすれて」というように無常観を逆手に取ることによって、相対的に景の独立性が保たれることになる。

平安・中世でも景を主体としたものはあり、そのこと自体は新しいとは言えない。しかし、情の面で旧来のありかたを乗り越えようという姿勢をはっきりと打ち出し、かつ景のありようを積極的に捉えようとする態度は、大きく見

た時に情から景へと移り変わる朝顔詠の歴史のなかで重要な意味を持つものと言える。
その類としては、

朝顔を　木下幸文
嬉しくもおきて見つるか朝顔の花の下ひもときはてぬまに　（亮々遺稿）

朝顔　大隈言道《おおくまことみち》
ほどもなくかるるいとはず朝顔のかがやく日にもむかふ一時　（草径集、文久三年〈一八六三〉刊）

などもある。
さらに『類題和歌鴨川集』を見てみると、次のような歌々が見出せて、朝顔をめぐる情の明るさが目に付くのである。ここからは、生活に密着して、ささやかな楽しみを人々に与えてくれる花として、朝顔が認知されていることが知られよう。

朝顔　海北邦教
朝皃のあすさく花をこよひよりかぞへおくさへたのしかりけり

朝顔　高畠式部
朝皃の咲そめしより朝な〳〵まがきのもとにたゝぬ日はなし　（初編、嘉永元年〈一八四八〉刊）

露底朝顔　橋本能子
葉がくれの露にいろそふ朝皃の花のゐまひを誰に見せまし

隣朝顔　大橋長広
となりよりわが袖垣につたひきてゐみほころびぬ朝がほのはな　（二編、嘉永三年刊）

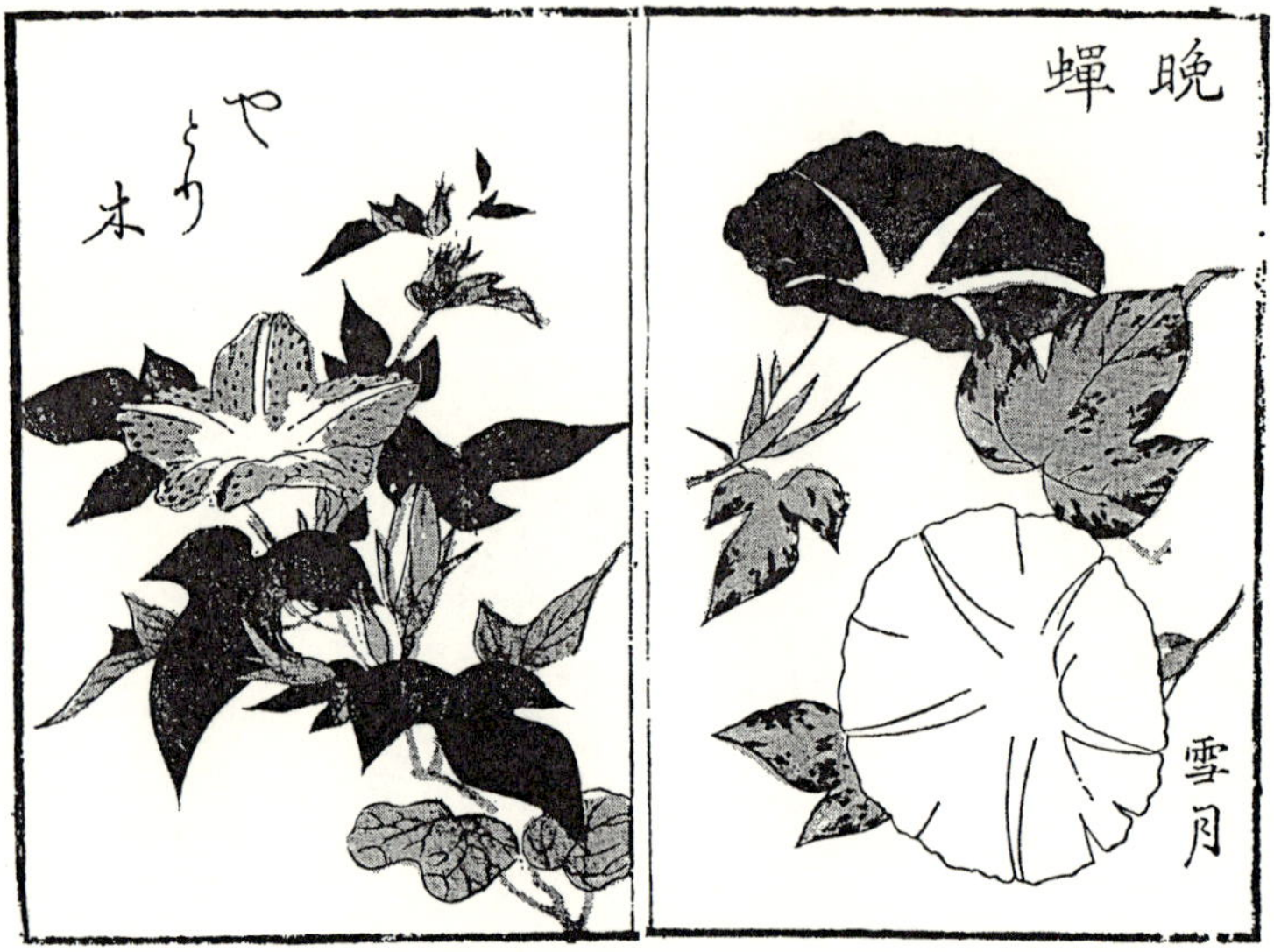

図１『花壇朝顔通』

朝顔　　　　　　　　　　　　市田義親

朝がほの露のこころはしらねども目もさめつべき花のいろかな　（三編、嘉永四年刊）

なお、右の歌に見られる「花のゑまひ」「ゑみほころびぬ」などの表現からは、平安和歌において女性の顔に喩えられた伝統がここにも脈々と受け継がれていることも知られる。そのように伝統をも取り込みつつ、江戸的な叙景は成立したのであった。

ところで、朝顔が垣根にまとわりついて伸びることは、この植物の特性として、貫之以来詠まれてきたことだが、「中垣」に咲く朝顔を詠んだ歌のなかで、

隣槿　　　　　　　　　　　　冷泉為村《れいぜいためむら》

あかず見ん宿の中垣咲きこゆる花はさながらここの朝顔　（為村集）

隣槿　　　　　　　　　　　　小沢蘆庵《おざわろあん》

中垣をこえて咲ければ朝顔の花のあるじと我はなりぬる　（六帖詠草拾遺、嘉永二年刊）

事につき時にふれたる　　　　香川景樹《かがわかげき》

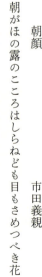

いづれかはおのがあるじとまどふらむ中垣に咲く朝顔の花（桂園一枝拾遺、嘉永三年刊）

隣家槿花　　熊谷直好《くまがいなおよし》

となりにも隣のものと思ふらんこの中垣の朝顔の花（浦のしほ貝、弘化二年〈一八四五〉刊）

朝顔　　小野利泰

うゑてだに見んと思ひし中がきの隣よりさくあさがほの花（類題鰒玉集二編、天保四年〈一八三三〉刊）

というようなものは、朝顔が垣根を越えて来てしまうので所有者が変わってしまうということをユーモアを交えて表現する点で共通する。これは、無常観から脱したからこそ獲得されたユーモアのように思われるし、また同時代の狂歌の隆盛とも無縁ではあるまい。そして、ある種の生活実感に根ざした感覚が発揮されていることも、これらの歌を新鮮なものにしている。特に小沢蘆庵のものが自己を客観視しおどけた味わいを醸し出すことですぐれた出来栄えになっている。もっとも、中世にも、

人々続歌侍りしに　　宇都宮景綱

かきごしの竹のうはばをたよりにてやどにさきいるあさがほのはな（沙弥蓮瑜集）

隣槿　　大内政弘

あだし色に花こそ咲かめ中垣や主さだまらでかかる朝顔（拾塵和歌集）

という類想の歌もあるにはあるが、やはりユーモアには欠ける。

第二には、色の具体的な描写が多く登場することを指摘しておきたい。次のような例は、朝顔の色を描写することで印象的な景が生じている。

医師法印浄珍追悼　　烏丸光広《からすまるみつひろ》

るり色の花の露ともたのまれず日かげ待つまのけさの朝顔　（黄葉和歌集、寛文九年〈一六六九〉成）

無常の歌とて　下河辺長流《しもこうべちょうりゅう》

をとめごが其紅のあさがほも夕はかるる花にやはあらぬ　（林葉累塵集《りんようるいじんしゅう》、寛文十年成）

朝貌　上田秋成

あさがほの花田は色をふかむれどうつらでおける庭の白露　（藤簍冊子《つづらぶみ》、文化二年〈一八〇五〉刊）

朝顔　本居大平《もとおりおおひら》

月草のおなじ花田に咲きそめてあかずうつろふ庭の朝がほ　（類題鰒玉集初編、文化十一年刊）

朝がほを　松平定信

緑なる空にかよへる朝顔の花は夕日の色にしぼめり　（三草集、文政十年〈一八二七〉刊）

「るり色」は『竹取物語』にも「るりいろの水」とあり、古くからあることばである。宝徳三年（一四五一）八月十五日以呂波百韻に「るりいろのあまのかぐ山みねはれて　親忠」という句が見える。「花田」も古くからある色で、『日本書紀』持統四年（六九〇）四月に「追の八級には深縹」とある。『散木奇歌集』に「石川やはなだの帯の中絶は狛のわたりの人にかたらむ」という歌がある。「花田」と朝顔の関係としては、すでに中世に、

垣にほすはなだの帯と見ゆるまで露にむすべるあさがほの花　（閑放集・藤原光俊《みつとし》）

秋草の袂にかかるあさがほの花田の帯ぞ月にとけ行く　（草根集・正徹《しょうてつ》）

などの例がある。ただし、これらは「花田の帯」の比喩ということなので、「花田」の色のみに焦点が当たっているわけではなく、秋成らの歌の方が同じ「花田」を詠んでいても色彩表現としてより印象的である。

また、定信の「緑なる」の歌に関連しては、

いつをみむ明行くきはの空の色ひとつものなる朝顔の花　(雪玉集《せつぎよくしゆう》・三条西実隆《さねたか》)

などもあるが、定信の方が「緑」と具体的に明示して色彩感をより強く打ち出している。

いずれにしても、朝顔詠の和歌史のみに絞ってみた場合、花の色そのものを描写することが多く行なわれるのは、江戸時代と見てよいのであろう。

色に着目することにはどのような意味があるのだろうか。思うにそれは、従来のように朝顔のある風景を詠むのではなくて、朝顔そのものの形態への注目がなされているという点で、史的な意義が認められるのではないだろうか。朝顔があることによって、朝顔を含むその周辺に醸し出される情感のようなものを描くことから、朝顔という植物自体を写実することで得られる美的な感覚へ、という嗜好の変化と言い換えてもよい。それは無常観から解放されたことがもたらした余慶であったのかもしれない。情が主である限り、景の究極の形である形態への着目はありえなかったろう。

なお、和歌以外の江戸詩歌にも色彩への着目はあるし、むしろそちらの方が顕著でもあるので、この後触れることにして先に進みたい。

四　和歌以外の江戸詩歌

さてここで、和歌以外の朝顔詠に目を転じてみる。江戸時代では、「朝顔に釣瓶《つるべ》とられて貰ひ水」(千代尼)や、それと内容が近似する六如《りくによ》の、

井辺移種牽牛花　　井辺《せいへん》に移し種ゑたり　牽牛花

狂蔓攀欄横復斜　　狂蔓　欄を攀《よ》ぢて　横に復《ま》た斜めなり
汲綆無端被渠奪　　汲綆《きふかう》は　端《はし》無くも　渠《かれ》に奪はれたれば
近来乞水向隣家　　近来　水を乞はんとて　隣家に向かふ

（六如庵詩鈔、天明三年〈一七八三〉刊）

がよく知られている。

そして、さらに次のような大窪詩仏《おおくぼしぶつ》の詩には、先ほど江戸の和歌において指摘した、無常観の否定と色彩描写の出現という二つの要素が見出せて、大いに注目される。

牽牛花

密葉長条圧竹籬　　密葉　長条　竹籬を圧す
一花正面一花欹　　一花は正面し　一花は欹《そばだ》つ
紺珠将砕日升後　　紺珠《こんじゆ》　将に砕けんとす　日の升《のぼ》る後
緗綿纔湔露滴時　　緗綿《しやうめん》　纔《わづ》かに湔《あら》ふ　露の滴る時
至午微香迷蝶夢　　午《ひる》に至って　微香　蝶夢を迷はせ
当昏新蕾突蛛糸　　昏《くれ》に当たって　新蕾《しんらい》　蛛糸《ちゆし》を突く
莫言凋落須臾事　　言ふ莫《な》かれ　凋落《てうらく》は須臾《しゆゆ》の事と
九十秋光不断披　　九十の秋光　不断に披《ひら》く

（卜居集《ぼつきよしゆう》、寛政五年〈一七九三〉刊）

まず頷聯では、その形状を「紺珠」「緗綿（あさぎ色の蔓）」というように色彩感覚豊かにまた比喩を巧みに用いて形容している。ちなみに、中野素堂はこの詩を「繊巧なる詠物の体」と評したという。(3) そのような色彩への注目は、その他の江戸漢詩の朝顔（牽牛花）詠においても見出せる。該当個所のみ列挙しておこう。

浅紅纔染臙脂色　浅紅　纔かに染《し》む　臙脂《えんじ》の色
深碧或含纐纈紋　深碧　或いは含む　纐纈《かうけち》の紋　（「牽牛花」、玩鷗先生詠物百首・太田玩鷗、天明三年刊）
濃碧軽紅点綴匀　濃碧　軽紅　点綴《てんてい》匀《あまね》し　（「牽牛花」、詠物詩・梅癡《ばいち》、弘化三年刊）
紅顔半掩帯嬌羞　紅顔　半ば掩ふて　嬌羞《けうしう》を帯ぶ　（「牽牛花」、詠物詩・大沼枕山《おおぬまちんざん》、天保十一年刊）

さらに中国漢詩の用例でも、「碧玉簪」（元・郝経「牽牛」）、「紫玉簪」（明・呉寛「牽牛」）などといった比喩表現が見られることも指摘しておこう。ただし、『佩文斎詠物詩選《はいぶんさいえいぶつしせん》』の牽牛花類の詩を検する限り、中国の牽牛花についての詠物詩はあまり写実的ではなく、ここでの論旨との強い関連は見出し得なかった[4]。

また、詩仏の尾聯では「朝顔の花の命はほんのわずかだなどと言ってはならない。秋の九十日の間は絶え間なく花を咲かせるのだから」と詠み、命のはかなさを言う伝統的な朝顔観に対して物申すという姿勢を示しているのである。

そのような例は、幕末のものではあるが、

休言薄命易凋謝　言ふことを休《や》めよ　薄命　凋謝し易しと
独領晨光誇麗娟　晨光《しんくわう》を独領して　麗娟《れいけん》を誇れり　（春夏詠物百題・真善、嘉永六年成）

と、他の詠物詩にも見出せる。

なお、詠物詩に関連して、もう一点付言しておくと、太田《おおた》玩鷗《がんおう》には朝顔の種を詠んだ「黒牽牛花」という詩がある。このような詩が詠じられることも、花の形態への着目の一環として捉えられるだろう。「黒牽牛花」詩の三、四句目には、

掌中因愛玄珠色　掌中　玄珠《げんしゅ》の色を愛するに因《よ》りて
籬落還嫌碧玉残　籬落《りらく》　還つて嫌ふ　碧玉の残るを　（玩鷗先生詠物百首）

とあり、手に持っている朝顔の種を掌中の玉に喩えている。(5) 種ということなら、

古寺朝顔　　　　　　　井上文雄《いのうえふみお》

山寺のしきみがくれに咲きにけりたがたねまきし朝顔の花　（調鶴集、慶応三年〈一八六七〉刊）

という歌もある。

次に、俳諧に目を転じてみる。芭蕉が、

蕣《あさがほ》や昼は錠《ぢやう》おろす門の垣　（蕉獅子、元禄六年〈一六九三〉刊）

僧朝顔幾死かへる法《のり》の松　（野ざらし紀行、貞享元年〈一六八四〉成）

蕣は下手のかくさへ哀也　（いつを昔、元禄三年刊）

と比較的知られた作品を詠じている。最初の句は、有名な「閉関の説」末尾に掲げられているもので、隠逸的な趣が看取されるもの。二句目は、朝顔のはかない命を松の千年と比較する白楽天の詩を踏まえたもの。三句目も、朝顔のはかなさを言い、全体としては伝統的な無常観を基調としつつ成り立っているといえる。

ただし、

朝顔や色も瑠璃君玉かづら　季吟《きぎん》　（山の井、慶安元年〈一六四八〉刊）

朝顔や一輪深き淵のいろ　　蕪村　（蕪村句集、天明四年刊）

という句が、朝顔の色彩を客観的に見据えていて、先に触れた和歌や漢詩の傾向と連動している。特に蕪村の句は色彩を鮮明に喚起するすぐれた表現だと思われる。

以上を要するに、詩仏や蕪村らの作品のように、朝顔の形態そのものを細密に描写しようとする姿勢からは、和歌

での無常観の否定やユーモアの創出、また色彩の描写という詠法と連動しつつ、江戸詩歌全体が情から景へと転回していくことが看取されて興味深い。

一般には漢詩や俳諧の方が和歌よりも客観性が強く主情性が弱いとされるので、その意味では、漢詩や俳諧の台頭が刺激となって、和歌史における情から景へという転回を推し進めていったという面も十分顧慮される必要があるだろう。

ところで、江戸時代の園芸ブームにおける朝顔についても、ここで補足的に言及しておきたい。第一のブームは化政(一八〇四〜三〇)、第二は安政(一八五四〜六〇)というように、二度にわたって頂点の時期を迎えた江戸の朝顔栽培では、いわゆる変化朝顔を始めとして品種改良がさまざまに試みられ、庶民層にまで広く親しまれた。(6)岡山鳥《おかさんちょう》著・長谷川雪旦《はせがわせったん》画『江戸名所花暦』(文政十年刊)は、文化のブームについて次のように記している。

下谷御徒町辺　朝皃は往古より珍賞するといへども、異花奇葉の出来たりしは、文化丙寅の災後に下谷辺空地の多くありけるに、植木屋朝皃を作りて種々異様の花を咲かせたり。おひ〳〵ひろまり、文政はじめの頃は、下谷、浅草、深川辺所々にても専らつくり、朝皃屋敷など号《なづ》けて見物群集せし也。

この時期、朝顔図譜が、壺天堂主人編・森春渓有煌画『花壇朝顔通』(文化十二年刊)をはじめ数種刊行されている。四時庵形影編『あさがほ叢《そう》』(文化十四年刊)は江戸で最初の朝顔図譜であり、秋水茶寮編・濃淡斎画『朝顔譜』(同十五年刊)には大田南畝《おおたなんぽ》が序を寄せている。

また、歌舞伎『助六由縁江戸桜《すけろくゆかりのえどざくら》(助六)』には朝顔仙平という登場人物が出ており、国貞、国芳、豊国らの浮世絵にも描かれている。他にも数多くの浮世絵に朝顔の花が登場する。

朝顔詠の、情から景への転換、また、朝顔のある風景から朝顔の形態そのものへの着目の変化については、文学に内在する問題以外に、そのような園芸ブームによって朝顔を身近に感じた人々の意識の問題が遠く関わっていないかという点も指摘しておきたい。

五　近代へ

ここまでは古典和歌における流れを主に見たが、近代短歌・俳句の用例についても補足的ながら見ておきたい。近代に入るといよいよ色彩感覚が豊かに印象的になってくる。

おなじ鉢に真白鈍色うちまぜて三つ四つ二つ咲ける朝顔　正岡子規
あしたとく遠ひぐらしの声聞きつつ浅紫丹朱の朝顔をめづ　佐佐木信綱
朝顔の紺いろの花いくつも咲き暁の空澄みとほりたり　島木赤彦
朝顔の紅むらさきを一いろに染めぬわりなき秋の雨かな　与謝野晶子
朝がほは芝居のいろの紫も恋のこころのくれなゐも咲く　与謝野晶子
朝顔はわがありし日の姿より少しさびしき水色に咲く　与謝野晶子
朝まだき涼しき程の朝顔は藍など濃くてあれなとおもふ　長塚　節
去りゆかむとするゼノアの場末には紺の朝顔紅の朝顔　斎藤茂吉
朝顔は白く柔らにひらきゐて葉映《はうつり》あをし蔓も濡れつつ　北原白秋

また、他の植物を引き合いに出して朝顔を詠じることで印象が鮮明な歌も多い。菊や松竹など他の植物との取り合わせ自体は古典和歌においても見られるが、近代ではより多様な植物との組み合わせが生じている。その結果、複数の植物が一首の中に描かれることで、色彩感覚豊かな世界が生じもする。その点では、第一の点と連動する状況なのである。

朝顔のやつれてかかる中垣をまたつくろひて菊さきにけり　樋口一葉
朝顔の枯葉を引けば山茶花のつぼみぞ見ゆる秋のくれがた　与謝野晶子
雨の日はわれを見にこず傘さして朝がほつめど葵をつめど　与謝野晶子
あさがほと葡萄の棚とあひならび葡萄の蔓に朝顔からむ　長塚　節
あさあさは紺の朝顔もくれなゐの柘榴の花もさやけき国よ　斎藤茂吉
朝顔にまじるみどりのかもじぐさここらの墓の陰もうれしき　北原白秋

それから、種、蕾などへの着目も興味深い。ここからも、朝顔という植物の形状への興味が色濃く現れている。

朝顔の種をとりながらこの先の身のふりかたをおもふ日の暮　清水　信
夜もすがら露吸ひ明かし朝顔の蕾の螺旋今解くるらし　若浜汐子

種を描くこと自体は先に挙げた江戸の和歌・漢詩にすでにあった。しかし、種を物体として意識し、それを取りながら思いをめぐらすという思念的な深みが一首目からは感じ取れる。逆に二首目の「蕾の螺旋」という比喩は、形状そのものへの客観的な観察眼が光っていて鮮烈な印象を受ける。

もう一首だけ掲げておこう。与謝野晶子の、

風来り白き朝顔ゆらぐなりこだまが持てるくちびるのごと

である。朝顔の花をくちびると見立てて、エロチックな趣をも漂わせるこの歌は、平安和歌で女性の顔に関連させて

詠じたことと遠く響き合いながらも、明星派の浪漫主義的な感覚をたしかに表現していて面白い。

また、近代俳句でも色彩への着目は多彩である。ここでは列挙にとどめたい。

珈琲濃しあさがほの紺けふ多く　橋本多佳子
崖登りつめ朝顔の紺ひらく　山口草堂
朝顔や黄河の鯉の鰭の色　加藤楸邨
朝顔のさけてゆゆしや濃紫　原　石鼎
朝顔の薄色に咲く忌中かな　富田木歩
咲きつぐも白朝顔の蘂しろし　西垣　脩

六　おわりに

さて、ここまでは、朝顔詠をめぐる情から景への展開を大まかに捉えてきた。もちろん情主体の時代にも景を重んじる歌は個別にはありえたし、逆もまた当然のことながらあった。したがって、情から景へという素描はあくまで主たる潮流についての謂いである。そして、情と景という二項対立それ自体にも根本的な問題がないわけではない。そもそも情と景とは不可分なもので、情の欠落した景など最初から文学として成り立ちえないであろうし、景の欠落した情では美的な感覚に乏しいという点で文学として成立しにくい。京極派の歌論に見られるような対象への詠歌主体の没入、一体化(「何事にてもあれ、其の事にのぞまば、それになりかへりて」『為兼卿《ためかねきよう》和歌抄』)を淵源として、以後景樹・子規に至るまで景情一致は歌人たちにとって前提条件の命題として提示されつづけることになる。(7) そのような認識が共有されつつ、江戸時代に至って相対的に景へと重点が置かれていくという様相がひとまずは押さえられるべきであろう。

その上で、江戸的叙景とはどのようなものであったかを、朝顔の和歌史に即して改めて問いかけてみるのなら、それまで支配的であった無常観主体のありかたに対して、むしろ生活に密着して日常にささやかな明るさを与えてくれるものと見なしたこと、言い換えれば、無常観の持っていた否定的なイメージを覆し、花のもつ肯定的な側面を見出していったことがまず指摘できる。そしてさらに、無常観の呪縛から解放されたことで、初めてその植物自体の美しさを色彩や形状の面から見出す道が大きく開かれていったのである。

以上は本論で述べたことだが、それには性霊《せいれい》派の台頭による写実主義の盛行という文芸思潮の問題や、また前述したように和歌以外の詩歌との連動、園芸ブームとの関連も影響を及ぼしていようが、なにより歌に内在することばの問題があったと思われる。朝顔の和歌を時代を追って見ていくと一目瞭然だと思うのだが、江戸時代では、和歌作品の蓄積により題詠の本意を守りつつ詠作することが飽和状態に達し、歌ことばの枠組みが相当に緩くなる。すなわち、雅びな範疇をある程度保持しつつもそれに拘泥することなく、口語的なリズムが一首の中で占める割合が徐々に大きくなってくると感じられるのである。そのことが、和歌本来の雅な歌ことばに内在していた主情的な朝顔観を後退させ、雅の枠組みが緩くなった隙間から景への着目といったものが入りこんでいく余地を生じさせたのである。

(1)　『新撰字鏡』には「桔梗」に「阿佐加保」の訓があり、藤井高尚『松の落葉』もこれを支持しているし、沢瀉久孝『万葉集注釈』、『日本古典文学全集　万葉集』(小学館)、『万葉集全注』(有斐閣)なども桔梗説を有力視する。

(2)　『和漢朗詠集』は、五句目「いかが見るらむ」。

（3）揖斐高『江戸詩人選集』第五巻（岩波書店、一九九〇年）

（4）なお、五山詩において今のところ見出し得た牽牛花詩は、

曾有青蘿寄緑松　曾《かつ》て青蘿の緑松に寄る有り

無情草木又稠繆　無情の草木　又稠繆《ちうびう》

終朝色受歳寒約　終朝　色は歳寒の約を受く

窈窕由来君子逑　窈窕《えうてう》たる由来　君子の逑　（済北集・虎関師錬）

という一首であるが、この論で特別言及すべきものとは思われない。

（5）停雲会『玩鷗先生詠物百首注解』（太平書屋、一九九一年）。「黒牽牛花」は担当・杉田昌彦。

（6）『伝統の朝顔』（国立歴史民俗博物館、一九九九年）。同書に朝顔の園芸に関する参考文献が列挙されている。

（7）広瀬淡窓「儒林評」には、菅茶山の詩が情と景とがほどよく調和していることをもって、その価値を称揚しようとする姿勢が認められる。このような茶山の詩のありかたが、「彼の詩がやがて広く迎えられ、多くのひとびとに愛読されるようになった所以でもある」との指摘がある（富士川英郎『江戸後期の詩人たち』筑摩叢書、一九七三年）。

【付記】本稿初出後、有光隆司「明治期詩歌の〈風景〉観」（『歌われた風景』笠間書院、二〇〇〇年）が、江戸文学が拘った風景の伝統性が、近代以降も感性の根幹において根深く日本人の心に沈潜して存在していったことを論じている。

第三節　観念性の高まり——恋歌の江戸

一　問題の所在

研究対象として取り上げられる機会の多い新古今時代までと、一般的にも注目されることの多い啄木・晶子・茂吉らの近代短歌の時代という、巨視的に和歌史を見た場合に把握される大きなふたつの峰の間にあって、室町から江戸時代にかけての和歌は、どのような展開を示していたのだろうか。大まかな見通しを先に言ってしまうなら、おそらく、この時期に和歌が詠まれ続けたことによって、和歌的伝統が途絶えることなく今日まで命脈を保ったと言えるだろうし、またそこでの質的な変化が〈和歌〉から〈短歌〉への大きな転回を促していったと思われるのである。ここでは特に江戸の和歌が、前代をどう受け止め、後代に何を残したのかを見極めようとすることを基本的な問題意識としつつ、研究対象として取り上げられることの極めて少ない恋歌について論じてみたい。

その恋歌であるが、万葉から新古今までの恋の名歌といえば、どのようなものがあるのか。近代短歌のすぐれた恋歌といえば、なにか。このふたつの質問に対して、その人なりの答を出すことは、さほど難しいことではないだろう。しかし、江戸時代の和歌について同様の質問がなされた場合、研究者であっても答に窮するかもしれない。逆に言うと、江戸の恋歌の意義を証明できれば、江戸時代和歌の価値を高からしめることができるだろう。江戸恋歌論は、江戸和歌史論の恰好の素材たりうるのである。

二　堂上の恋の歌――前期

当然のことながら天皇はいつの時代にも存在し、親王や臣下とのサロン風な宮廷文化は大なり小なり常にあった。武家政権が強い支配体制を築いた江戸という時代でも、とりわけ前期には堂上歌壇はかなりの隆盛を誇っていたのである。そして、その中心的行事は歌会であった。幕府との軋轢を抱えて政治的には心に叶うことの少なかった江戸初期の後水尾院《ごみずのおいん》は、せめて文化的な頂点だけは維持しようとして和歌にいっそうの力を注いだ。(1) 後水尾院とその皇子でのちに即位した霊元院《れいげんいん》の二人を中心にした堂上歌壇は盛んに歌会を催し、結果的にこの時代の和歌史において中核を担うような存在になり得たのである。(2) そして彼らの営みは、内部にのみ閉じこもり他との関係を遮断するものではなく、臣下の公家たちが武家や町人を弟子に取り教えを伝えていくという形で、広く世に受け入れられるものであった。江戸の歌人として名を知られるような人々――賀茂真淵《かものまぶち》、香川景樹《かがわかげき》、小沢蘆庵《おざわろあん》らも、そのような宮廷の和歌での試みを常に意識し影響を受けていた。(3)

さて、この時代の恋歌の最も大きな特徴は、現実感覚のなさということであろう。現場性が失われていると言い換えてもよい。王朝の歌人たちは、贈答歌を通して恋の相手を見つけていった。極端に言えば、歌が下手な者は恋する資格がなかったのである。だから、彼らは必死にいい歌を詠もうとしたし、その結果恋の名歌が数多く生まれることになった。贈答歌に代わってやがて台頭してくるのは題詠と呼ばれる詠法である。歌会などで、「初めの恋」「忍ぶ恋」などという題が与えられ、それに対して想像をめぐらして一首を詠じるのである。この詠み方は平安後期から盛んになり、中世以降は詠作の主流となった。歌人たちが恋愛感情を喪失したわけではないだろうが、結果的に恋心と詠作との直接的な関連は薄くなってしまった。また、鎌倉時代後期の京極派と称される一派の歌人には永福門院《えいふくもんいん》という優れた女流歌人がいたものの、以後江戸の中期に賀茂真淵門下に女流が登場するまで、めぼしい女流歌人は見当たらなくなってしまう。このことも、恋歌の変質に大きく影響したと考えられる。

しかし、恋歌というものは、いつの時代であれ詠んでいて純粋に楽しく、人の心を浮き立たせるものである。わざわざ宣長の「もののあはれ」を持ち出さなくても、恋こそが人間の気持ちが最もロマンチックな形で発現されるものであり、恋を歌うことでカタルシスが得られるという論理は、一般に首肯されるものではないか。たとえ現場性は失われていたとしても、恋歌を詠みたいという欲求は人々のなかに常にあったと想像される。

そこでは、だれかを恋するという感情に直接向き合うのではなく、恋というものにまず観念的な形が与えられ、それを客体として見つめるといった側面が強く感じ取れる。ことばによって感情を客体化すること自体は、文学が成立するためには常に必要だろうが、しかし究極の形にまでそれが高まってきたのが江戸の恋歌ではなかったかと思われるのである。

以上のことを歌の表現に即して具体的に見ていくと、どのように捉えられるだろうか。何首かの和歌を挙げて、考えてみたい。

霊元院の堂上歌壇で活躍した武者小路実陰《むしやのこうじさねかげ》の歌論を記した『詞林拾葉《しりんしゅうよう》』から一節を引用してみよう。

　此中もそなたにいひし後朝《きぬぎぬ》恋、

　　身にそへて又こそはねめうつりがもまださながらの今朝の袂《たもと》を

などあるやうなる御製も遊ばされし也。くつゝりとゆうびなる御事也。（享保二年〈一七一七〉五月二十七日条）

右は、実陰が後水尾院の歌を引いて、このように「くつゝりとゆうび」な表現がよいと批評している場面である。「くつゝりと」は状態が十分であることを形容する語であり、後水尾院の歌の優美さへの賞賛のことばである。「此中」はこの間。「そなた」は歌論を筆録した似雲《じうん》。「後朝恋」という歌題によって、逢瀬の後の恋情を詠んだものと知られる。この歌は、『後水尾院御集』に収められている以外に、『新明題和歌集』という当時の堂上歌人の歌々を収録して正徳六年(一七一六)に刊行されたアンソロジーにも採られており、その点でも一定の評価が与えられていたことがわかる。

一首は、後朝の朝に、移り香もまだそのまま残っている袂を身につけて再び眠りに入るということを、倒置法によって表現している。移り香は、女の薫《た》きしめた香が男に移ったもので、その袖の香を身近に置くことで二人で過ごした夜の感触を忘れずにいたいというニュアンスがこめられている。

この歌は『源氏物語』空蟬巻の一場面を踏まえていよう。空蟬のもとに忍んで行った源氏はすんでの所で逃げられ、代わりに軒端荻と契ることになる。そして翌朝、空蟬の残していった薄衣を身近に置いて源氏は彼女のことを思うのだった。原文には、「かの薄衣は小袿《うちき》のいとなつかしき人香《ひとが》に染《し》めるを、身近く馴らして見ゐたまへり」とある。香の残った衣によって相手に思いを馳せるという点で両者は共通する。

一首のうち、「まださながらの」は、依然として移り香がそのまま残っているという意味だが、言い方としてはやや直接的で説明的な感じがする。それは必ずしもまずいというのでもない。むしろ、この表現はこの歌のなかで、二句切れであることと合わせて、印象的なありかたを形作ってもいよう。観念化の促進によってどうしてもこのような理屈っぽい感じがどこかに出てしまうのが、かえって味わいとさえなっているように思われる。

では、その感覚をもう少し具体例を追いながら検討してみたい。試みに、先に取り上げたアンソロジー『新明題和歌集』の「忍ぶ恋」題の歌から四首を挙げてみよう。

まず後水尾院の一首を挙げる。

忍ぶとも見えじと忍ぶ涙をばまぎらはさんも猶心せよ

じっと耐えていることを相手に気づかれまいとして我慢している涙をごまかそうとしつつも、それすら知られぬよう注意せよと詠んでいる。「忍ぶ」のくり返しによって、恋に懊悩する気持ちを理知的に表現するありかたは、中世の京極派に通じるものがあるようにも思われる。なお、「心せよ」という表現は、

草枕たびねの人は心せよありあけの月もかたぶきにけり　（新古今集・羇旅・源師頼）

とあるなど、伝統性を帯びたものであるが、この後水尾院の歌ではそれを歌の末尾に持ってきたことで一首のすわりがよくなっている。

この「心せよ」をより効果的に用いているのは、後水尾院歌壇で活躍した烏丸資慶《からすまるすけよし》の、

心せよみしを忘るる草ならば忍ぶは終にみだれもぞする

である。ここでは「心せよ」を歌の始めに置き、逢った人を忘れる草があるように、一方でしのぶ草というものがあっても結局は惑乱した気持ちになるということを強く訴えかけようとしている。下句は、

春日野の若紫のすりごろもしのぶの乱れかぎり知られず　（伊勢物語・初段）

を踏まえていよう。忘れ草、忍ぶ草は、『古今集』以来の伝統的な恋歌の素材であるが、この歌が持っている強さ、理屈っぽさは、現場性を失った題詠歌ならではの観がある。

この初句を印象的にするという手法は、江戸の堂上和歌によく見られる特徴的なものと言っていいだろう。後水尾

院をよく補佐した中院通村《なかのいんみちむら》の、

思ふその人ばかりには見えもせよ忍ぶ心のおくも乱れて

という一首もその一例である。私が思いをかけるあの人にだけは、千々に乱れる苦しい気持ちをわかってほしいという願いを詠んでいる。「思ふその人」と句をまたがって言い出していくところには、やはりなにか硬い感じがあって、これまで挙げてきた後水尾院や烏丸資慶の歌と通底するものを感じ取ることができる。なお、この通村歌は、

しのぶ山忍びて通ふ道もがな人の心のおくも見るべく　（伊勢物語・十五段）

を本歌取りしたものである。

他にも、たとえば、後水尾院の皇子で霊元院の兄でもある後西院《ごさいいん》の、

あさはかにもらしや初《そめ》んとても我《わが》忍びはつべき思ひならねば

という歌も、三句目の「とても我」が、硬質な感じを受ける。耐えつづけることができなくて軽率にも胸の内を漏らすという切ない気持ちを、「とても我」と表現することで、どうしてもそうなってしまう自身のやるせなさがよく伝わってくる。

以上、堂上和歌での「忍ぶ恋」題の歌を計四例見てきたわけだが、ここからは『詞林拾葉』の「身にそへて」の歌から受けるのと同様に、理屈っぽいなにかをどうしても感じてしまう。一言ではうまく言えないのだが、旧来の優美な歌ことばとは違うゴツゴツした手触りがあるとでも表現すればよいのだろうか。それは、なんとか新しい感覚で歌いたいという苦闘の思いがしたたり落ちた痕跡のようなものだったと私には思われる。観念的・理知的な詠風によって生じてくるそのようなありかたは、和歌表現の歴史になにをもたらしていくのだろうか。おそらくそれは、このの ち雅な和歌に徐々に俗の要素が流入してくることと関連してくることになる。理屈が勝る詠みぶりはどうしても伝統

的な歌ことばの枠組みから逸脱しがちになる。それを「つづけがら」の重視という形で補いつつ、かろうじてバランスを取ってきたのが、この時期の堂上和歌のありかたであった。そして、それはやがて来る和歌の俗化、口語調を招来する兆しとして、歴史的に捉えられるものであった。そのように評価してみることで、顧られることの少なかったこの時期の和歌にも、これまでとは異なった評価が与えられてもよいのではないか、と考えてみたい。

三　中期から後期へ

では、それに続いての恋歌の歴史がどのように展開していったのか。いくつかの歌々を挙げながら、見通しを粗描しておこう。

田安宗武《たやすむねたけ》は、八代将軍吉宗の子で、『万葉集』の風を志向した歌人。賀茂真淵を引き立てたことでもよく知られる。先に触れた堂上歌人たちは江戸時代の前期に活躍した人たちであり、それに対して宗武は中期の人ということになる。

後朝恋

語らむと思ひしことの残れれば今日をいかでか吾が暮らしてむ　（悠然院様御詠草）

歌意は、語りたいと思っていたことを残したまま女と別れてしまったので、今日一日どのように私は暮らしたらよいのであろう、となる。自分の思いをそのまま詠み下した感じは、堂上和歌に比べてさらにシンプルでかつ説明的、ある種散文に近いことばのありかたを示している。こういった、〈歌う〉よりも〈語る〉ような口振りは、江戸の和歌が近代短歌の方向へわずかに歩を進めつつあることを感じさせる。

鵜殿余野子《うどのよのこ》は、賀茂真淵門の女流歌人で、県門三才女の一人と称された。兄士寧は儒学者。

夏恋

ながき日の恋に姿もみだるるを暑けさ故と人は見るらし　（佐保川）

恋の物思いにふけるあまり服装も乱れがちであるのを、暑さによってのことと人は見るだろうと、第三者の気持ちを推測する。人にはそう見えたとしても、作者の心中は秘められた恋情で苦しいほど充満しているはずだが、この歌からは深刻さよりはむしろユーモラスな感じが伝わってくる。「人は見るらし」と自身を戯画化していること、「姿もみだるる」という口語調が、しどけなさのなかにある艶っぽさを表わすことなどによって、そう感じ取れるのだと思う。真淵の恋歌にもユーモアの感覚があるが、[4] それと共通するユーモアがここにはある。

万葉主義を標榜した真淵一門に引き続いて、むしろ古今主義的な傾向を強める形で台頭してきたとされる香川景樹には、

事につき時にふれたる

妹と出でて若菜つみにし岡崎の垣根こひしき春雨ぞふる　（桂園一枝、文政十三年〈一八三〇〉刊）

という有名な歌がある。妻と一緒に野に出て若菜摘みをした、あの岡崎の垣根をなつかしく思い出させる春雨が降っている。「妹」は妻の包子を言い、「岡崎」は現在の京都府左京区の地名。かつてそこに景樹の住居があった。ただし、この歌は恋の部に入集しておらず、恋愛というより追懐、恋人というより家族というところに力点が置かれており、厳密には恋の歌とは言えない。

『桂園一枝』の恋部に収められている歌を以下に三首挙げておこう。

連夜待恋

①おもひきや立ちまちゐまち待ちかさね独り寝まちの月を見むとは

適逢恋

②あへばかくあはねば絶えて山彦の音信《おとづれ》だにもせぬやたれなり

題しらず

③若草を駒にふませて垣間見しをとめも今は老やしぬらむ

①の「立ち待ち」「居待ち」「寝待ち」はそれぞれ陰暦十七・十八・十九日の夜の月。毎晩訪れのないことを詠むが、「まち」の繰り返しがリズミカルで、深刻な感じは受けない。

②は、逢えばこのように、逢わなければ全く途絶えてこちらの手紙に返事もしてくれない、一体あなたはなんなのでしょうか、との意。歌題の「適」はたまたまと訓じる。「あへばかく」「せぬやたれなり」といった物言いが臨場感を醸し出している。①②の口振りは軽やかで、これまで指摘した口語調への方向性という点で、景樹もその道程に存在していることが感じられる。③は、青春時代にほのかな恋情を寄せた少女を追懐するが、自らの老境を歎じるニュアンスが強く、恋歌としてはやや弱い。その点では、前出の「妹と出でて」の歌と通じるものがあると言えるだろう。

さらに時代が下って、幕末の歌人を見てみよう。女流の大田垣蓮月《おおたがきれんげつ》には、

寄風恋

来ぬ人を松の梢に月は入りて恋をせめくる風の音かな　（海人《あま》の刈藻《かるも》、明治三年〈一八七〇〉刊）

という歌があり、よく知られている。いくら待っても来ないあの人を待っているうちに、松の枝の先あたりに月は隠れてしまって、私の惑乱する恋心をいっそう掻き立てるかのように風の音が響き渡っている。「松」「待つ」、「梢」

「来ず」という二つの懸詞によって、松に吹きつける厳しい風の音と、待つことで募る恋情とが二重写しになっている。そのような技巧自体は伝統的なものだが、ここでは「恋をせめくる」という表現に注目したい。「恋をせめくる」とは、恋心のつらさを一層掻き立てるとの意である。林達也氏が「「恋をせめくる風の音」と、言いつめた、言い換えれば、説明を加えたところに、近世的な俗の匂いと、説得力が同時に感じられる」と指摘している(5)ように、この説明的な口吻は江戸中期から引き続いての特徴と見なせよう。

最後に、田安家の侍医で歌人としても活躍した井上文雄《いのうえふみお》の歌を二首挙げよう。いずれも「恋」という題で詠まれたものである。

これぞこの神の始めし世の中のもののあはれを知るといふ道

我ばかりあらじものをや昔より恋する人はきこえくれども

（調鶴集、慶応三年〈一八六七〉刊）

一首目は、これが恋なのだという詠嘆を初句に据え、二句目以降で恋というものを観念的に説明し、観念が体験によって確認されるという形になっている。二首目、「我ばかりあらじものをや」は、自分ほどではないだろうなあ、とでも訳したらよいのだろう。これまで数え切れない人が恋に苦しんできたのだろうが、恋を体験する誰もが自分ほど苦しんでいる者はあるまいと感じるという普遍的な感情を詠む。二首ともに長い時の流れが意識され、その流れに参加しようとする個としての強い思いが感じ取れるが、そのことは思い切りのいい調べによって支えられている。近代は近い、そんな感じがしてくる。

四　おわりに

江戸時代においても、そこに生きた人々が恋という感情に心躍らせることは多かったに違いない。しかし、和歌での恋歌はというと、量的には多くなく、人々が争って恋歌の出来を競い合ったというような状況ではない。恋愛表現は散文表現が主に担うという役割分担の意識があったとも言えるし、和歌が持ちつづけてきた伝統的な枠組みが現実性の強い恋愛意識を拒んできたとも言えるだろう。

それでも、歌ことばという制度的な枠組みが崩れていくその間隙を縫って、その時代を生きた人々に即した恋の感覚が、歌の内部へと徐々にではあるが流れ込んでいく。江戸の恋歌が晶子ら短歌の恋歌にまで辿り着く道のりは、なだらかなスロープを描いているのである。

(1)　熊倉功夫『後水尾院』(朝日評伝選、一九八二年。同時代ライブラリー・岩波書店にも所収)
(2)　拙著『近世堂上歌壇の研究』(汲古書院、一九九六年)
(3)　揖斐高「江戸派の揺籃」(文学、一九八二年二・三月。『江戸詩歌論』汲古書院刊にも所収)など。
(4)　本書第二章第二節「雅びの呪縛――賀茂真淵の古今集」附論「賀茂真淵恋歌抄」参照。
(5)　林達也『近世和歌の魅力』(日本放送出版協会、一九九五年)

【付記】　本稿初出後、林達也「近世和歌の諸問題」(江戸文学、二〇〇二年十一月)が十七世紀の恋歌について解析している。

第四節　歌ことばの解体——江戸の和歌から近代の短歌へ

一　歌ことばの解体、口語調、観念化

『万葉集』と現代短歌とでは大きく異なっているようだが、しかし五七五七七という形式が常に生き残って、和歌というジャンルは一貫して日本文学史に存在してきた。そういう点では、曲がりくねっているにせよ、太さに差があるにせよ、必ずそれは一本の流れであるに違いない。

変貌を遂げつつも同じ形式の詩歌がなぜ存続したのかという、存在論的な問いかけにも意味があると思うが、個人的に興味があるのは、同じ形式の内部で、どのような質の転換によって古代から現代にまで連なっているのかという具象的な問いかけである。

おそらく、その大きな転換点は江戸時代にある。近代に至って古典和歌が近代短歌へと一変するのではなくて、むしろ江戸時代が古典から近代への変化を内包していくという、漸次的・段階的な展開がそこにはあったのである。したがって、江戸の和歌を考えることは、日本の和歌の大きな流れを把握する上で、最も見晴らしのいい場所を占めていることになるのだと思う。

とりわけ重要なのは、江戸時代の中頃を中心としつつ、この時代全体にかけて、伝統的な歌ことばというものが徐々に解体していくという点である。

歌ことばは、基本的な美意識がまずあって、それを微妙にずらしながら改革していくという流れのなかで、『古今集』でほぼ基本形となったものが、いわゆる古典主義的な感覚に基づいて伝習されていくわけだが、江戸時代も時間が経ってくると、それが緩やかに崩壊への道筋を示すようになる。

そのような「歌ことばの解体」には、四つの理由がある。(1)

第一に、右で述べたような、基本的な枠組みを守りながら微細な改革をくり返していくというやり方が限界に近づいていったろうことが指摘できる。江戸初期頃までは、歌ことばを組み直してなんとか上手に工夫してきたものが飽和状態になり、もうこれ以上は難しいというところまで来てしまったという、歌人たちの現実があったことである。

第二に、連歌詞《れんがことば》や、あるいは俳諧における俳言が和歌に影響を与えていて、〈雅〉であるべき歌ことばの枠組みに大きく〈俗〉が流入してしまうという状況があったろうことである。(2)

第三に、連歌や俳諧から影響を受けたように、漢詩からも影響を受けて、〈和〉に〈漢〉が流入していったということである。(3)

右の第二、第三は総括すれば、〈雅〉〈和〉という和歌の中心的要素に、〈俗〉〈漢〉という周縁的・対立的要素が混融したことによって、和歌本来の枠組みが拡散していったとも言える。

第四に、広く文芸思潮の問題として、江戸前期にあった、荻生徂徠《おぎゆうそらい》ら古文辞学派の古典主義的な風潮に代わって、江戸中頃になると、性霊《せいれい》主義という、写実・体験を重視する文芸思潮が台頭してくることである。(4)結果として、漢詩の世界は古典主義が大きく崩れ、和歌も連動して、そういった状態を招来した。小沢蘆庵《おざわろあん》の同情新情論、ただこと歌の主張や、大隈言道《おおくまことみち》の「吾は天保の民なり。古人にはあらず」(ひとりごち、安政四年〈一八五七〉成)という発言などがその代表であろう。

以上をまとめると、通時的に見て飽和状態になってきたことに加えて、共時的にも他ジャンルの影響を受けつつ、旧来まがりなりにも墨守してきた枠組みが曖昧に拡大し、それが質の変化にまで及んでいった、となろう。

おそらく、その行きつく先は、口語的なことばの流入であって、さらにその先には近代短歌の影が仄見えてくる。状況はそれほど直線的でもまた単純でもないだろうが、まずはそのように見取り図を描いてみることで、問題を整理してみたいと思う。

右のような傾向は、おそらく江戸初期の堂上和歌から備わっていて、徐々に事態は進行していったのである。[5]右に述べたこと(特に第一の理由)と関連するのは、歌それ自体が観念化していくという問題である。

たとえばそれは、恋の贈答が行なわれる現場が失われていった状況に伴って、恋歌が観念によって形作られざるを得なかったことによっても[6]顕著な傾向として把握されるだろう。

伝統的な枠組みのなかでの述懐は和歌史において常に存在しているものの、口語へと傾斜していく過程で思念的な物言いがより顕在化していくのである。

たとえば、木下幸文《きのしたたかふみ》の、

かにかくにうとくぞ人のなりにける貧しきばかり悲しきはなし
うきことも嬉しきことも知らざらむあはれ此の世に富みたれる人
終にはと思ふ心のなかりせばけふの悔しさ生きてあられめや　(亮々遺稿《さやさやいこう》)

といった歌々に見られる歌人の思想の表出が、近代の歌人たちのそれとどれほどの懸隔があると言うのか。ここでも、江戸時代から近代への道程はなだらかなのである。

二　海野遊翁の歌

表現の規範を厳しく律してきた歌ことばの枠組みが緩んでくると、どうしても和歌の表現自体が口語的になりがちである。その一例として、海野遊翁《うんのゆうおう》の歌を取り上げてみよう。海野遊翁は、小沢蘆庵の門人前場黙軒に学んだ歌人で、寛政六年(一七九四)に生まれ、嘉永元年(一八四八)に没しているから、十九世紀前半に活躍した歌人と言ってよいだろう。(7)『柳園家集《りゅうえんかしゅう》』(嘉永三年刊)に収められている歌々を拾い上げて見てみたい。

その歌集を読んでいて気付かされるのはくり返し表現の多さである。

　梅薫風
梅の花かをるとなしにかをるかな吹くとはなしに風やふくらん

　花色
雲と見え雪とまがへど雲ならず雪にもあらぬ花の色かな

　弥生ばかり松平忠質《ただかた》ぬしのもとにまかりて花みける折「菅のねの長き春日を諸《もろ》ともに花みて遊ぶけふのたのしさ」といひ出でたまひけるかへし、
此の花のかげばかりなるかげはあらじいざ此のかげに見つつくらさん

一首目は「かをる」「吹く」が、二首目は「雲」「雪」がくり返され、構造的にも対句的なありかたが見て取れる。三首目は「かげ」が三度出てきてくどいばかりに「花のかげ」のよさが強調される。それ以外にも、このような例は多く、さらに何首かを列挙してみよう。

鶯千春友

万春千春百春聞きぬとも飽くべきものか鶯のこゑ

若菜

春も春若なもわかなかはらねどめづらしきかな野辺のけしきの

深夜春月

花は花柳は柳みゆれどもふけておぼろに月のなりぬる

水鶏何方

水鶏啼くかたこそわかね我が門か隣か又はまたのとなりか

松下泉

いざここに涼みくらさん松もよし下かげもよし清水さへよし

右のように一語を無邪気にくり返し使用してしまうことによって口語的な色合いを帯びていくのが、遊翁の歌の大きな特徴と言えるだろう。これについては、当時の俗謡のリズムが投影されているように思われてならない。

さらに、この表現は、初、二句にわたって動詞がくり返されることによるものが多いように思われる。

毎年愛梅

いつみても見てもあかぬは梅の花年に色かや添ひにそふらむ

梅花盛

行きかへりかへりみれども梅の花ただ白雪のかをるなりけり

新樹風

打ちそよぎそよぐけしきはしるけれど若葉は風の音ぞ聞こえぬ

五月雨雲

晴れゆけどゆけど雲こそ残りけれいく重の雲ぞ五月雨の雲

枕辺虫

寝覚めてもさめてもおなじ虫のねをいくよ枕の下に聞くらむ

たとえば一首目では、いつどんな時に見ても梅の花は美しくて見飽きることがないという作者の感動が、「いつみても見ても」と「見る」という動詞をくり返し用いることで、臨場感をもって伝わってくる。このような歌の詠みぶりを、技術的に工夫のないものとして斥けてしまうのではなく、その素朴さのなかに和歌史の転換していく過程がよく映し出されているとして、一定の評価を与えることも必要なのではないか。

以上はくり返し表現について述べてきたことだが、ここで指摘した口語調は遊翁の歌全体にも当てはめられる。たとえば、

梅有喜色

打ちつけに嬉しくもあるか梅の花ほほゑむみれば我もゑまれて

伝通院の桜を見て

くる人のたれあふぎ見ておどろかぬ此の大桜たぐひなければ

といった歌に含まれている無邪気なまでの素直さを、時代的な表現を反映したものとしてもう一度定位し直してみること、われわれはそこから始める必要がある。

三　斎藤茂吉の鶯詠を遡る

では次に、斎藤茂吉の歌を一首取り上げて、その歴史的な厚みと近代的な意匠とを検討してみたい。

昭和五年（一九三〇）に詠んだ歌に、

高原に光のごとく鶯のむらがり鳴くは楽しかりけり

がある。この歌の収められている歌集『たかはら』は、この歌の初句による命名であり、それだけ重要な一首であったことが知られる。

この歌の眼目はなんと言っても二句目の「光のごとく」であろう。鶯の鳴く声や姿のみならず光景自体が光り輝くと詠んでいて、極めて印象的な一首となっている。そのような表現は一体どこから来たものなのだろうか。そのことにしばらく拘ってみたい。

（1）　茂吉とその周辺

まずは茂吉とその周辺における問題について、まとめておこう。近代短歌の内部における問題と言い換えてもよい。茂吉自身は、この歌について『作歌四十年〈たかはら〉抄』（『斎藤茂吉全集』第十巻、岩波書店、一九七三年）で、次のように述べている。

鶯が実に沢山、春光のかがやきの中に啼いて居る。自分はそれまで鶯を屢《しばしば》聞いたけれども、光明の中にかく沢山の鶯が啼いたのを聞いたことはなかつた。それを歌にしようとして『光のごとく』といつたのであるが、この句は相当の句のやうにおもふ。後、若山牧水の歌の中に、『光のごとく』といふのがあることが分かつた。『楽しかりけり』は、主として作者のことであるが、鶯全体にもかかつて居る。それが融合することとなるのである。言葉の文法上からいけば、『啼くは』につづくから、鶯にかかるのだけれども、詩の心理としては主観と客観との融合にあるのである。

茂吉も述べているように、牧水には先行する類歌がある。

夏の樹にひかりのごとく鳥ぞ啼く呼吸《いき》あるものは死ねよとぞ啼く

この歌は「アララギ」大正二年(一九一三)一月号の『死か芸術か』の合評で取り上げられ、茂吉も「一寸仏画の木に鳥が居る所の様な気がするね」と評しているので[8]、「高原に」の歌を作る以前に知っていたと思われ、『作歌四十年』で後にわかったとするのとは齟齬をきたしている。茂吉に好意的に取れば、牧水の歌を彼は忘却していたのかもしれないが。

ただ、「光のごとく」の一番乗りは牧水に譲るとしても、諸家[9]が指摘するように、歌として茂吉のそれはすぐれた出来栄えである。塚本邦雄が、『茂吉秀歌　つゆじも～石泉百首』(文芸春秋、一九八一年。講談社学術文庫にも所収)で、

「春光のかがやきの中に」「光明の中に」、すなはち「中に」鳴きつつ、いつしか春鶯囀《しゅんあうてん》そのものが光に変貌したかの、稀なる現象を現した。

と述べているような、圧倒的な光のイメージの強力さはゴッホを好んだ茂吉らしく、かつ近代短歌が登場する以前には獲得し難かった抽象的な感覚も反映された、まさに独特な表現足り得ている。それに比べて牧水のそれは「光のごとく」という歌句が一首のなかで必ずしも十分に生かし切れているとは言い難い。

なお、近代的な光の感覚の問題として、「したたる光」というような表現世界が近代以前とは一線を画する特性を

帯びたものであることが指摘されており、(10) 茂吉の歌とは直接の関係はないものの、それを生み出す土壌のようなものとして記しておきたい。

（2） 近代以前

ただし、この茂吉の歌には、和歌の伝統も踏まえられている。その第一は、鶯の本意が春の到来を告げるために鳴くという行為にあり、それが茂吉にも受け継がれていることである。当たり前のような、この事柄は、しかし最も基本的で重要な要素として押さえられなくてはならない。鶯が鳴くことは、『古今集』の次のような歌々、

春やとき花や遅きと聞き分かむ鶯だにも鳴かずもあるかな　（春上・藤原言直）
春来ぬと人は言へども鶯の鳴かぬかぎりはあらじとぞ思ふ　（春上・壬生忠岑）
鶯の谷より出づる声なくは春来ることを誰か知らまし　（春上・大江千里）

によって、和歌の歴史に強く刻印されたものであった。

そして、春の光のなかでの鶯についてもいくつかの証例を見出すことができる。

谷ふかみ春の光のおそければ雪につつめる鶯の声　（新古今集・雑上・菅原道真）
里わかぬ春の光をしりがほにやどを尋ねてきゐる鶯　（拾遺愚草・藤原定家）
鶯ははやこゑきこゆ谷の戸も春の光やさすがみゆらん　（題林愚抄・春・覚助法親王）

ただし、これらは春の光が輝くなかでの鶯というものであって、茂吉のように鶯の声や姿、それを包み込む光景全体が光り輝いているということとは次元が異なる。同じ春の光に関わる鶯を詠んでいても、右に挙げた三首と茂吉のそれにはかなり距離があるのである。

ところが、次のような例が江戸末期にあることは、どう考えたらよいのだろう。作者の大谷友愛は、伯耆米子の人。通称、恵左衛門。有名な歌人ではない。『鴨川集』は江戸末期の私撰集としてよく知られており、長沢伴雄の編集。投稿や推薦によって歌を選んだため、全国にわたって無名な作者が多く入集した。

谷鶯　　　　大谷友愛

谷のとのをぐらきかたはうぐひすの声のみ春のひかりなりけり　（鴨川四郎集・嘉永五年刊）

右の歌では、鶯の声が春の光だと詠んでいて、だいぶ茂吉の発想に近づいている。

つまり、古典の道真や定家の歌と茂吉の歌の間にこの江戸末期の歌を置いてみると、和歌表現の流れのなかに一筋の道のようなものが見えて来はしないだろうか。春の光のなかに鳴く鶯というものがまずあって、つづいて鶯の声自体が光であるという見方が登場する。後者のような見方は、伝統的な和歌の規範がかなり緩んで来ないとやはり出て来にくいものであろう。そして、そののちに姿や声を含めて、より全体的な光のイメージが茂吉によって獲得されたのだ。茂吉の歌には、透徹した理知のようなものが感じられて、これはやはり短歌の近代に深く根差したものと言ってよいのだろう。

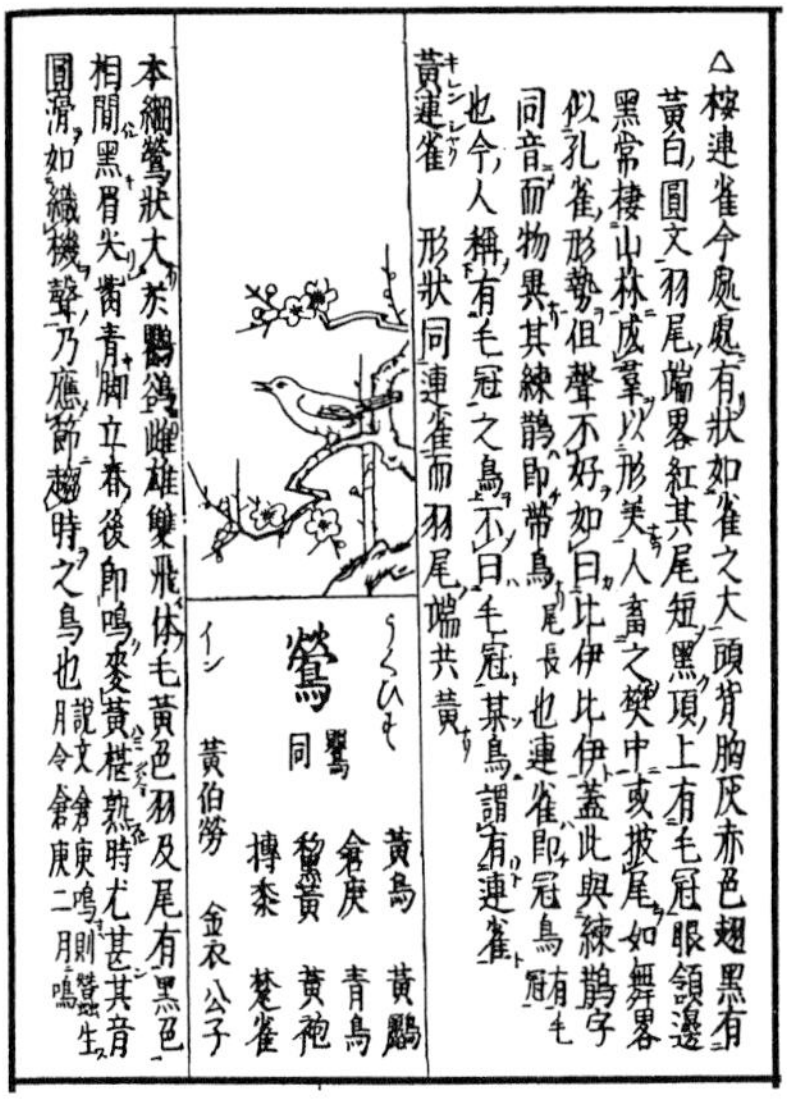

図 2　『和漢三才図会』鶯

茂吉の歌には彼自身の個性によって生成された部分も勿論あるわけだが、それだけではなく、和歌史における歌ことばや題の本意の変質によって自然と押し出されるようにして成立した部分もあるということを銘記しておく必要がある。さらに、和歌史の少し外側に目を転じた時、俳諧の写実力、近代詩の表現力といったものが右の変容に力を及ぼしてもいるのである。

（3） 江戸後期和歌の鶯詠

以上が、茂吉の歌について直接に指摘したいことであるが、それ以外にも江戸後期になると必ずしも伝統性に縛られないことばと内実を持った鶯詠が登場してくる。

橘曙覧《たちばなあけみ》には、

すすけたる仏のかほもはなやかにうち見られけりうぐひすの声
うぐひすも鳴きつかれたる声させつ淀川づつみながながし日は
（志濃夫廼舎歌集《しのぶのやかしゅう》、明治十一年刊）

という歌がある。一首目、春の到来を告げる鶯の声によって、汚れて黒ずんだ仏様の顔も華やかに輝いて見える。二首目、淀川の堤を長々と歩いて疲れた日には、鶯の声も鳴きくたびれているように聞こえる。どちらも実感が強く伴った歌ではないか。

大隈言道には、次のような歌がある。

さくうめの花すすろひもにくからで身をさかさまにすがるうぐひす
さばかりのわが身じろぎにかげうせてとなりのこゑになれる鶯
（草径集、文久三年〈一八六三〉刊）

一首目、身をさかさまにして無心に梅の花をすするという構図の大胆さはすばらしい。「すがる」は、しがみつく。当時の花鳥図の影響があるか。二首目、歌人のちょっとした動きに反応して、隣家に移って行ってしまったとする日常の観察眼が発揮される。

幽真《ゆうしん》の、次の歌も独特である。

あさいして梅見にもれしおこたりの耳にはりする鶯のこゑ

ひさごもてくまれむものか青柳の陰にながるる鶯のこゑ

（空谷伝声《やまびこ》、慶応二年〈一八六六〉刊）

一首目、寝坊した怠慢さの報いとして、鶯の声が針のように鋭く耳に突き刺さる。二首目、柄杓によって水が流れるような淀みのない鶯の声を汲もうとする。

以上のような伝統の拘束力が少なくなった歌々の存在が、先に述べたような茂吉歌への道程を支えているのである。

四　大根という歌材

さて、「三　斎藤茂吉の鶯詠を遡る」で取り上げた鶯は歴史的な蓄積がある歌材であるが、今度はそういった伝統性が薄いものとして、大根についての和歌を取り上げてみたい。

大根は俳諧では冬の季語で、

菊の後大根の外更になし

武士の大根苦き話かな

という芭蕉の句をはじめ、庶民的な食べ物としてしばしば詠まれた。しかし、和歌では「鏡草」「すずしろ」の異名で詠まれることはあっても極めて少なかった。(11)

和歌の長い歴史において、大根が主体的な位置を占める嚆矢は、おそらく江戸後期ではないか。

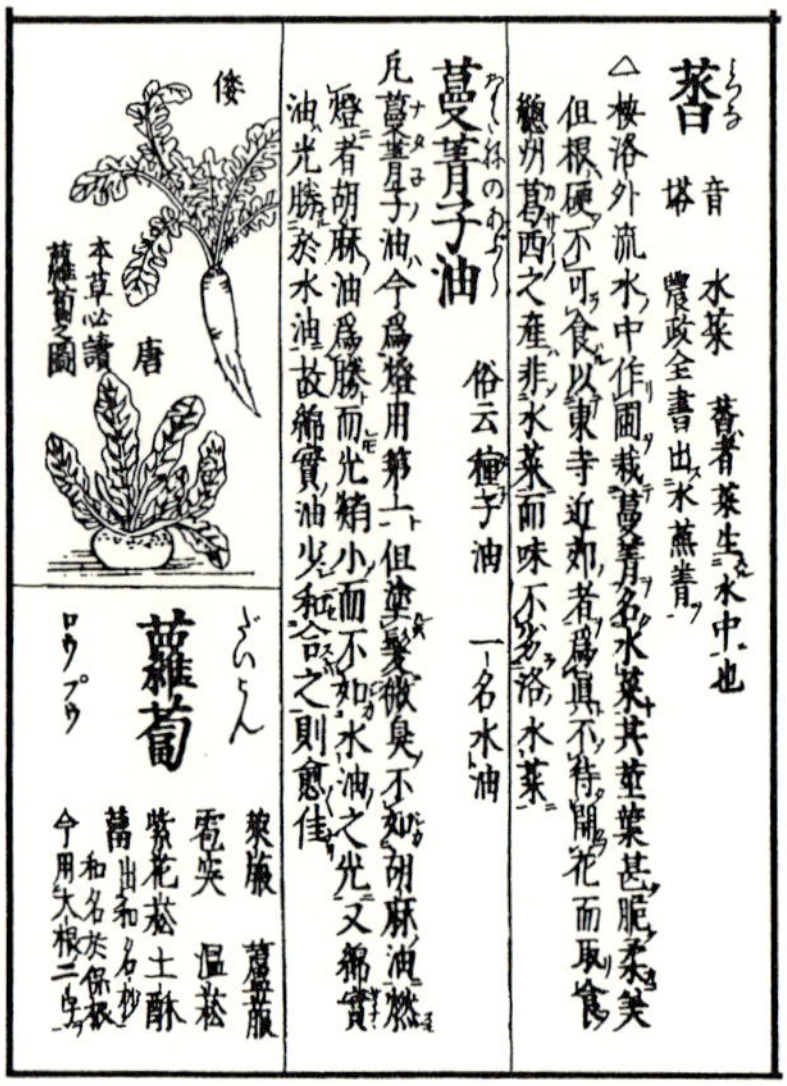

図 3　『和漢三才図会』大根

良寛

あしひきの国上《くがみ》の山の山畑に蒔きし大根ぞあさず食《を》せ君

（良寛歌集）

中しま川のほとりにて　中島広足《なかじまひろたり》

冬川のやな瀬はもらずなりにけりおほねを洗ふをのこのみして　（橿園《かしぞの》歌集、天保十年〈一八三九〉刊）

冬のあしたをかざきのさとにて　大田垣蓮月《おおたがきれんげつ》

冬はたの大根のくきに霜さえて朝戸出《あさとで》寒し岡崎の里

幽居

山水もすめば住まるるものならし垣ねの大根のきのいけ栗　（海人《あま》の刈藻《かるも》、明治四年刊）

特に、蓮月の一首目は、彼女の歌としてよく知られているものである。「大根のくきに霜さえて」が、冬の朝の凛とした寒さをよく表わしていると言えよう。蓮月の二首目も、作者の生活感情に密接に関わる歌である。

右のような歌が江戸後期にまずあって、そののち近代短歌には数多くの大根詠が登場してくることになる。

比較的江戸時代に近い人物の詠として、

土大根かけてほしたる賤が家のそともの梅も花はさきけり　本居豊穎《もとおりとよかい》

があり、他にも代表的な歌人に次のような詠がある。

暮れて洗ふ大根の白さ土低く武蔵野の闇はひろがりて居り　島木赤彦

畦つきて坂のぼりゆく荷ぐるまのつみし大根にゆふ日さすなり　金子薫園
軒低き家をめぐらす冬の畑いよいよ清し大根白菜　窪田空穂
朝の月ひくくかかりて練馬野の大根畑に日は輝けり　若山牧水
冬空は磨ぎすまされてあり大根畑さ緑さえて遥に対す　木下利玄

右は一首目が大根の白さと漆黒の闇の対照、二首目が荷車に積まれた大根、三、四、五首目が大根の植えられている畑を、というように、大根のある光景をさまざまに描き出す。

天つ日の光のもとに簀蓙敷き白き大根を切干に切る　与謝野鉄幹
大根の丸ぼしを軒に吊したり雪ふる時の食物なるか　斎藤茂吉
大根をあられにきざみ炊きこめて加州の米はうましうましと喰ふ　土岐善麿

この三首は、一首目が切干大根、二首目が大根の丸干し、三首目があられ切りにした大根の炊き込みご飯と、いずれも食物としての特性を取り上げている。

近代に入って大根は生活感覚を歌い上げる際の歌材として所を得た観があるが、これも江戸後期における着目が基盤になっているのである。

五　江戸との段差——小林論文の啄木歌群観をめぐって

以上をまとめておきたい。

ここまで、江戸時代から近代への道筋を描こうとして、歌ことばの解体と口語調、観念化の促進といった大きな史的展開をまず指摘し、その上で、海野遊翁の歌に見られる口語的な表現、斎藤茂吉の鶯詠に見られる革新性と伝統性、大根という歌材の先取性、という三つの具体相を取り上げ、それを実際に検証しようとしてきた。

他にもたとえば、蛙の鳴き声に着目した時、その声を写実しようとする試みはすでに江戸時代に胎動していて、やがて近代短歌へとつながっていくことも認められる。(12)

しかし、それは単純な直線ではなく、試行錯誤をくり返しながら、少しずつ歩みを進めてきたものであった。複雑な様相を描き出すには、更なる検証を経なくてはならないことは言うまでもない。

また、江戸時代から近代への道程をなんとか一筋のものとして描きたいと考える余り、連続的な側面にばかり着目しても生産的ではない。両者には当然の事ながら相違点も多くあり、それらを含めての大きなうねりとして、江戸から近代への時間の流れは捉えられる必要があるからだ。

小林幸夫「石川啄木と「砂」の詩想」(上智大学国文学科紀要、二〇〇二年三月)では、そういった問題意識を、啄木の、

1東海の小島の磯の白砂《しらすな》に
　われ泣きぬれて
　蟹とたはむる
2頬《ほ》につたふ
　なみだのごはず
　一握の砂を示しし人を忘れず
3いのちなき砂のかなしさよ
　さらさらと

握れば指のあひだより落つ

というような、〈砂〉をめぐる歌群を取り上げて論証しようとしている。

小林論文では、

わが恋はよむとも尽きじ荒磯海《ありそうみ》の浜の真砂はよみ尽くすとも　（古今集・仮名序）

をはじめ古典和歌との比較を通して、啄木の〈砂〉歌群の意義は、失われた恋を背景とした不安・孤独・虚無を砂によって表現し、さらに掘ったり文字を書いたりすることで確かめられる砂の感触を付与した点にあると結論付ける。前者は主体の表出、後者は身体性の獲得として、まとめてよいのだろう。小林氏は、これをもって、近代的な短歌が江戸時代までの古典和歌を超克し新たな詩想を獲得した、一つの証例とする。

この論文の視点は、ここでの主題を更に高みへと導いてくれる。〈砂〉の歌ということに関して言えば、古典和歌においてそれほど重要な主題ではなく、たとえば先に取り上げた〈鶯〉に比べて歴史的な厚みという点では比較にならないほど薄い。しかし、それを割り引いても、小林氏の指摘した主体性と身体性は、やはり江戸時代までと近代を分ける極めて重要な要素として把握することができるだろう。

主体性は、たとえば個としての歌人の主体（「私」性のようなもの）が共同性を有する枠組みを大きく乗り越えて流れ出るように表現されるということなら、業平や小町、西行、また良寛といった人々にもそれは認められるし、そもそも個がそれぞれに共同性に参与するという機能を有するという点において和歌は常に個の主体の問題としてもあり得た。しかし、そのような水準を頭一つ突き抜ける形で近代短歌に主体的な個が登場し、現代短歌までその傾向が維持されていることはやはり認めてよいことのように思われる。(13)

身体性ということも、俊成の方法意識に認められることが指摘されるなど(14)古典においても根深く認められるし、そもそも人間が自己を表現しようとする時、その器としての身体と無関係にそれが行なわれることなどありはしない。ただ、それにしても、与謝野晶子の、髪や乳房に関する歌々に接する時、身体表現が近代に至って新しい段階を迎えていることは否定しようがない。

六　武島羽衣『霓裳歌話』

ここまで、江戸時代から近代への連続性と、そして段差とを確認してきたが、今度はひとつの歌論書に着目して、改めて連続性を検討してみたい。取り上げるのは、武島羽衣《たけしまはごろも》の『霓裳歌話《げいしょうかわ》』である。

武島羽衣は、高山樗牛・姉崎嘲風・塩井雨江らとともに『帝国文学』に作品を発表し、赤門派文人の一人として活躍した。明治二十九年には、雨江・大町桂月とともに詩文集『花紅葉』を刊行し、大成功を収めたことで名高い。日本女子大学校の教授を長くつとめてもいる。

その羽衣の『霓裳歌話』は、江戸時代和歌研究とも言うべき書なのである。既に旧稿(15)で概略を紹介したが、論述の展開上必要なので、ここでもその要を摘んでおく。

この書は、ちょうど一九〇〇年に当たる明治三十三年に博文館から刊行された。主として和歌についてのさまざまな話題を比較的平易に扱ったもので、百二十四篇から成る。その内容は、(a)和歌の詠み方を方法論的に述べたもの、(b)外国の詩歌について述べたもの、(c)日本の詩歌について述べたもの、という三点に大別される。とりわけ(c)が多く、なかでも江戸の和歌や狂歌に言及したものが数多く見られるのである。そして、(a)に分類されるもののなかにも、江戸時代の作品を証例として用いているものが多く見出せ、羽衣のこの時代への親近感がよく窺われるものとなっている。

明治期の江戸時代和歌研究としては佐佐木信綱の『近世和歌史』（博文館、一九二三年。『文化選書』、博文館、一九四二年にも所収）が名高いわけだが、羽衣も「近世和歌史」と銘打った書こそ残さなかったものの、「本書（霓裳歌話）に収められた短文はその素材とも言える」(16)との見方も可能なほど江戸の和歌の占める割合が高い内容なのである。

百二十四篇のうちの十七篇の項目名には、直接江戸時代の歌人名が含まれている。それらは以下の通り。

「賀茂季鷹《かものすえたか》」「季鷹と蘆庵と」「季鷹と宣長と」「蓮月尼」「近藤芳樹の壮時」「清水浜臣《しみずはまおみ》自讃の歌」「荒木田《あらきだ》久老《ひさおゆ》」「鳩巣《きゅうそう》の歌」「霊元天皇と一品妙法院親王」「平春海」「橘千蔭」「富士谷成章《ふじたになりあきら》」「吉川惟足《よしかわこれたる》の歌」「加藤美樹《かとううまき》」「錦門の諸秀才」「荒木田久老の速吟」「太田（ママ）垣蓮月」

右以外にも、「徳川時代の和歌」という条もあり、また「下わらび」の条では冷泉為村《れいぜいためむら》の逸話を紹介するなど、項目名だけでは江戸時代の和歌に関係するものかどうか判断できないものもある。

羽衣は橘千蔭《たちばなちかげ》への評価が極めて高く、「橘千蔭」という条では、その特徴を賀茂真淵《かものまぶち》・村田春海《むらたはるみ》・小沢蘆庵・香川《かがわ》景樹《かげき》らと比較して「洗煉・含蓄・雄渾・自然」とし、江戸時代の歌人の最高と位置付ける。逆に景樹への評価は低い。

また、「初学のもの丶読むべき歌書」の条では、さまざまな書が初学の為の入門書として挙げられているが、そのほとんどが江戸後期に成立したものなのである。以下に具体的な書名を掲げておく。

［万葉集］　長瀬真幸編『万葉集佳調』（寛政六年刊）

［二十一代集及び古今和歌六帖・万代集等私撰集］

清原雄風編『類題怜野集』（文化三年〈一八〇六〉成。刊本あり）

本居宣長編『古今撰』（文化五年刊）

[江戸の和歌]　木村定良編『類題草野集』(文政元年〈一八一八〉成、同二年刊)
加納諸平《かのうもろひら》編『類題鰒玉集《ふくぎよくしゆう》』(文政十一年〜嘉永七年刊)
長沢伴雄編『鴨川集』(嘉永元〜七年刊)
[歌語集]　有賀長伯《あるがちようはく》著『和歌分類』(元禄十一年〈一六九八〉刊)
有賀長伯著『歌林雑木抄』(元禄九年刊)

『霓裳歌話』が刊行された、二十世紀になろうとする時期にも、和歌を学ぶ者にとって江戸期の歌集・歌学書を利用することが勧奨されている点は注目に値する。

武島羽衣には国文学大綱の『賀茂真淵』(明治三十一年)の著述もあり、彼にとって江戸時代の和歌は親近感を抱くことの出来る対象としてあったろうし、今一般に語られる江戸の和歌と近代短歌の懸隔は彼のなかではさほどの距離感をもっては受け取められていなかったと思われるのである。

ここでもう一例、旧稿(17)では引用しなかった『霓裳歌話』中の一条を取り上げ、検討を加えておきたい。「隅田川の詩」の条の後半部分である。

和歌にては、白川楽翁公の

言《こと》とはむ鳥のねむりも静かにて月にこたふる秋の川なみ

といへると、仲顕忠田の

鳥の名を桜にゆづれ隅田川花のみやこと今はなりにき

といへると、久貝因州の

影かすむ月にいざよふ川ぶねのすだれのうちや春のよの夢

図 4　『江戸名所図会』隅田川堤春景

といへるなど、すぐれたるものなるべし。但し第三の歌は言つかひの清らかなるは、さることながら、とりはづしては、卑しき心とも見なさるべく、第二のは着想いとめづらかにあたらしく、多少奇抜なるふしなきにあらず、而して第一の歌は今昔を俯仰して、最も感慨のふかきを見る。蓋《けだ》し三絶中の白眉といひて可ならむか。是川をよめる歌は、遠きむかしのよりも、却《かへ》りて近世のによきが多し。いにしへとても是川のあはれなりしにはありたるべけれど、近く徳川氏の世となりて、元文の頃両岸に桜樹を栽ゑられてより、俄《には》かに一名物をそへたるため、こゝに遊ぶ人の、年毎に数添はりゆきければなるべし。

右は要するに、隅田川を詠んだ歌といえば『伊勢物語』東下りの段を始めとして昔から数々あるものの、やはり江戸時代に入って堤に桜の木が植えられ、人々の歓楽の地として賑わうようになったことによって、名歌も多く生まれるようになった、と言うのである。歴史的に厚みのある歌枕の隅田川に対しても、平安時代の名作より、江戸の歌々をもってよしとするところに、羽衣の江戸時代の和歌への親近感が認められるだろう。

なお、「白川楽翁公」は松平定信《まつだいらさだのぶ》。「仲顕忠田」は仲田顕忠《なかだあきただ》、幕臣・歌人。海野遊翁に学んでいる。「久貝因州」も幕臣で歌人でもあった久貝正典《くがいまさのり》。小林歌城に学んだ。

以上に見られたような、武島羽衣の江戸時代和歌に対する親しみの気持ちは、彼のみに見られる特別な感情だったのだろうか。おそらく、そうではなくて、明治という時代になってかなりの時間を経ても多くの歌人たちが抱いていた感情だったのではないか。そういう意味での江戸と近代との紐帯は想像以上に強いのだと思われる。

七　十九世紀の和歌状況

ここまで、江戸時代の和歌から近代短歌への道筋を幾通りも辿ろうとしてきた。当たり前だが、その補助線は何十本も、そして多様に引けるだろう。

これまでの研究では、正岡子規が高く評価した平賀元義《ひらがもとよし》や橘曙覧、佐佐木信綱が見出した大隈言道らから出る線が太いものとされてきたろうが、それだけが屹立してあったわけではないと思う。むしろ、十九世紀を中心として網の目のように補助線が張り巡らされていると考えてよいだろう。

斎藤茂吉の『明治大正短歌史』(中央公論社、一九五〇年)が指摘するように、明治三十年代の前半になると、落合直文の浅香社、佐佐木信綱の竹柏会、正岡子規の根岸短歌会、与謝野鉄幹の新詩社、久保猪之吉のいかづち会、若菜会、更衣会といった新派が一斉に起こってくる。逆に言うと、それ以前は明治といっても、江戸の残滓がかなり濃厚なのである。そこでは、桂園派の影響が大きかった宮中御歌所の歌人たちと、落合直亮《おちあいなおあき》・天田愚庵《あまだぐあん》・与謝野礼厳・丸山作《まるやまさく》楽《ら》・福本日南ら民間歌人・非専門歌人たちという、官・民の二系統が存した。前者が古今的世界を、後者が万葉的世界をという形で、ここでも旧来の和歌史的な対立構造が確認される。(18) この明治三十年頃までの〈近代〉は、研究の上で比較的閑却に付されている観がある が、江戸と近代を繋ぐものとして今後注目されるべきものであろう。したがって、「江戸の和歌から近代の短歌へ」という副題は、より詳しく言うなら、江戸初期からの射程をもって中後期の変革を捉え、そして明治初期を介在させつつ、さらに新派和歌への道程をいかに描き切るかという課題を意味している。

右のことに関連する例として、比較的よく知られているのは、国木田独歩『武蔵野』に、熊谷直好《くまがいなおよし》の和歌に、

よもすがら木葉かたよる音きけばしのびに風のかよふなりけり

といふのがあれど、自分は山家の生活を知て居ながら、此歌の心をげにもと感じたのは、実に武蔵野の冬の村居の時であつた。

という一節があることである。このように江戸後期の歌人の歌に自己の感性を重ね合わせるという行為は、独歩の極めて個人的な営みなのではなくて、「時代の或る文脈に乗ってのこと」(19) なのであることは、くり返し述べてきた通りである。

もう一例を指摘して終わりにしよう。

与謝野鉄幹は言うまでもなく近代短歌の確立に大きく貢献した歌人であるが、鉄幹の父礼厳もまた、幕末・明治初期を生きた歌人であった。

たとえば、

牧の馬蹴上げ荒るれどますらをは手綱たぎつつ鞍なしに乗る

という歌に接する時、山崎敏夫氏の、[20][21]

その歌は、万葉調と言わば言い得るものもあるが、すべてがそうであるわけではない。鉄幹に伝わって行ったと思われる「はげしさ」はたしかにその歌にも見られる。

との評は正鵠を射ていると思われるのである。

ところで、このような歌は江戸後期の和歌の気脈とも相通じるところがないだろうか。たとえば、「ますらを」と「馬」を同じく詠み込んだ例としては、橘曙覧の、

千里ゆく陸奥馬をわれ得つと鬣《たてがみ》なでて笑めるますらを　（志濃夫廼舎歌集、明治十一年刊）

がある。あるいは調子という点では、加納諸平が「ますらを」について詠んだ、

那智滝

ますらをがすべしもとどりときはなつ滝のひびきに雨みだるなり　（柿園詠草、安政元年刊）

の方がより近いかもしれない。もとどりを解き放つ行為と響きを立てて流れ落ちる滝によって雨も乱れるように降るという光景が重ね合わせられたこの歌は、切れ味鋭くなかなかに優れている。

必ずしも右の一例に限らなくても、江戸後期の詠史和歌を中心として見られるある種の勇ましさは近代の激しさとどこかでつながって行くもののように私には思われるのである。それは、激動の時代を生きた人々の息吹きといったものが歌に反映されていくということでもあっただろう。当然のことながら、政治の季節でもあったこの時期の特質は、文学のありかたとも無縁ではあり得ない。

以上、用例をさまざまに挙げてきて、江戸の和歌から近代短歌への転換についての問題意識を述べてきた。言いた

いのは、まず無数にある補助線の数々を引いてみることである。補助線の重要度を吟味するのは、そのあとでも遅くないと思う。

(1)『リポート笠間』(二〇〇〇年十月)の座談会「歌ことばの流れ」で発言した。
(2) 拙稿「堂上和歌と連歌」(国語と国文学、一九九四年五月。『近世堂上歌壇の研究』汲古書院刊にも所収)
(3) 拙著『近世堂上歌壇の研究』(汲古書院、一九九六年)第一部第三章
(4) 揖斐高『江戸詩歌論』(汲古書院、一九九八年)
(5) 拙著『近世堂上歌壇の研究』(汲古書院、一九九六年)
(6) 本書第一章第三節「観念性の高まり——恋歌の江戸」参照。
(7) 拙稿「水木コレクションの文学資料——海野遊翁書簡を中心に」(国立歴史民俗博物館編『収集家100年の軌跡——水木コレクションのすべて』、一九九八年)
(8) 柴生田稔『斎藤茂吉伝』(新潮社、一九七九年)
(9) たとえば、堀内通孝「『たかはら』私見」(藤森朋夫編『斎藤茂吉の人間と芸術』羽田書店、一九五一年)は、「第二句「光のごとく」の観入の深さは唯一絶対のもので他の追随を許さない」としている。また、鎌田五郎『斎藤茂吉秀歌評釈』(風間書房、一九九五年)は、「牧水の歌は「ひかりのごと」き鳥の声に触発された青年の感傷(死の想念)を極度につきつめた発想であるが、茂吉の作は「光のごと」き鶯の声に喚起された生の歓喜を高らかに歌ひ上げた発想であり」、牧水・茂吉ともに相譲らぬ価値があるとする。
(10) 佐々木充「〈したたる光〉——ある詩語の水脈」(文学語学、一九九五年十二月)等。
(11)『大歳時記』第二巻(集英社、一九八九年、長島弘明「大根」)
(12) 本書第三章第二節「擬音への志向——蛙の声の描写」参照。
(13)「自分はどんなに駄目だと歌ってみても、歌うことによってそれは自己肯定になってしまう」、「そんな形式はナルシシズムで気持ち悪いと言い残して」寺山修司が現代歌壇と訣別したことは、現代短歌の抱える主体性の問題をよく表わしている

（永田和宏「短歌の争点」國文學、二〇〇二年六月）。

(14)　渡部泰明『中世和歌の生成』（若草書房、一九九九年）第二章第二節「「ふるまふ」・「ふるまひ」考」

(15)　拙稿「大学派（赤門派）の文学活動と国文学部の教育――武島羽衣『霓裳歌話』をめぐって」（国文目白、二〇〇二年二月）

(16)　『明治文学全集』第四十一巻（筑摩書房、一九七一年）青木生子解題。

(17)　注(15)拙稿。

(18)　山崎敏夫「近代短歌発生と成立の背景」（和歌文学研究、一九六八年六月）、島津忠夫「近代短歌の黎明と『万葉集』」（『和歌文学史の研究　短歌編』角川書店、一九九七年）

(19)　野山嘉正『明治小説の成立――明治の青春』（岩波書店、一九九七年）

(20)　『日本詩歌選』（新典社、一九六六年）で、島津忠夫氏が礼厳の秀歌として挙げている。

(21)　『明治文学全集』第六十四巻（筑摩書房、一九六八年）山崎敏夫解題。

【付記】　本稿初出後、小林幸夫「明治和歌とキリスト教」（上智大学国文学論集、二〇〇四年一月）が、『聖詠』を取り上げ、近代性の獲得についてさらに論じている。

第二章　歌人と伝統

第一節　微細への愉楽──後水尾院の想像力

一　はじめに──一首を選ぶ

どの時代でもそうなのだろうが、一時代で一首を選ぶのは、大変むずかしい作業であると思う。ひとつの時代とはいっても異なるいくつかの側面を有しているし、だからこそおもしろいとも言える。

江戸時代の場合、伝統と革新のせめぎ合いが激しく、その両極に引き裂かれがちになりながらも、なんとかそのあわいにとどまって、歌人たちは〈うた〉を詠んでいる。前期には、中世以来の伝統を背負いつつも、意識的にまた無意識のレベルでも、これまでとは違った歌々が作られていく。そこでの和歌制作の担い手としては、天皇・公家らいわゆる堂上歌人たちが主力となった。彼らは歌ことばや基本的な美意識を伝統的なそれに大きく依存しつつも、てにをはやレトリックに留意することで一首の「つづけがら」を美しく仕立てることに精力を注ぎ、そこに自らのアイデンティティーを求めようとした。その緊張感はすさまじく、鑑賞する側が同様の緊張感をもって接しない限り、「ただなんとなく中世に似ていて工夫がない」などと言ってその価値を認めないという誤りを犯してしまうだろう。そのよ

うな彼らの微細な感覚を汲み取ろうと試みること、そこからまず始めるべきなのである。(1)

江戸時代も中期以降は、旧来の伝統的な美意識にとらわれず、実感を尊重しつつ作品を作っていきたいという気運が高まってくる。このことは、題詠を主とする「本意本情主義」から「実感実情主義」への転換と言うことができる。そして、これは和歌にのみとどまる現象ではなかった。漢詩でも、荻生徂徠《おぎゅうそらい》らが推し進めた古文辞学的な姿勢から実感を重んじる清新性霊《せいれい》派へと転換していく。つまり、擬古典主義的な詩歌の作り方から体験主義的なものへという大きな転換が起こったのである。それは、日本詩歌史上においても非常に大きな意味を持っている文学的な大事件であった。芭蕉の言う「不易流行《ふえきりゅうこう》」もそれと連動していよう。賀茂真淵《かものまぶち》、小沢蘆庵《おざわろあん》、香川景樹《かがわかげき》らも、擬古典と体験という両極を振り子のように揺れ動きながら、それぞれのありかたを模索していった。そして、明治が近づくにつれて、日常のことばを用いて〈うた〉を詠もうとする姿勢は強まっていく。自分の感情を率直に歌ったり、日常卑近なものに感情移入してそれを抒情的に詠じたりしている。

つまり江戸時代は、伝統をうけとめて対象化し近代を胎生した、極めて豊かな時代であったのである。そのことをまず声を大にして言おう。(2)

ここでの一首の選び方は次のように考えた。真淵、蘆庵、景樹ら江戸の和歌というとまず名が挙がってきた人々には、十分満足とは言えないもののいくらかは注釈もある。しかし、江戸の和歌の伝統と革新という如上の視点に従えば、その豊饒に関与した存在としてやはり前期堂上の存在を無視することはできない。にもかかわらず、堂上和歌注釈についてはこれまで方法的な論議はそれほどなされていないと言ってもよい。そこで、堂上和歌のありかたを知る上で適切と思われる基本形のような和歌を一首選び、それについてさまざまな角度から分析を加えることで、注釈に関する諸問題を掘り起こしていきたい。そのことは、これまで述べてきたことに従って言えば、堂上という内部の問題にとどまらず江戸時代の和歌全体の問題に関しても大いに資するところがあるはずである。

二　歌題「関路雪」

和歌の分析に入っていきたい。選んだ和歌は、

　白雲の家路やいづく降る雪にすすまぬ駒の足柄の関　　後水尾院《ごみずのおいん》

というもので、作者後水尾院は、江戸前期の堂上歌壇を主宰した、いわば堂上を代表する歌人である。徳川政権との軋轢をも経験しつつ、文化としての頂点を堅持しようとした、江戸を代表する天皇と言ってよい。通釈は、「家へ帰る道はいったいどこに見えるのか、降りしきる雪に馬が一向歩を進めない、足柄の関であることよ」である。

　さて、江戸時代の和歌に対して向き合った時、まず考えるべきことは、この作品はどのような歌題で詠まれたかということである。江戸時代の和歌作品の多くは題詠歌であり、まず題が提示されそこにことばを詠じていくという営みが〈うた〉を詠むという行為であることが、ほとんどであった。和歌の添削においても、評価の基準は題の本意が汲み取れているかどうかという点にかなり重点が置かれている。すなわち、長い歴史のもとで形成されてきた題の本意という美意識に対してどのように自己の感性を重ね合わせていくかが、江戸の歌人に等しく課されたテーマなのだと言える。したがって、鑑賞・批評する側としては、その題にどのような歴史があるか、その題のもとでどのようなうたが詠まれてきたか、題の本意はどのように理解されていたかを整理しておく必要があろう。この後水尾院歌の歌題は「関路雪」であるが、これについてはどうだろうか。まずは、歌題とそれについての作品を集成した類題集について見るのがもっともオーソドックスな手続きである(3)（ただし、類題集中の題には、詠歌時点の題ではなく便宜上あとで付けた

場合もありうるので、一応原資料に戻ってみることも必要であろう)。類題集については種々あるが、とりあえず次の三書に当たってみたい。

(a)『題林愚抄《だいりんぐしよう》』(文安四年〈一四四七〉から文明二年〈一四七〇〉までに成)

関路雪

続古　秋まではふじのたかねにみし雪を分《わけ》てぞこゆるあしがらのせき　光俊

(b)『明題《めいだい》和歌全集』(室町期成)

関路雪

続古　秋まではふじの高ねにみし雪を分てぞこゆるあしがらの関　光俊

(c)『類題《るいだい》和歌集』(元禄十六年〈一七〇三〉刊)

関路雪

続古　秋まではふじの高ねにみし雪を分てぞ越る足がらの関　藤原光俊《みつとし》

みどり成《なる》松の梢も雪とぢてをのが名したる白河の関　為家

まどひきてすゝまぬ馬《駒イ》よ峰の雲関ぢの雪をいくへとか知《しる》　後柏

以上からは、三書いずれにも引かれている光俊の「秋までは」の歌が、歌題「関路雪」の〈うた〉としてもっとも人口に膾炙していたことが想像される。この場合「関」「雪」という字はそのまま和歌本文に詠み据えられ、「路」は「分てぞこゆる」という部分が間接的にそれを表わしている。そして、関所付近の道において雪が降りしきるなか歩を進めること(もしくはその困難さ)を表出するということが「関路雪」の本意であったと考えてみたい。当該の後水尾院歌も、「関」「雪」の字は詠み込み、「すすまぬ駒」という表現によって「路」を表現して詠んでいる。もちろん、両者は「関」のみならず足柄という土地が共通することも見逃せない。

なお、(c)の後柏原院《ごかしわばらいん》の作品には「すゝまぬ馬《駒イ》」という表現がでてくるが、これは後水尾院歌にも踏襲されている。このことについても、一応注意を払っておこう。(c)は後水尾院歌壇における編集であり、後水尾院歌の解釈においては特に重要視すべきものでもある。

なお、参考までに、後水尾院歌壇以後の有力な堂上歌壇、霊元院《れいげんいん》歌壇において編集された『新類題《しんるいだい》和歌集』(写本のみ)も見ておこう。ここには後水尾院と同時代かそれ以降の堂上作品が収められている。

関路雪
この頃のふりつむ雪にたび人のゆくゑやたどるあふさかのせき　言総　(寛永九・五・二十五)
しるしらずゆきあふさかの関の戸もみちたえけりなけさの白ゆき　通茂　(貞享三・五・十九)
あふさかやせきやも見えぬ雪にけさひとすぢ残る杉の下みち　為綱　(元禄三・十・二)
ふる雪のみちもまよはずふみわけてしげきゆきゝのあふ坂の関　行康　(同五・二・二十五)

これらからは、後水尾院歌を解釈する上で特別強い内容上の関連を拾うことはできないが、しかし四首とも「関」「雪」という二字は詠み込み、「たび人のゆくゑやたどる」と「路」という字を直接用いずに詠んでいる最初の一首以外は「路」をも「みち」と詠んでいることがわかる。

さて、以上は類題集のいくつかを利用したことで検索できたものだが、それ以外にもさまざまな調査方法によって「関路雪」に関係する〈うた〉をさらに検索することができる。まず、題の解説も含む類題集として『和歌題林抄《わかだいりんしょう》』(南北朝期成)があるが、これには、

関路雪

千首　をのづからせきをばこえてふる雪のふかきにとまるふはの中山　為尹《ためまさ》

という証歌が載っている。また瞿麦会編『平安和歌歌題索引』(私家版、一九八六年。増補版、一九九四年)を引くと、中世初期までの歌題を検索できるが、それによると、『月詣和歌集』証西法師、『千載集』藤原良通(ただし「関路雪満」)、また家隆・定家・良経らの家集『壬二集』(ただし「関路朝雪」)『拾遺愚草』『秋篠月清集』(ただし「関路雪朝」)などからも拾い出すことができるのである。特に家隆のうたは、

関路朝雪

足柄の関路はるかにこえてこそ雪の朝はみるべかりけれ

というもので、光俊のうたを踏まえたものと思われるが、後水尾院の参考歌としてもいちおう捉えておいてよいだろう。

以下、題という点に関連して、後水尾院歌をどのように考えるべきか、まとめておこう。『題林愚抄』『明題和歌全集』『類題和歌集』に載る「関路雪」題の代表歌「秋まではふじのたかねにみし雪を分けてぞこゆるあしがらのせき」という藤原光俊のうたから、雪降る足柄の関路を越えていくという基本的モチーフを得たと言える。そして、そのモチーフを踏襲しているものとして、「関路朝雪」という題ではあるが、藤原家隆の「足柄の関路はるかにこえてこそ雪の朝はみるべかりけれ」も参考とすべきである。また、『類題和歌集』によれば後柏原院歌に「すゝまぬ馬《駒イ》」という似たような表現がある。

三　歌枕「足柄の関」

つづいて、歌枕にも注目しておこう。

最も簡単に平安・鎌倉初期和歌の主たる歌枕を通覧できるのは、片桐洋一監修・ひめまつの会編『平安和歌歌枕地名索引』(大学堂書店、一九七二年)である[4]。「足柄の関」の項目を見てみると、

①足柄の関の山路をゆく人は知るも知らぬもうとからぬかな　(後撰集・羇旅・真静)
②足柄の関にしげれるたまこすげゆきかふ駒もすさめざりけり　(元真集)
③ゆきかひの道のしるべにあらましをへだてけるかな足柄の関　(相模集)
④くやしさもわすられやせん足柄の関のつらきをいづになりなば　(相模集)
⑤入る月ぞつねよりもげにをしまるるよる足柄の関を越ゆとて　(頼政集)
⑥いつよりも心とまりし足柄の関はいかでかまたも越ゆべき　(実家集)
⑦足柄の関をよるさへ越ゆるかな空ゆく月に駒をまかせて　(拾玉集)

という七首が載っている。このうち、一首目の『後撰集』のうたは勅撰集に入っているという点で、後水尾院に知られていたということは間違いないが、しかしこの「これやこのゆくも帰るも別れては知るも知らぬも逢坂の関」(後撰集・雑一・蟬丸、百人一首)を踏まえた真静のうたは、足柄の関を詠んだという以上に直接の関連はうかがえそうにない。また、③④は難所という点で、また②⑦は馬に乗っているという点で一応参考になりそうではある。

　そして、むしろ『万葉集』から拾い出せる、

足柄の箱根飛び越えゆく鶴の乏《とも》しき見れば大和し思ほゆ　(巻七・作者未詳)
足柄の御坂に立《た》して袖振らば家なる妹はさやに見もかも　(巻二十・藤原部等母麻呂)

などのようなうたが重要な手がかりを提供してくれそうだ。一首目「乏しき」はうらやましいの意で、足柄の箱根の

山を飛び越えて行く鶴のうらやましい姿を見ていると、なつかしい大和がしのばれることだ、という意。二首目は、足柄の御坂に立って袖を振ったならば、家にいる妻ははっきりと見るだろうか、の意。この二首に共通するのは、足柄の関において郷愁を感じるということで、まさに後水尾院歌の「家路」を思うという気持ちに通じるところがある。江戸時代の堂上和歌が古今的世界を主たる基盤としていることは言うまでもないが、万葉的なイメージにも目配りしているのである。当たり前と言えばそうなのだが、古今的なものばかりに目を奪われてはならないという点にも注意しておきたい。なお『万葉集』の他の足柄の関を詠んだうたは、

足柄の箱根の山に粟蒔きて実とはなれるを会はなくもあやし（巻十四・東歌）

足柄の八重山越えていましなば誰をか君と見つつ偲はむ（巻二十・大原真人今城）

のように、恋の思いに重ね合わせたものが多いことも付言しておく。

以上、歌枕という視点からは、『万葉集』に二首見られる、足柄の関から故郷に思いを馳せる郷愁のイメージが後水尾院歌にも投影されていることが確認できた。そして、懸詞として「駒の足」「足柄の関」が作用している。

四　歌ことば「家路」「白雲」

では、歌ことばとしての「家路」「白雲」は、どのように解釈すべきだろうか。「関路雪」という歌題や「足柄の関」という歌枕のイメージに、それぞれ歴史的な蓄積があったように、これらのことばについても長い歴史のなかでさまざまなイメージが付与されている。

（1）「家路」

「家路」は我が家へ帰る道。万葉以来用いられていることばである。たとえば、

草枕この旅の日《け》に妻離《さか》り家路思ふに生けるすべなし　（万葉集・巻十三・作者未詳）

といううたでは、旅の途中で妻の訃報に接し途方に暮れている夫の思いをうたうなかで、「家路」ということばが用いられている。また、

この里に旅寝しぬべし桜花散りのまがひに家路忘れて　（古今集・春下・読人不知）

という古今歌は、本格的な旅というのではないが、「花下忘帰」の心情を「旅寝」と洒落てみたのである。もちろん、「家路」は常に旅中を詠むわけではなく、

春の雨にありけるものを立ち隠り妹が家路にこの日暮らしつ　（万葉集・巻十・作者未詳）

花見ると家路におそく帰るかな待ち時すぐと妹やいふらん　（後拾遺集・春上・平兼盛）

というように、近距離についてのことでも用いられてはいる。

以上、旅における望郷の念を詠むという意味での「家路」が万葉・古今以来あることを確認した。

（2）「白雲」

まず問題になるのは、「白雲の」が枕詞なのか、そうではないのか、という点である。「白雲の」は、

惜しむから恋しきものを白雲の立ちなむ後はなに心地せむ　（古今集・離別・紀貫之）

桜花夢かうつつか白雲の絶えてつねなき峰の春風　（新古今集・春下・藤原家隆）

白雲のかかる旅寝もならはぬにふかき山路に日はくれにけり　（新古今集・羇旅・永縁）

というように、雲の縁によって「立ち」「絶えて」「かかる」などに懸かる。しかし、後水尾院歌の場合、下につづくことばのなかに「立ち」「絶えて」「かかる」は見当らない。後述するように、二句目は「家路やいづく」なのか「いづくや家路」なのかが問題になるのだが（「五　歌論書から」「六　本文異同」参照）、いずれにしても枕詞として懸かっていくことばは見当らない。むしろ、

遥遥《はろはろ》に思ほゆるかも白雲の千重に隔てる筑紫の国は　（万葉集・巻五・作者未詳）

というような、はるか遠くの地との間を白雲が幾重にも隔てているというようなイメージを喚起するものとしての用法という点が重要なのであろう。白雲がものとものとの間を隔てるというのは、後水尾院の他のうたでも、

寄雲恋

うしやただ人の心も白雲のへだてぬ中と思はましかば　（後水尾院御集）

と用いられている。

つまり、白雲が隔てている遠い我が家という意味で、この場合解釈すべきであると考えられる。

五　歌論書から

さて、つづいて歌論書を見てみたい。歌論と実作の関係は常に考慮されるべきであるのは言うまでもないが、江戸時代の堂上の場合、歌論は聞書《ききがき》という形で残されている。つまり、師である堂上の歌人が一人の弟子に対して、秘伝開陳というような趣で〈うた〉に関するさまざまな情報を伝授したものの筆記録という形で残っているのである。その

具体的内容は、うたの姿やことばの用法から始まって、題詠の方法、歌会の作法、和歌・歌人・歌集の故実など実に多岐に亘るものが雑多に盛り込まれているという感じなのである。それらの主たるものは、『近世歌学集成』(明治書院)にほぼ収められるが、なかでも著名なもののひとつに、武者小路実陰《むしゃのこうじさねかげ》述・似雲《じうん》記『詞林拾葉《しりんしゅうよう》』がある。(5) そこでは、いま問題としている後水尾院歌が取り上げられているので、以下引用してみよう。

A後水尾院御製に、

しら雲の家路《いづくか家路イ》やいづく降雪にすゝまぬ駒の足がらの関

此御製、いづくか家路の方、つい見てはよく面白うさぶらへども、白雲の家路やの方、つゞけがらまされり。此まさりたる所、中々即時に合点ゆかぬもの也。此義理をわれ十七八なる時、中院前内府へ尋《たづね》候へば、その返答に御自分などの中々只今合点ゆく事にては無御座《ござなく》候。十年どもにてはまだ合点は行まじく候。十四五年もめされたらば合点まいるべしと申されき。いはれしごとく卅二三歳にてやう〳〵と合点ゆきしなり。歌毎に此心もちある事なり。老功堪能の申されし事は大切なるものと今に感心浅からず。(正徳三年〈一七一三〉十一月二十八日条)

B同十四日、通茂へ法皇より、後水尾院御製に、

白雲の家路やいづくふる雪にすゝまぬ駒のあしがらのせき

此御製の内にて、いづれの所か別して御出来遊《あそば》し候やと御尋ありければ、ふる雪にの御句第一にて候と申上られし。かはりたる御返答申されしなり。ふる雪はたれもいふべき句なりとおもへども、内府いはれしやうに、前後一首の中に此御句第一なり。たれもいふ句なれども、をき所よくをきがたきものなり。すゝまぬ駒のあしがらのつゞきなどをこそよき句といはれさうなるものなれども、ありふれたるふる雪にといふ句に目をつけ、御返答申上られしところ堪能なり。ふる雪にの句にて前後かけ合一首の眼なり。歌はその句のをき所へおくが上手のしは

ざなり。それにて一首かけあひよくなるなり。此やうなること、とくとあぢはふべし。(同四年十月十四日条)

Aでは、「いづくか家路」とするよりも「白雲の家路や」が「つゞけがらまされり」とする。この「つづけがら」とは江戸時代の堂上歌人が最も重要視したものである。[6] そのことについて少し説明しておきたい。古典和歌の歴史は、伝統的な歌ことばをいかに組み合わせて、そこに「新しさ」を創出しようとするかについての創意工夫に全精力が注がれた。おおまかな言い方をすれば、自らの感動を率直にうたい上げようとする体験主義などでは決してなく、古典を理解しそこに自らを重ね合わせていくという擬古典主義なのであった。中世以降、もしくは平安後期以後、三代集を中心として名歌とされる歌のことばをいかに組み合わせるかが、〈うた〉を詠むということであり、いわば伝統的な歌ことばのモザイクとして中世以降の〈うた〉はある。結果として当然用いることばは似てきてしまう。そこで優劣を分けるものは何かというと、つまり「つづけがら」なのである。いわば一枚一枚のタイルをいかに上手に貼って美しいモザイクに仕立てるかが、勝負の分かれ目なのであった。三条西実枝《さんじようにしさねき》が細川幽斎《ほそかわゆうさい》に与えた『初学一葉《しよがくいちよう》』にも、「問云、おなじことばなれど、つづけがらによりてよしあしあるとかや。是又いか様に心得べき。答曰、誠につづけがらによりて、言葉のよしあしあるのみにあらず、歌のすがたまでかはり行くなれば、能く〳〵おもふべき事なり」とある。だから彼らにとって「いづくか家路」なのか「家路やいづく」なのかは重要な問題なのである。実陰は、「中院前内府(中院通茂《なかのいんみちしげ》)」に十年ではまだまだ甘い、十四、五年も経てば分かるだろうなどと言われて、実際そうだったと感じ入っている。「家路やいづく」の方がよいという判断については、通茂のことばつづきに関する嗜好、当時の堂上和歌が総体として求めていた味わいという問題とも絡んでいるので、ただちにすべてを説明し尽くせるということはないものの、一応論理的な部分での説明も模索してみよう。まず「いづくか家路」としてなぜまずいのか考えてみると、おそらくは「白雲の」との接続の問題があるのではないか。「白雲のいづく」と続いてしまうと、あの白雲のなかのどこに家路があるのだろうというような意味に取られかねず、白雲が隔てているはるか彼方の我が家という本来の意味がうまく伝わりにくいのではないか。意味が通りやすいことも美しい一首の仕立てとして重要な要素であると考えた堂上では、逆に「聞こえにくい」うたを厳しく排除しようとした。そういう点でも、「家路やいづく」の方がよかったのである。

Bでは、一見「すゝまぬ駒のあしがら」などという表現がいいように思えるかもしれないが、「ふる雪に」という「たれもいふ句」をうまく置いたところがよいと実陰は言う。つまりこれもAで述べたことと関連するのだが、誰もが用いることばであっても、それをどう配するかで格段に違ってきてしまうということなのである。それだけ、歌ことばには強い力がこめられている。またくり返し用いられることで、歌ことばにはひとびとの心を打つ力が増幅されもしたのであろう。この場合「ふる雪に」が「前後かけ合一首の眼」というのは、家路がどこかわからない状況という初・二句も、馬がなかなか歩を進めない足柄の関という四・五句も、いずれも「ふる雪」に起因しており、この三句目が前にも後にも懸かっていくことで、蝶番のように一首のなかの二要素を結びつけているというのである。百人一首にも載る、小野小町の、

花の色はうつりにけりないたづらに我が身よにふるながめせしまに　(古今集・春下)

の「いたづらに」も、花の盛りの移ろいと我が身のつたなさという前後の状況を同時に修飾しているが、そういうように前後を結びつけて、ひとつひとつのことばの結びつきを強めた上で、なだらかにことばをつづけて一首を上から下まで一気に詠めるように工夫した、実陰はそう言いたいのであろう。結果的に、白雲の隔てている我が家⬇我が家へ帰る道はいったいどこにあるのか?⬇降る雪に閉ざされてしまってわからない⬇家路が発見できないことへの苛立ち・不安と郷愁の高まり⬇にもかかわらず馬の歩みは積雪のためのろい⬇ますます苛立ち・不安がつのり郷愁に私は

身を裂かれそうだ⬇そういうふうに思いながら私は足柄の関を通り過ぎていく、というような感情が、じつに整理されつつ芳醇に盛り込まれていると言える。

六　本文異同

ところで、順序が逆になってしまったが、このうたが収められている『後水尾院御集』の本文について点検しておこう。いままでの本文は一応『詞林拾葉』に従ったものであったのだが、そこでは「家路やいづく」の方が「いづくか家路」よりもよいとされていたのであった。しかし、百本近くもある『後水尾院御集』の諸本を見てみると、「いづこか家路」がほとんどであることに気付かされる。また『新明題和歌集』という堂上和歌のアンソロジー(主要なものは五本あり、いずれも上野洋三編『近世和歌撰集集成』明治書院刊に翻刻がある)にもこのうたは収められているが、そこでも「いづこか家路」となっている。まずいとされる本文の方が数の上では優位を占めている点にはさまざまな問題があると思われるが、今回は『詞林拾葉』の判断を尊重して論を進めることとし、この点には立ち入らないことにしたい。

七　「すすまぬ駒」

最後に「すすまぬ駒」という表現について考えておく。「すすまぬ駒」というのは、これ以前に例を見出すことができなかったのだが、「すすまぬ馬」ならば、二例見つけることができた。

寄昼恋　　　　　　　　　　　　　　　　正徹《しょうてつ》

君がためすすまぬむまの時もなくなど足はやくかよふ心ぞ　（草根集）

関路雪　　　　　　　　　　　　　　　　後柏原院

まよひきてすすまぬ馬よ峰の雲関路の雪をいくへとかしる　（柏玉集）

最初の正徹のうたは、恋人の訪れを待ち切れずにいる「午の時（昼）」の気持ちを、「すすまぬ馬」「足はやくかよふ」という馬の縁語によって表現したというもの。二首目の後柏原院は、既出。ここで、「駒」「馬」の違いを検討してみると、たとえば『古今集』において「駒」は、

駒なめていざ見に行かむ故里は雪とのみこそ花は散るらめ　（古今集・春下・読人不知）

など五例あるが、和歌本文中に「馬」は見出せない。逆に詞書には、

亭子院の御屏風の絵に、川渡らむとする人の、もみぢの散る木の下《もと》に馬をひかへて立てるをよませ給ひければ、

つかうまつりける

立ち止まり見てを渡らむもみぢ葉は雨と降るとも水は増さらじ　（古今集・秋下・凡河内躬恒）

というように、「馬」が用いられている。ここから想像するに、「駒」の方が「馬」よりも和歌的に洗練された雅びなことばであると見なしてよいのだろう。

そもそも馬を「すすまぬ」と表現すること自体、やや説明的で口語的と言えなくもない。それに加えて、より卑近な感じのする「馬」という表現を用いてしまうとあまりに〈うた〉の格が下がってしまう。なお、後柏原院歌の場合、前出『類題和歌集』では「馬」のところに「駒イ」とあるので、写本の段階では「駒」とした本文も存在したことが

知られる。ただし、それが後柏原院の推敲過程を反映してのものなのか、それとも転写段階を反映したものなのかは不明である。

後水尾院の場合にも、正徹・後柏原院両歌に対して自覚的であったかどうかはともかくとして、「すすまぬ」というやや口語的な感じは前代のものを踏襲しつつも、あまりに口語的な感じがする「馬」ではなく「駒」という雅的な表現にとどまったと見るべきなのだろう。そして、後柏原院の歌集を含む室町時代の三玉集は後水尾院歌壇が手本とした歌集であったので、(7)自然と影響を受けていたという可能性はある。

八　おわりに

ここまで、さまざまな角度から後水尾院の〈うた〉一首について考えてきた。重厚な歴史を背負って〈うた〉が作られているのだということ、だからこそ和歌史を考えるのはおもしろいのだということを、すこしでも感じ取ってもらえればひとまず成功だと思う。もう少し詳しく言うと、歌題(「二」)、歌枕(「三」)、歌ことば(「四」)それぞれは『古今集』を中心とした伝統に従いつつ、「つづけがら」を整えることで借り物でない本質的な価値をそこに付与し(「五」)、比較的近い時代のうたの表現との間を揺れ動いたりもしつつ(「七」)、一首を仕立てたという力量をこそここでは感じ取ってほしい。このような試行錯誤があった上で、体験主義的な〈うた〉が台頭してくるのであって、擬古典主義から体験主義への転換は決して単純ではない。

後水尾院に話を戻してみると、院自身は宮中からあまり離れたことのない人生だった。(8)二条城や修学院離宮への行幸くらいで、もちろん足柄の関も知らない。そういう人物が伝統的な美意識に関する知識を集積した上で想像力を働かせようとしたのである。そういう知性の動きを感じることが、〈うた〉のおもしろさに一歩近づくことなのだと思う。

（1）そのことを歌論という側面から論じたのが、上野洋三「元禄堂上歌論の到達点」（国語国文、一九七六年八月。『元禄和歌史の基礎構築』岩波書店刊にも所収）。また、添削の側面から、その内実に迫ろうとしたものとして、上野『近世宮廷の和歌訓練』（臨川書店、一九九九年）大谷俊太「陽明文庫所蔵近衛信尋自筆詠草類について」（近世文芸、一九九四年七月）、久保田啓一「歌論と添削」（雅俗、一九九四年二月。『近世冷泉派歌壇の研究』翰林書房刊にも所収）、拙稿「後水尾院の和歌添削方法」（日本文学、一九九〇年十月。『近世堂上歌壇の研究』汲古書院刊にも所収）などがある。
（2）拙稿「歌題の近世的展開」（『論集〈題〉の和歌空間』笠間書院、一九九二年）、拙著『近世堂上歌壇の研究』（汲古書院、一九九六年）なども参照されたい。
（3）類題集については、三村晃功『中世類題集の研究』（和泉書院、一九九四年）の他、一連の三村論文参照。
（4）江戸時代の和歌全体を考える場合には、大きな影響を及ぼした有賀長伯の『歌枕秋の寝覚』（元禄五年刊）を繙くべきであろう。また、江戸時代に入って新たな歌枕として台頭してきた江戸周辺の地名については、戸田茂睡『紫の一本』や『江戸名所和歌集』などが参考になる。本書第四章「歌枕から名所へ」参照。
（5）『歌論歌学集成』第十五巻（三弥井書店、一九九九年）に注釈が備わる。
（6）注（1）拙稿。
（7）拙稿「近世における三玉集享受の諸相」（東京大学教養学部人文科学科紀要、一九九三年三月。『近世堂上歌壇の研究』汲古書院刊所収）
（8）後水尾院の評伝としては、熊倉功夫『後水尾院』（朝日評伝選、一九八二年。同時代ライブラリー・岩波書店）参照。

【付記一】本稿は、初出時において、古代から現代まで各時代の代表作一首を選ぶという企画のなかで「近世」を担当し、執筆したものである。掲載された書の性格上、解説風に記しているが、本書に収めるに当たって最低限の書き替えにとどめた。

【付記二】後水尾院については、拙著『近世堂上歌壇の研究』（汲古書院、一九九六年）、『後水尾院御集』（明治書院、二〇〇三年）も参照されたい。

第二節　雅びの呪縛——賀茂真淵の古今集

一　はじめに——近代の言説を中心に

正岡子規の『三たび歌よみに与ふる書』(1)には次のような一文がある。

　真淵は雄々しく強き歌を好み候へども、さて其歌を見ると存外に雄々しく強き者は少く、実朝の歌の雄々しく強きが如きは真淵には一首も見あたらず候。「飛ぶ鷲の翼もたわに」などいへるは、真淵集中の佳什《かじふ》にて強き方の歌なれども、意味ばかり強くて調子は弱く感ぜられ候。実朝をして此意匠を詠ましめば箇様《かやう》な調子には詠むまじく候。「もの丶ふの矢なみつくろふ」の歌の如き、鷲を吹き飛ばすほどの荒々しき趣向ならねど、調子の強き事は並ぶ者無く、此歌を誦すれば霰《あられ》の音を聞くが如き心地致候。

ここで挙げられている真淵の「飛ぶ鷲の翼もたわに」とは、

　しなのなるすがのあら野をとぶわしのつばさもたわにふくあらしかな　（賀茂翁家集、文化三年〈一八〇六〉刊）

という、宝暦二年（一七五二。真淵五十六歳）の時の歌であるが、子規には内容は勇ましいものの表現自体はむしろ弱く感じられたらしい。それに対して同様な趣を目指した源実朝の、

　もののふのやなみつくろふこてのうへに霰たばしる那須の篠原　（金槐集）

は内容こそ真淵の歌に比べて荒々しくないものの、ことばの調子は強いと指摘するのである。子規のこのような言説

は、「雄々しく強き歌」、いわゆる万葉調を主導したと目される真淵の歌風にも古今的なよやかさが潜んでいることへの批判がこめられていると見てよいのだろう。林達也氏は、これについて、

子規の見るところでは、真淵には、『万葉集』の表現をすべて丸抱えで受け入れることに躊躇するところがあり、その歌も、したがって、「俗気紛々」とする『古今集』の匂いのする『万葉集』風と見えていたようなのである。

と述べているが、(2) 基本的に従いたい。

子規は、他に、

真淵は口にこそ万葉善《よ》しといへ、其実、腸《はらわた》には古今以下の臭味深く染み込みて終に之を洗ひ去る事能《あた》はざりしなり。（「万葉集巻十六」）(3)

とも述べているが、これは子規のみが感じたことではなかったらしく、たとえば折口信夫も、真淵の万葉調は表面的なものであると、次のように批判している。(4)

真淵が万葉を愛したからといふので、歌そのものまでも、全然万葉調に出来てゐるものとの先入主をもつて読むと、どれでも万葉調に見えるのである。必しも真淵一人に限つたことでない。この錯覚は、歌の鑑賞家に伝襲的に守られてゐることが多い。（中略）題材をおほまかで雄大であるやうなものに選んだのも、この人のぽうずで、多くは拍子が、それを裏切つてゐる。

また佐佐木信綱も、

所謂第二期の歌風といへども、自然雄健の万葉の精神を主張し、古語古句を使用しながら、その実際の歌風に至つては、純万葉風といふべきは少く、その大体の傾向として、どうしても万葉風(殊にその調子の高いところ)の中に、古今風と新古今風との情趣をとり入れたものであることである。万葉主義を捧持した彼自らに於いても、

かういふ傾向のあることは、特に注意しておかねばならぬところである。(5)

と述べる。

若干のニュアンスの違いはあるものの、折口や信綱においても子規と同じく、真淵の歌風における万葉的なものへの疑義が示されていると言えるだろう。(6) しかし、真淵の歌を通覧してみると、そのような点――子規風に言えば、ことばの強さが徹底しないこと――は、この歌人の美質であるように思えてならない。ここでは、そのような見方に則って、真淵と『古今集』との関わりをもう一度見直し、それを真淵の歌人論として位置付けることを主目的とするものである。

二　真淵と『古今集』

ここで真淵の歌風を簡単にまとめておきたい。よく知られているように、『賀茂翁家集』の序文で、江戸派の代表的歌人で門人の橘千蔭《たちばなちかげ》が、真淵の歌風を「うたのさまははじめと中ごろとすゑと三つのきざみありき」と三期に分類している。門人の村田春海らの言も加味してまとめてみると、荷田春満《かだのあずままろ》に学んでいた頃は「はなやぎ、たよわきさま」(『古今集』以後の歌風を言うのであろう)であった(第一期)のが、中年に至って万葉調が自覚され、「みづからの一つの姿と成りて、みやびにしてしらべ高く、しかも雄々しきすぢをよみ出され」た(第二期)。そして、晩年には、「いたく思ひあがりて、まうけずかざらず、たれも心のおよびがたきふしをのみ」として、万葉主義が確固たるものとなり、また記紀への憧憬も強まっていった(第三期)とされている。

通例、第二期は田安家出仕の延享三年(一七四六)五十歳のあたりから、また第三期は田安家致仕の宝暦十年(一七六〇）六十四歳以降の最晩年とされる。もっとも、五十歳前後を区切りとして二期に分ける説もある。(7)いずれにせよ、晩年に至って万葉主義が顕著になったという点では大方一致している。

ところで、真淵は晩年に万葉主義を主唱したものの、それ以前は古今的な歌ぶりにもおおいに興味を示していた。真淵が比較的若い時期の門人は、江戸派としてむしろ平安情緒が色濃い。そして実は『古今集』に関わる書は多く晩年に成っている。

真淵没後の寛政元年に刊行された『古今和歌集打聴《うちぎき》』は明和元年（一七六四）、真淵六十八歳の折に弁子《ともいこ》（毛利大膳大夫の奥女中）が講義を筆録したもので、『打聴』は考証に拘泥せず、歌の内実を文芸的に把握しようとしており、いかにも真淵らしい注釈書となっている。(8)明和元、二年頃に成った『古今集序表考』『古今集序別考』の著もある。また、六十九歳の時の著作『にひまなび』（明和二年成）で、『古今集』を「たをやめぶり」と評したことはよく知られており、『万葉集』の「ますらをぶり」の下に置かれているように読めるが、

古今歌集は専は女ぶりなれど、さすがに古歌も多かれば、上にいへる如き心高く雄々しきも交り、惣ての撰もさる方に心高きなり。

ともあり、真淵は『古今集』を評価していないとは言えない。

宝暦十年（真淵六十四歳）頃までに草稿本が成り、明和元年（六十八歳）に精撰本が成ったとされる『歌意考』では、これまで歌人たちは『古今集』ばかりを学んできたことが却って「一人として古今歌集に似たる歌、よみ得し人も聞えず。はたその古今歌集の心をも、ふかくさとれる人なし」（精撰本）であったのであり、そのような状況を打開するための方途として『万葉集』を学ぶべきであるということが主張されている。

もっとも、真淵の『古今集』に対する評価はふたつの点で限定的であった。ひとつは、よみ人知らずの時代と大歌

所の歌に対しての評価が高く、いわゆる撰者の時代の歌に対してはそうでもない点である。(9)

もうひとつは、女性の門人に対してより積極的に『古今集』を勧めている点である。たとえば『歌意考』では、「女はたゞ古今歌集にてたりなむといふべけれど」とあるので、女性についてのみ『古今集』が容認されているようにも読める。もっとも、斎藤信幸宛の明和五年(真淵七十二歳)真淵書簡に、

古今集の作者などの歌のつゞけ言など高うかまへつゝよみしこと大概の心づかひにあらず、その心をしりて今もたけたかくこと少なに心おもしろくもやさしくもよむ事をつとむべき也。

とあり、(10)やはり男性であっても万葉一辺倒であってはならないと真淵は考えていたのではないかと思われる。

他にも『古今集』について『古今和歌集左注論』(寛保二年。真淵四十六歳)、『続万葉論』などの著がある。

聊か性急ではあるが、ここで見通しを述べておきたい。おそらく、真淵のなかで『古今集』は破棄すべきものとしてあったのではなく、むしろ基本的な歌のありかたを与えてくれるものとして認識されていたのであって、極論すれば『万葉集』はそのための起爆剤に過ぎなかったとも言えるのではないか。そして、真淵の歌風は『古今集』以後の風から『万葉集』のそれへというように単純に入れ替わったわけではなく、終生古今的なものが基盤にあって、晩年の万葉的な装いはその上に添加されたものであったと捉えられるのである。そのことを以下具体的な歌を挙げながら検討してみたい。

三　真淵の歌二首――「ねこし山こし」と「ほがらほがら」

まずは、二首を挙げて、その『古今集』との関わりを考えてみる。

春の始の歌

をつくばもとほつ葦穂も霞むなりねこし山こし春や来ぬらん　（賀茂翁家集）

この歌は成立がはっきりせず、『鴨真淵集』『県主雑著』の詞書には「はるのはじめ、寛保元年の比の歌」とあり、『真淵家集』の詞書には「牧野駿河の守の母君の歌会しけるに二くさ春のはじめの歌」とあり、寛延三年（一七五〇）のところに出ており、『八十浦《やそうら》の玉』の詞書では「宝暦六年の春家に人々つどへて歌よみける日春の始のうたとてよめる」とある。本文も、

小筑波も遠つあしほもかすみけり根こし山こし春来ぬらしも

と、三・五句に異同がある。宝暦六年二月県居翁《あがたいおう》家歌会兼題当座歌にも「春のはじめのうた」としてある。他にも、初句に「をつくばの」（県主雑著）、「をつくばや」（鴨真淵集、真淵家集）、五句に「春の来ぬらん」（真淵家集）「春やたつらん」（県居歌集）との異同がある。(11)

寛保元年（一七四一）、寛延三年、宝暦六年は各々真淵四十五歳、五十四歳、六十歳である。しかし、いずれにしても万葉主義に傾きつつある時期の作品と言えるのだろう。県居翁家歌会の自注に「いまだし」とあり、真淵会心の一首ではなかったらしいが、真淵の代表作としてよく知られている。諸注が説くように、春は東から訪れるという伝統的な発想に基づいて、筑波や葦穂といった江戸の東方に当たる山々から春がやって来ると詠んだのである。

「筑波」「あしほ」の山々については、

筑波嶺にそがひに見ゆる葦穂山悪しかるとがもさね見えなくに　（万葉集・巻十四・相聞）

とあり、『万葉集』の影響が見て取れる。この歌は藤原定家が、

あしほ山やまず心は筑波嶺のそがひにだにも見らくなきころ　（拾遺愚草）

と本歌取りしている。

「筑波」「あしほ」と春景の関わりについては、

さくら花吹くやあらしのあしほ山そがひになびく峰の白雲　藤原家隆　（壬二集）

あしほ山花咲きぬれや筑波嶺のそがひに見れば雲ぞたなびく　藤原行家　（夫木和歌抄）

などの証歌がある。そして、この真淵歌における最も印象的な表現「ねこし山こし」は、

甲斐が嶺《ね》を嶺《ね》越し山越し吹く風を人にもがもや言伝《ことづ》てやらむ　（古今集・東歌）

によっている。一首の中核となる歌句が『古今集』に基づいていることについて、どのように考えたらよいのであろうか。

この古今歌は東歌なので、いわゆる古今的世界にとっては周縁に位置していよう。しかし、『古今集』に入っているという事実にもやはり注目しておくべきであろう。

真淵のこの歌について、窪田空穂は、次のように述べている。(12)

春が霞と共に東方から来たといつて、その歓びを詠んだ歌である。この心持は、平安朝以来の伝統的のもので、何等の新しさも無いものである。しかし、春のしるしの霞をいふに、霞の最も印象的である山に懸つた時をいはうとし、江戸からも東方に当つてゐる筑波山の霞を捉へ、それを際立たせる為あしほをも捉へ、又「根こし山こし」と繰り返して強めてゐるなど、一つの事を、豊かに、強くいはうとしてゐる所は、万葉風ともいへる。古今集風と万葉集風との中間の詠み方といふべきである。

空穂によれば、春が東方から来るという発想の部分が古今的で、筑波・葦穂山を素材とし「ねこし山こし」と強調

する部分が万葉的であり、故に一首は古今・万葉の風が折衷されたものだということになる。しかし、先に述べたように「ねこし山こし」は古今語なのである。東歌とはいえ『古今集』千首余中の一首であり、真淵がそれを知らなかったとは到底思えない。むしろ、中心的な表現として意識的にここに持って来たと見てよいだろう。そして、この語は、上の句の万葉的世界と五句目の古今的世界をよく繋いで両者をうまく融合させている。そのように溶け合ったところに生じる温雅さをこそ真淵歌のすぐれた点として積極的に評価したい。

つづいて、もう一首、今度は万葉風の名歌とされる歌を取り上げてみたい。

　　九月十三夜県居にて
秋の夜のほがらほがらと天の原てる月影に雁なきわたる　（賀茂翁家集）

これは明和元年、真淵六十八歳の時の詠。江戸浜町に新たに県居を築き、九月十三夜の月見の宴を催した折の作である。「ほがらほがら」は、「ほのぼのと云《いふ》に同じ」（古今和歌集打聴）で、月光が天空を明るく照らすというイメージを醸し出すことばとして重要な働きを示している。この語が、

しののめのほがらほがらと明けゆけばおのがきぬぎぬなるぞ悲しき　（古今集・恋三・読人不知）

によっているのは明らかであろう。(13)

また、一首全体としては、

さ夜中と夜はふけぬらし雁が音の聞こゆる空を月渡る見ゆ　（万葉集・巻九・人麻呂歌集）

も従来参考歌として指摘されている。(14)しかし、この万葉歌は雁よりも月に焦点が当てられており、その点で雁にイメージが収斂していく真淵歌の参考歌としては物足りないように思われる。

以上だけでもこの歌の『万葉集』『古今集』の融合は認められるわけだが、両者の関連はそれだけではない。
まず「雁なきわたる」であるが、これはやはり万葉的な表現と言ってよいだろう。

家離《ざか》り旅にしあれば秋風の寒き夕《ゆふべ》に雁鳴き渡る　（万葉集・巻七・作者未詳）

葦辺なる荻の葉さやぎ秋風の吹き来るなへに雁鳴き渡る　（万葉集・巻十・作者未詳）

また、空という大きな空間を渡っていく動的な感じも、たしかに万葉的なのである。ただ、『万葉集』での「雁鳴き渡る」は、その直前に時間的な叙述が記されているのに対し、真淵の「雁なきわたる」は映像とともにある点が異なる。

そして、月の光によって雁の姿がはっきりと見えるという映像性は、

白雲に羽うちかはし飛ぶ雁の数さへ見ゆる秋の夜の月　（古今集・秋上・読人不知）

という古今歌が影響を及ぼしているのではないだろうか。先の万葉歌（人麻呂歌集）がどちらかというと月の光のさやけさに力点があるのに対して、この古今歌は、雁の姿がくっきりと映し出されているという点で、真淵歌と通じ合うものがあると思われるのである。

以上を要するに、この一首では万葉的な世界と古今的な世界が複雑に絡み合いながら、ゆったりとした調べによって真淵なりに捉え直されている。『古今集』に学んだ上で万葉的なものを摂取した歌人としての軌跡がよく投影されているのである。

なお、藤原為家の『八雲口伝《やくもくでん》（詠歌一体《えいがいってい》）』には、

歌の詞事、いかにも古歌にあらむ程の詞を用るべし。（中略）古集にあればとて、今は人もよまぬ事どもつゞけたらむも、物わらひにてあるべし。ほがら〳〵、べらなり、かやうの事はまねぶべからず。何事も時にしたがふ

べきなり。

とあり、「ほがらほがら」を使用することには慎重であるべきだとされる。『古今集栄雅抄《えいがしょう》』でも、「ほがら〳〵、今は詠ずべからず」とある。また、戸田茂睡《とだもすい》は、

ほがら〳〵、栄雅の古今抄に今は読むべからずといへり。詞に善悪はなし。使ひやうにて善くも悪しくもなるとはいへども、これらの詞は上古・万葉・古今の頃までいひたる詞なり。今は使はぬ詞なるゆゑ栄雅の今は読むべからずと宣ふなり。（梨本集）

と柔軟に対応している。ここで「上古・万葉・古今」とあるが、「ほがらほがら」は『万葉集』では用例は見出せない。このような茂睡の認識がどこから来たものなのかは今後の課題としたい。

真淵の『国歌八論余言拾遺』では、

ほがら〳〵・めでたきなどいふ詞は、つゞけがらによりていと悪しからずも侍るべければ、一向に嫌へるは頑《かたくな》にぞ侍るべき。

とあり、真淵も茂睡の延長線上にあると言えよう。

以上、古今取りをしている二首を見てきたが、ここからは『古今集』のことばをも効果的に使用しつつ一首を仕立てる真淵の巧みな技術を確認することができる。

右に引いた古今歌は東歌やよみ人しらずであり、古今歌でもそういったものは許容するという真淵の理論に大枠では外れていないとも言える。しかし、やはり、万葉歌ではなく『古今集』所収歌を一首の眼目に持って来ようとするところに、歌人真淵が生理的に抱く『古今集』への親近感が看取されると考えられる。

四　真淵の古今取り

ここでは、さらに真淵が『古今集』に基づいて詠んだ例を検討すべく、何首かを列挙してみたい。

まず、万葉主義がさほど顕在化していない四十歳代の歌を検討してみたい。たとえば、次の一首はどうだろうか。

　　霞を

　むらさきのめもはるばるといづる日に霞いろこきむさしのの原　(賀茂翁家集・元文三年・四十二歳)[15]

この歌の本歌は、「紫」「色濃き」「めもはる」が共通している次の歌であろう。[16]

　紫の色濃き時はめもはるに野なる草木ぞわかれざりける　(古今集・雑上・在原業平)

さらに、「むさしの」の「紫」とは、

　紫の一本《ひともと》ゆゑに武蔵野の草はみながらあはれとぞ見る　(古今集・雑上・読人不知)

によっていようし、「めもはる」は、

　津の国の難波の葦のめもはるにしげき我が恋人知るらめや　(古今集・恋二・紀貫之)

にも詠まれている。この歌は古今的世界をよく咀嚼してのどやかな情感を醸し出していて、むしろこういう作品も真淵の秀歌として認めるべきではないかと思われる。

また、次の歌はどうだろうか(以下、真淵歌とそれが依拠した古今歌を並列する)。

　　秋風

　秋風のふきと吹きぬるゆふべには空の色さへかはるべらなり　(賀茂翁家集拾遺)

秋風の吹きと吹きぬる武蔵野はなべて草葉の色変りけり　（古今集・恋五・読人不知）(17)

秋風が吹きに吹いている光景のなかで、草葉の色が変じていくのみならず空の光景も変化していくとする。「さへ」によって、古今歌が意識されていることが知られる。「べらなり」という言い方も平安的である（「秋の夜の月の光し明かければくらぶの山も越えぬべらなり」〈古今集・秋上・在原元方〉など『古今集』に十六例ある）。

次のような四十歳代の歌々も、『古今集』の歌句を切り取りつつ、自在に歌を詠んでいる様が看取される。(18)

天の川かいのしづくを身にうけてこよひやいかにすずしかるらん　（賀茂翁家集・寛保元年・四十五歳）

我が上に露ぞ置くなる天の川門《と》渡る舟の櫂の雫か　（古今集・雑上・読人不知）

枯野

つくばねの緑ばかりをむさしのの草のはつかにのこすふゆかな　（賀茂翁家集・寛保元年・四十五歳）

春日野の雪間を分けて生ひ出でくる草のはつかに見えし君かも　（古今集・恋一・壬生忠岑）

桃

賤《しづ》のをが園生《そのふ》の桃の花ざかりやぶしもわかぬ春の色かな　（賀茂翁家集・延享二年・四十九歳）

日の光藪し分かねば石《いそ》の上古《かみ》りにし里に花も咲きけり　（古今集・雑上・布留今道）

春水

春風に氷ながるるみぎはには水のこころのゆくも見えけり　（賀茂翁家集・四十歳代）

吉野川水の心ははやくとも滝の音には立てじとぞ思ふ　（古今集・恋三・読人不知）

早蕨

いざけふはをぎのやけ原かき分けて手折りてを来む春のさわらび　（賀茂翁家集・四十歳代）

石ばしる滝なくもがな桜花手折りても来む見ぬ人のため　（古今集・春上・読人不知）
足引の山田もるをぢにことゝはん今いく日ありてもみぢしてまし　（賀茂翁家集拾遺・四十歳代）
春日野の飛火の野守出でて見よいまいく日ありて若菜摘みてむ　（古今集・春上・読人不知）

つづいて、五十歳代のあたりの歌を見てみよう。万葉主義に傾いたこの時期でも、古今的表現を意識しつつ、すぐれた歌を詠んでいる。

山家首夏

山ざとは夏のはじめぞただならぬ花の人めもすぎぬと思へば　（賀茂翁家集・五十歳前後）
山里は冬ぞさびしさ増さりける人目も草もかれぬと思へば　（古今集・冬・源宗于）

山里へ花見にまかりたるこころを人々とともに

山里は岩ほのなかと聞きつるを花にこもれる所なりけり　（賀茂翁家集・寛延三年・五十四歳）
いかならむ巌《いはほ》の中に住まばかは世の憂きことの聞えこざらむ　（古今集・雑下・読人不知）(19)

一首目は、山里のさびしさを言う古今歌に対して夏の初めこそ大変なのだと詠み、二首目は、古今歌を引き合いに出して、山里の桜花を賞賛する。いずれにも機知的に古今歌に応酬しようとする感じがある。

春のくれに人をおもふ

今もかも小島が崎ににほふらん君に似るてふ山吹のはな　（賀茂翁家集・延享五年・五十二歳）
今もかも咲きにほふらむ橘の小島の崎の山吹の花　（古今集・春下・読人不知）

ここでは、ほぼ四句までを古今歌から取り、そこに、

妹に似る草と見しより我が標《し》めし野辺《のへ》の山吹誰か手折りし　（万葉集・巻十九・大伴家持）

の発想をはめ込んでいる。(20)

次の例はどうだろう。

花の歌とて

うらうらとのどけき春の心よりにほひいでたる山ざくら花　（賀茂翁家集・宝暦六年・六十歳）

この歌の参考歌としては、

うらうらに照れる春日にひばり上がり心悲しもひとりし思へば　（万葉集・巻十九）

の家持歌も重要だろうが、(21) 同時に、

世の中にたえて桜のなかりせば春の心はのどけからまし　（古今集・春上・在原業平(22)）

もやはり典拠として欠かせないし、

久方の光のどけき春の日にしづ心なく花の散るらむ　（古今集・春下・紀友則）

も念頭にあったかと思われる。

以下、いずれも古今取りの部分に傍線を付した。

茂樹が天の橋立をみて、松の枝をりてもてかへりつる、それが歌よめといひければ

わたつみの浪もてゆへるはし立の松をかざしに手をりつるかな　（賀茂翁家集・延享四年・五十一歳）

わたつ海の挿頭《かざし》にさせる白妙の波もてゆへる淡路島山　（古今集・雑上・読人不知）

これはくしけづりければ、しらがのまじりてけづられけるにおどろきてよめるなり

年ふりてもとの身ならぬこころには春もむかしの春をやはまつ　（賀茂翁家集・延享四年・五十一歳）

月やあらぬ春や昔の春ならぬ我が身一つはもとの身にして　（古今集・恋五・在原業平）

宮城野の露にしをるる秋萩は君がみかさのかげたのむなり　（賀茂翁家集・宝暦元年・五十五歳）

みさぶらひ御笠と申せ宮城野の木の下露は雨にまされり　（古今集・東歌）

頼む人みなづきはつる今年かな神は身禊を受けずやありけん　（賀茂翁家集拾遺・宝暦二年・五十六歳）

恋せじと御手洗川にせし禊神は受けずもなりにけらしも　（古今集・恋一・読人不知）

なお、次の歌は最晩年のものであるが、『古今集』の小町の歌の詞書から「県見《あがたみ》」ということばを取っている。[23]

きさらぎの末つかた桜の花もやや盛なるころ、伊久米《いくめ》の君のおはしたるに、庭をはたに作れりしが、すずなの花のさかりに咲きたりければよみていだしける

春さればすずな花咲くあがた見に君来まさんとおもひかけきや　（賀茂翁家集・明和四年・七十一歳）

文屋康秀が三河掾になりて、県見にはえ出で立たじやと言ひやれりける、返事によめる

わびぬれば身をうき草の根を絶えて誘ふ水あらば去《い》なむとぞ思ふ　（古今集・雑下・小野小町）

さて、先に触れた、『古今集』のよみ人知らず歌を採る点に関連してであるが、右で取り上げたなかには、業平や宗于《むねゆき》、小町、忠岑らの歌も見られ、よみ人知らずだけではないことにも注意しておきたい。[24]

五　おわりに

以上、賀茂真淵にとっての『古今集』の意義について、近代の言説、真淵の生涯、その作品などから検討を加えて

きた。万葉取りは晩年に至るにつれて増えていくものの、『古今集』は真淵にとって終生大切な歌集であって、その点も看過しがたいことを再度強調しておきたい。

また、ここで具体的に取り上げなかったが、一見万葉取りをしているものでも、その歌の生理には『古今集』が色濃く影を落としている。万葉主義を標榜して、実作でもそれを試みようとした場合、歌の内実はそれに応じられても、それまでに歌人として獲得されていた声調は変わりようもなかったということなのであろう。『古今集』と『万葉集』を対立的にのみ捉えることなく、『古今集』が基盤となって、その上での万葉風というような構造を見据えた上で、そのあわいに発揮されている、真淵歌が持つのどやかなイメージを読み取ることが重要なのである。

(1)『日本』一八九八年二月十八日。『子規全集』第七巻、講談社。
(2)『近世和歌の魅力』(日本放送出版協会、一九九五年)
(3)『日本』一八九九年二月二十七・二十八日、三月一日。『子規全集』第七巻、講談社。
(4)「国学とは何か」(大阪朝日新聞、一九三七年一月。『折口信夫全集』第二十巻、中央公論社)
(5)『近世和歌史』(博文館、一九二三年)
(6)江戸時代でも石野広通『大沢随筆』に「万葉は得たれどもまことすくなし、上つ代にならんとするは、絵にかける昔をみていたづらに心をうつすなるべし」との真淵評が引かれている(鈴木淳「賀茂真淵の自讃歌」〈国学院雑誌、一九九五年七月。『江戸和学論考』ひつじ書房刊にも所収〉)。
(7)福井久蔵『近世和歌史』(成美堂書店、一九三〇年)、井上豊『賀茂真淵の業績と門流』(風間書房、一九六六年)。
(8)『古今和歌集打聴』の意義については、注(7)井上書に詳しい。
(9)「古今歌集をよく見給へ、其中によみ人しらずと有にこそよき歌は多けれ、次には延喜より前の人たちなり、延喜の比なるは漸にことせばく成ぬるが中に、躬恒忠岑などたま〳〵をゝしくいにしへに似よれるも有を、貫之のに男めきたるはなし、されどさる方にたけたかく心をかしき所をこのみてしかも上手なればよろしかりし」(龍のきみえ賀茂のまぶち問ひ答へ)、「古今歌集の中にも後なるに風流なるもあれど多くは巧み有からは学ぶ人その折々をのみうらやみていやしくなりぬ、よみ人しらずと有が中にはいにしへの心ことばによろづのよろしきこそ多けれ、心して見給へ、又大歌所のうたと有は皆古歌にていとよろしきなり」(同右)。井上豊『賀茂真淵の学問』(八木書店、一九四三年)が引用している。

(10) 注(9)井上書が引用している。

(11) 田林義信『賀茂真淵歌集の研究』(風間書房、一九六六年)

(12) 『江戸時代名歌評釈』(非凡閣、一九三五年)

(13) 『新編日本古典文学全集　近世和歌集』(小学館、二〇〇二年)久保田啓一注。「夜明けに使う「ほがらほがら」を月光の明るさに応用したことで、清澄な十三夜を背景に飛ぶ雁の姿が浮き立つ」としている。

(14) 『日本名歌集成』學燈社、一九八八年。項目執筆、鈴木淳。

(15) 成立年次は注(11)田林書に拠る。

(16) 『新日本古典文学大系　近世歌文集下』岩波書店、一九九七年、鈴木淳注。

(17) 注(16)書。

(18) 「賤のをが」の歌のみ注(13)書による。

(19) 注(13)(16)書。

(20) 本書第二章第二節附論「賀茂真淵恋歌抄」参照。

(21) 注(14)書。

(22) 注(13)書。

(23) 注(13)(16)書。

(24) 注(9)に引いた書簡では、躬恒や忠岑の歌のなかにはよいものもあるとしているので、真淵もよみ人しらず以外は絶対に認めなかったというわけではない。

附論・賀茂真淵恋歌抄

一　「おもかげを」の歌

大田《おおた》南畝《なんぽ》の随筆『一話一言』(文政三年〈一八二〇〉頃成)巻四には、

〇真淵歌

おもかげを花にかすめてたどる哉一夜の夢の春のあけぼの

右は賀茂真淵後朝《きぬぎぬ》の心をよめる歌也。十千亭《じっせんてい》

という一節がある。十千亭は、南畝の友人の本草家で、蔵書家でもあった。その十千亭が賀茂真淵の歌にこのようなものがありますよと言って、南畝に示したものなのであろう。南畝がそれを『一話一言』中に書き留めることになったのは、この歌が『賀茂翁家集』に漏れており、その点に価値を見出したということもあるのだろうが、それだけではなく、あの真淵にも恋の歌があるのかという素朴な驚きが南畝をして筆を執らしめたということもあったのではないだろうか。真淵といえば、

にほどりの葛飾早稲のにひしぼりくみつつをれば月かたぶきぬ　(賀茂翁家集、文化三年〈一八〇六〉刊)

というような万葉調の自然詠が当時の人々の脳裏にあり、恋歌は一首も思い出せないという方が普通だったと思われる。じっさい、『賀茂翁家集』には恋歌は十四首しか収められていないのである。なお、『南畝文庫蔵書目録』には、

『賀茂翁家集』は見出せない。

さて、冒頭の歌の出典についてであるが、伴直方《ばんなおかた》編『賀茂翁家集拾遺』（写本）には、

あした

うつり香を袖にかすめてたどる哉一夜の夢の春の曙

とあり、

春恋

おもかげを花に霞めてたどる哉一夜の夢の春のあけぼの

ともある。『賀茂真淵全集』第二十一巻（続群書類従完成会）の解説（田林義信）によれば、『賀茂翁家集拾遺』には伴直方編のものと石川依平《いしかわよりひら》編のものとがあり、さらに各写本が存して複雑な様相を呈している。両編ともに村田春海《むらたはるみ》が編集した『賀茂翁家集』に載らなかった歌を拾い集めたものなのである。右のように二種の本文が伝存してしまうのも、『拾遺』の複雑な本文系統ゆえのことであり、「同一歌の異伝か、あるいは真淵推敲のあとをとどめたものであろう」（田林）と推測される。十千亭もそのいずれかの写本を見たのではないだろうか。もっとも田林義信『賀茂真淵歌集の研究』（風間書房、一九六六年）によれば、「おもかげを」の方の本文は他にも『賀茂の川水』『賀茂県主真淵歌集』などに見出せるので、厳密には十千亭の見たものを『拾遺』のみに限定することはできない。

さらに田林同書によれば、「うつり香を」の方の本文の成立時期は元文六年（一七四一）、「おもかげを」の方は五十歳前後（五十歳は延享三年〈一七四六〉）である。おそらくは、「うつり香を袖にかすめて」を「おもかげを花にかすめて」に改作したということなのだろう。表現としては「おもかげを花にかすめて」の方が、景色のありかたに奥行きがあり、春の夜明け方の空間のおおらかさと通じ合っていて、好もしいように感じられる。延享三年に田安家へ出仕する

五十歳前後から、真淵のなかで古道主義が確立していくと言われているが、この歌はどちらの歌形であれ、そういう雰囲気とは縁遠い。

ところで、この「おもかげを」の歌だが、一見するとわかりにくい感じがする。特に上の句が意味を取りづらい。おそらく「花にかすめて」の「かすめ」は、ほんの少し触れるというニュアンスで捉えるのがよく、恋人の面影という映像が花の映像とかするかのように重なったり離れたりしつつあるというような幻想的な光景なのである。もちろん、霞がかかるという意味合いも込められていて、そこが一首の趣向となっている。意味を補いながら、通釈すると、次のようになろうか。

あなたの面影を花の映像に霞がかかるようにほのかに重ね合わせながら、もう一度思い出すことだ、あの夢のような一夜の逢瀬のことを。今、私は春の夜明けをしみじみした気持ちで迎えている。

「かすむ」の解釈は他にも考えられて厄介だが、いずれにしても、花と恋人の美しさがダブルイメージとなって、霞がそれを覆っている幻想的なイメージを読み取ればよい。

さて、この歌を考える上で、参考とすべきものとしては、

水無瀬恋十五首歌合に、春恋の心を

面影のかすめる月ぞやどりける春やむかしの袖の涙に　（新古今集・恋二・藤原俊成女）

が挙げられる。「春恋」という題、恋人の面影を霞中の景物に重ね合わせようとする点など、重要な要素が共通する。ただし、真淵の歌の「花にかすめて」という言い方は、印象的に訴えかける独特な力を持っているると思われるのである。

「かすめて」という語の勅撰集における用例としては、

かすめては思ふ心を知るやとて春の空にもまかせつるかな　（金葉集・恋下・良暹）

があるが、この「かすめて」はほのめかすの意で、意味は異なる。また、三条西実隆《さんじょうにしさねたか》に、

おもかげをそらにかすめてあしがきの花にまぢかきみよしのの山　（雪玉集）

という歌があることにも一応注意しておきたい。

それから、逢瀬の翌朝に恋人の面影を霞中花に追うという発想の背後には、夢の中で巫山《ふざん》の神女と一夜の契りを結び、神女が去る時、「妾は巫山の陽、高丘の阻に在り、旦には朝雲となり、暮れには行雨となる」と言ったという、『文選』に載る宋玉《そうぎょく》の「高唐賦」の故事があるのだろう。藤原定家の、

春の夜の夢の浮橋とだえして峰にわかるる横雲の空　（新古今集・春上）

もこの世界によっていると指摘されており、かなりよく知られた故事である。そういった有名な故事との二重写しによって、歌のイメージがいっそう豊かなものになっている。

二　恋歌三首――「思ひつつ」「わが恋は」「今もかも」

真淵の恋歌としては、他にどのようなものがあるのだろうか。『賀茂翁家集』に収められている十四首の恋歌のうち、三首を挙げておこう。

しらぬ人

思ひつつ寝《ぬ》れば怪しなそれとだに知らぬ人をも夢に見てげり　（賀茂翁家集）

『古今和歌六帖』には「しらぬ人」が立項されており、それに基づく題であろう。『古今和歌六帖』にも証歌として

引用されている、

見ぬ人の恋しきやなぞおぼつかな誰とか知らむ夢に見ゆとも　（拾遺集・恋一・読人不知）

が発想としては近い。そして、もちろん、

思ひつつ寝ればや人の見えつらむ夢と知りせば覚《さ》めざらましを　（古今集・恋二・小野小町）

が踏まえられている。真淵の『古今和歌集打聴《うちぎき》』（寛政元年〈一七八九〉刊）には、「かくはかなげによめるをよく味ひて歌の心をしるべし」とある。なお、『万葉集』にも、

思ひつつ寝ればかもとなぬば玉の一夜もおちず夢にし見ゆる　（万葉集・巻十五・中臣宅守）

とあるが、真淵のはやはり小町の有名な古今歌を意識しての詠と見てよいのだろう。「知らぬ人をも夢に見」てしまうこともあるのかという軽い驚きが、「怪しな」という語を用いることでややユーモラスに表現されていると見たい。

思高恋

わが恋は雲ゐに高きあし引の山のしづくを袖にかけつつ　（賀茂翁家集）

「思高恋」とはめずらしい題だが、手の届かない存在の人を慕うという、『伊勢物語』の昔男の恋のようなイメージなのだろう。『類題《るいだい》和歌集』（元禄十六年〈一七〇三〉刊）には、この題のあと「思尊人恋」「思貴人恋」と続いている。雲にも届くばかり高い山を仰ぎ見るような存在の恋人に対して、思いが叶えられない私は「山のしづく」ならぬ涙の露によって袖を濡らすことだと歌う。「山のしづく」が、大津皇子と石川郎女《いしかわのいらつめ》の有名な贈答、

あしひきの山のしづくに妹待つと我立ちぬれぬ山のしづくに
吾《あ》を待つと君がぬれけむあしひきの山のしづくにならましものを　（万葉集・巻二）

を意識していることはまちがいない。また、参考歌としては、

世の人の及ばぬ物は富士の嶺の雲井に高き思ひなりけり　（拾遺集・恋四・村上天皇）

も指摘できるが、こちらの「雲井に高き思ひ」は恋する本人の気持ちの深さを言うので、意味が違ってしまう。

「思高恋」という題の他の歌を見ると、

思高恋といふことを

谷水に空なる月もすむものを雲ゐの中とおもはずもがな　（清輔集）

思高恋

契あれば空なる月もおもひ川ふかき水にはやどるとぞ聞く　（隣女集）

というように、「空」「雲ゐ」と関連させて詠むことが多いようで、真淵の上句もそれに倣っている。また、源俊頼《みなもとのとしより》の『散木奇歌集《さんぼくきかしゅう》』には、

たかきをおもふといへる事を

谷川のみかげにつくるまろすげも雲ゐるみねのいはねをぞ思ふ

という歌が載る。右三首とも『類題和歌集』に証歌として挙げられている。

ただし、この真淵の歌ではむしろ「山のしづく」という万葉語が印象的で、一首の眼目としてよく働いている。

春のくれに人をおもふ

今もかも小島が崎ににほふらん君に似るてふ山吹のはな　（賀茂翁家集）

延享五年、真淵五十二歳の詠。田安家に出仕した直後である。「小島が崎」については、真淵の『古今和歌集打聴』

に「大和の飛鳥の橘の嶋と云所也（中略）宇治に山吹の瀬と云所有によりて此橘の小島をもうぢに有とするは後のあやまり也」とするので、真淵は飛鳥と考えていたようだが、現行の注釈類を見ると、『日本古典文学全集』（小学館）は両論併記、『日本古典文学大系』（岩波書店）『新潮日本古典集成』はむしろ宇治としている。

本歌は二首あって、一首は、

今もかも咲きにほふらむ橘の小島の崎の山吹の花　（古今集・春下・読人不知）

である。こちらからは「今もかも」「にほふらむ」「小島の崎」「山吹の花」とほぼ四句分を取っている。もう一首は、

妹に似る草と見しより我が標めし野辺の山吹誰か手折りし　（万葉集・巻十九・大伴家持）

であり、こちらからは「山吹」が「妹に似る草」であるという点を取っている。つまり、真淵歌は「君に似るてふ」以外古今歌一首を切り貼りし、そこに万葉歌の「妹」を「君」に変えた表現をはめこんだものなのである。ただし、能勢朝次も「古歌を巧妙に活用してゐるところが見どころである」（『近世和歌史』日本文学社、一九三五年）と述べているように、たんなる剽窃とは言ってすまされないうまさが備わっている。なお、『玉くしげ』では、この歌の題詞に「春のくれに人をおもふてふ心を家の会に」とあるから、これは題詠であって、体験を詠んだものではない。

以上三首には万葉歌も深く関連しているが、『古今集』など平安和歌の存在価値も決して小さくない。両者の混融度は三首三様だが、全体的には両者がほどよく融和した歌々と言ってよいだろう。そのような万葉調と非万葉調の混融に対して、たとえば窪田空穂は『近世和歌研究』（砂子屋書房、一九四一年）で万葉調が完成するまでの「動揺と混乱」を表わすものとする見解を示しているが、そうではなく真淵のバランス感覚にもっと目を向けてもよいのではないか。(1)

三 「人めかは」以外からもう一首恋歌を

最後に『賀茂翁家集』以外からもう一首恋歌を掲出しよう。

寄獣恋

人めかは君が門守《も》る犬にだも忍びて通ふよひよひぞうき

これは、享保七年(一七二二)十月十八日月次会において、「朝時雨」「寄獣恋」の二題が兼題として与えられたものに対して詠んだもの。この時、真淵は二十六歳。人目を気にするばかりか、あなたの家の門にいる番犬に対してすら気を遣って、毎晩通う我が身は実に辛いことだ、と歌う。この歌は、奥村晃作「賀茂真淵」(『和歌文学講座』8、勉誠社、一九九四年)が、浜松在郷時代の「わたしがよいと思う歌十首」として選んだなかの一首なのである。奥村も指摘していることだが、じつにユーモラスな感じが漂っていて、個人的にも好ましく思われる。犬にびくびくしながら通う男を戯画化することで生じる笑いは、真淵のなかでどのくらい意識的に計算してなされたことなのだろうか。情景は少し異なるが、芭蕉の若い頃の句、

猫の妻へつゐのくづれより通ひけり (六百番発句合)

のユーモアをも想起させる。この句は『伊勢物語』の昔男が「築地《ついひぢ》の崩れより」女の許へ通ったという五段のパロディーと言うべきものなのであるが、その五段の、

人しれぬわが通ひ路の関守はよひよひごとにうちも寝ななむ

という表現を真淵も意識しているのだろう。もちろん、女の許に通う男という内容自体も踏まえられている。芭蕉の

方は猫自身が通っていくので、「私」が通う真淵と違うけれども、そこに見られる呼吸には共通するものがあるように思われるのだ。

冒頭の「にほどりの」歌をはじめとして、さらに有名な、

うらうらとのどけき春の心よりにほひいでたる山ざくら花

秋の夜のほがらほがらと天の原照る月影に雁なきわたる　（賀茂翁家集）

などからも感じ取ることができるのだが、真淵の歌にはのどやかさやそこはかとなく漂うユーモアがあって、そういう側面はこの歌人の美質としてもっと汲み取られてよい。その恋歌も生々しい感傷ではなく、想像の世界に遊ぶのびやかさがあって、それらからは、国学者、万葉調、尚古思想などという従来のキーワードでは括り切れない、言語世界に自足する歌人としての確かな力量こそが伝わってくるのである。

（1）　本書第二章第二節「雅びの呪縛——賀茂真淵の古今集」参照。

【付記】『古今集』の浸透による、江戸時代の「みやび」の確乎たる様相を踏まえつつ、近代においてもう一つの「カノン（聖典）」として権威化されたのが『万葉集』であったと、品田悦一『万葉集の発明』（新曜社、二〇〇一年）は説いている。

第三節　日常性の発見――良寛と〈手まり〉

一　はじめに

良寛ほど、その人格と結びつけて作品が語られる歌人は少ないだろう。少なくとも江戸時代の歌人のなかではそう言えるし、日本の古典文学を見渡してみてもその点において際立つ数人のうちの一人であることは誰もが認めるところであろう。

私自身が子どもの時に読んだこともある偉人伝シリーズ『子どもの伝記全集』(ポプラ社)の一冊にも、『良寛』(小俣万次郎著、一九六九年)がある。その一部分に接するだけでも、私が問題としたい良寛の特質がよく窺えると思われるので、まずはその引用から始めてみたい。

良寛は、よそにでかけるとき、いつも、まりやおはじきをもってあるいていました。

「よし、よし。わしは、おまえたちにまけないようにな、いま、山をおりるまえに、五ごうあんのにわで、ちょっとばかりおけいこをしてきたでな。ほら、いいか、みていなされ。一つ　ひと冬みぬうちに／おとらも　おはるも／大きゅうなった　大きゅうなった／二つ　ふたりで　せいくらべ／さきがかちなら　あとはまけ　あとはまけ。」

良寛は、ひとりでいいきになって、まりつきをはじめてしまいました。

「だめだめ、良寛さま。つくのはじゃんけんで、じゅんばんよ。」

「あっ、そうだったな。それでは、いっしょに。」

じゃんけんぽん——

「わあ、良寛さまのまけっ。」

(中略)

良寛と子どもたちは、たのしそうに、こえをそろえてうたいながら、いつまでも、まりつきしてあそんでいます。

(中略)

良寛は、たのしい春の日がくれてしまうのが、いかにもおしくてたまらないようです。


ここには、子どもよりも無邪気に遊びに興じてしまう純真さ、という主題があるのだろう。良寛の場合、人格的なことが第一番に注目されることが多いのである。そういった語られ方自体をここでは問題にしたいと思う。

右の子ども向けの伝記を書いた著者が参考にしたのは、これまで多量に公刊された諸々の良寛伝だったかもしれないが、

霞立つながき春日に子どもらと手まりつきつつこの日暮らしつ

という良寛自身の詠歌によるところも大きいのであろう。この歌には良寛の人生という物語的状況を喚起する不思議な呪力のようなものがある。つまり、歌の世界と、生身の作者の世界の境界線が判然としないようなあり方がここにはあるのである。逆に言うと、この一首を批評しようとする場合にも、良寛の人格、生活、人生といった要素が、渾然一体となってそこに存在し、解きほぐすことは容易ではない。

一般に、歌の世界と生身の作者の世界の境界線がきちんと引ける歌ばかりが存在するわけではない。そういう点で

は、このことは良寛独自の問題ではないのであるが、冒頭で述べたように良寛の場合はその程度が激しいように思われる。

やや前置きが長くなったが、問題にしたいのは、〈うた〉が「すばらしい人格者だ」という〈物語〉を引きずっている、もしくは〈物語〉のなかの人として歌人良寛の主体が語られてしまっている〈うた〉が表現として自立できずに〈物語〉に内包されてしまうことなのである。作品評価と人格評価が重なり合う度合いが大きいとも言える。ここでは、このことについて享受の歴史と和歌表現の両面から具体的に考えていきたい。

二　〈良寛〉の享受——相馬御風が決定づけた人物像

(1)　子規・漱石

まず最初に良寛はどのように受け入れられたのか、享受の歴史を辿るところから始めてみたい。良寛の評価を決定的にした最大の功労者と言えば、やはり相馬《そうま》御風《ぎょふう》だろう。今日われわれが抱いている、手まりをつく聖人良寛というイメージは御風によって方向づけられたと言っても過言ではない。

それ以前にも、正岡子規や夏目漱石らによって言及されてはいる。(1)

子規は『病牀読書日記』の明治三十三年(一九〇〇)十一月十四日条で、

僧良寛歌集を見る。越後の僧、詩にも歌にも書にも巧なりきとぞ。詩は知らず。歌集の初にある筆蹟を見るに絶倫なり。歌は書に劣れども万葉を学んで俗気なし。

そのかみはさけにうけつるうめのはなつちにおちけりいたづらにして　(良寛)

　やまさゝに、あられたばしる、おとはさら〳〵、さらり〳〵、さら〳〵とせし、こゝろこそよけれ、（良寛）
所謂歌人に勝ること万々。

と述べているし、漱石も良寛の書を所有することに熱心で、大正三年（一九一四）三月十六日付の森成麟造宛書簡のなかで、

良寛上人の筆蹟はかねてよりの希望にて年来御依頼致し置候処、今回非常の御奮発にて懸賞の結果漸く御入手被下候由、近来になき好報、感謝の言葉もなく、只管恐縮致候。
良寛は世間にても珍重致し候が、小生のはたゞ書家ならといふ意味にてはなく、寧《むし》ろ良寛ならではといふ執心故、菘翁だの山陽だのを珍重する意味で良寛を壁間に挂けて置くものを見ると有《も》つまじき人が良寛を有つてゐるやうな気がして少々不愉快になる位に候。

と述べて、良寛の書を入手できたことへの喜びと謝意を記している。ただし、全般的には彼らの興味はそう多く良寛に注がれなかったと言ってもよいだろう。

（2）　相馬御風

さて、相馬御風に話を戻そう。御風が初めてまとめた良寛関係の著書は『大愚良寛』であり、大正七年に春陽堂から刊行された。以後、御風は後半生を良寛研究に費すことになる。
そして、今日の人格に重きを置かれがちな良寛評価は、御風によって方向づけられたと言えるだろう。御風自身は、その著のなかで、

そも〳〵私達が良寛の歌を貴ぶのは、歌そのものが芸術的に秀れてゐるからに外ならぬ。

如何にその人が偉からうが、その人の芸術が芸術としての価値の乏しいものであるならば、私達はそれを芸術として貴ぶわけには行かない。

いかに詳しく良寛といふ人について知つて居り、いかに熱心に良寛といふ人格を尊敬してゐる人であつても、良寛の書や、詩や、歌の、芸術として秀れてゐる味ひの解らない人とは、私達は良寛の芸術について語りたくはない。（『良寛百考』厚生閣、一九三五年）

と述べてはいるが、しかし、次のような逸話を多く紹介しようとする姿勢からは、やはり御風が良寛の人格をまず称揚しようとしていることが強く感じ取れる。

・ある秋の末の夜、良寛の庵へ盗人が忍び入つた。しかし何一つ奪つて行くやうなものがないので、うろ〳〵して居た。と、物音に目をさましてその様子を見た良寛は、その男が哀れになり、自分の着物を一枚ぬいで与へて、やさしく送り出してやつた。しかし、彼はあとでその男の身の上を思ひやつて「いづこにか旅寝しつらむぬば玉のよるのあらしのうたてさむきに」と云ふ一首の歌を詠んだと云ふ事である。何と云ふ貴く美しい愛の表現であらう。

・良寛は托鉢の途中よく路傍の大木の下などに坐り込んで、時に歌や詩の集を読んだり、時には砂上に指で字を書き、時のたつのをも忘れてゐるやうな事が度々あつたと云ふ事である。

・手毬とハジキに対する良寛の愛好は、殆んど神秘の程度に達してゐたらしく、容易に他人からの揮毫の求めに応じなかつた彼れも、子供を仲介者として手毬かハジキ用の貝殻かを贈つて求めさせると、如何なる場合でも筆を執ることを辞さなかつたと伝へられゐる。

到るところで良寛は手毬やハジキを玩んでゐる童男童女の親しい仲間であつた。時には遊廓へはひり込んで娼婦どものハジキの仲間にさへなつて平気で遊んでゐた。（『大愚良寛』）

『大愚良寛』は最初の著作であり、先に引用した『良寛百考』は集大成と言うべき著なので、最初に良寛を称賛しようとした余り、美化がやや過ぎてしまい、後年になって世間一般において人道主義的な享受があまりに多いためわざわざ抑制をきかせてみせたということなのだろうか。

ただし、『良寛百考』では、

ところが良寛の歌ほど、平明単純な歌は少い。好加減な気持で読むと、むしろそれは平凡にも陳腐にも見えるであらう。

人の尻馬に乗つて「良寛の歌がいゝ、実にいゝ」などと口真似をしてゐる多くの人々の中にも、良寛といふ名を切り離して、他の多くの作者の歌とまぜて置いたら、てんで気にもとめないで読み過してしまふやうな人が随分と多くあることだらう。況《いわ》んや世上の独りよがりの所謂自称歌人達なんかに、多くの投書家の歌の中へ名を変へて、混ぜて置いて選ばして見たら、先《ま》づ以て没書になるのは良寛の歌であらう。更に況んや世間並の歌会の互選などでは、只の一点も入りはしないだらう。

（中略）

良寛の歌は、実に単純美の極致を示してゐる如き観がある。たとふればこれ米の飯か、若《も》しくは谷間の清水か。兎《と》に角《かく》真に単純の味ひを愛する人にでなければ、良寛の歌は真実に愛さるべき筈はない。

とも述べている。〈一見単純で陳腐だが、見る人が見れば価値がわかるものなのだ〉という論理は、ある種の真実を語るかのような口振りだが、一方で、鑑賞者を追いこんでいくものだと言えなくもない。つまり、価値がないと発言した人はそもそもの鑑賞能力に欠ける、という論理がその次に用意されているからだ。この論理は、良寛評価の際に都合よく持ち出されてくることが多い。

以上は、御風の良寛に関する言説としてはほんの一部に過ぎないし、この部分だけで御風を評価しては申し訳ない気もする。しかし、良寛を評価する際の今日的価値基軸を作り上げた代表的発言として、一応頭の片隅にとどめておきたい。

御風は、世間において自分の思っている以上に聖人化への道を辿る形で享受されていくことにやや戸惑いを覚えつつも、良寛の人間的魅力に抗しきれないでいる自分をどうすることもできない、そんな風に私には感じられる。だからこそ、あくまで作品がすばらしいのであって、その人間性への称揚ではないのだというふうにもあえて書き留めるのだろう。

良寛評価の歴史において、御風がどんな路線を敷いたのかという意味はそう単純ではないのだが、その功罪はもっと見極められる必要がある。作品と作者像の両極を行ったり来たりしてしまう御風のあり方自体に、和歌という枠組みを逸脱して人々を惹きつける〈良寛〉が持っている魅力がはからずも表われている。

ところで、御風の良寛への傾倒について、一言付け加えておきたい。良寛研究が本格化した前後には、社会的風潮として大正生命主義なるものが台頭しつつあった(2)。これは、明治の〈倫理〉に対して、大正はそれからの解放をうたい、〈倫理〉以前の〈生命〉を尊重するというような考え方である。あるいは、立身出世主義からほどほどで身近な幸せへの転換と言い換えてもよいのかもしれない。国木田独歩の非凡なる凡人という考え方をはじめ、文学者たちも多くがその影響を受けた。御風の良寛称揚とそれが広く受け入れられた素地には、そのような時代背景もあったものと思われる。つまり、近代的な価値尺度を当てはめて良寛を評価しようとした部分があったのではないかということなのである。そうではなくて、良寛の作品そのものを江戸という時代に置いたまま向き合うことが今求められているのではないだろうか。

(3) 現代の研究に関して

さて、御風の考えに触れたところで、そろそろ良寛の歌自体の分析に移りたいところだが、ここではもう少しだけ他の研究者の発言を引用し、ここでの問題意識を別の角度から確認しておきたい。たとえば、井本農一『詩人良寛』(美和書房、一九四六年。講談社学術文庫にも所収)は、極めて上質な良寛論として指を屈せられるべきものだと思うのだが、そこには次のような記述があり、私自身おおいに共感する。

良寛のこれらの詩は、かれの心の動きがそのまま詩に詠まれていて、読者に訴えてくるものがあるが、文学作品として当然持っているはずのある客観性を欠いていて、主観的詠嘆に偏っている場合がある。

右の指摘は、歌ではなく詩についての記述ではあるが、歌についても当てはまると思う。その主観的詠嘆はある種の力強さを帯びてわれわれに迫ってくるものがあるが、その一方である煩わしさをも読み手に感じさせるところがある。それは〈文学〉という範疇から横溢して人を当惑させる何かなのである。

〈物語〉が付与されやすい条件としては、御風が指摘した平明単純さということも関わっていよう。左に井本氏が指摘しているように、良寛には古歌を無造作に利用するようなところがあった。

「いざここに我が世はへなむ国上のや乙子の宮の森の下庵」は、『古今集』の「いざここに我世はへなむすがはらや伏見の里のあれまくもをし」の上の句を利用している。こういうなまな形での古歌の利用を、良寛はひじょうにたくさん行なっている。漢詩の場合にも述べたが、その無造作な利用の仕方は、良寛に歌をもって世に立つような作家・芸術家の意識がなく、わずかな身辺の人に示すだけだったせいがあるであろう。

これに類することは、長谷完治氏も述べている。[(3)]

良寛の歌では人間・人事・自然等の現実の世界で体験される美が中核をなし、耽美的で芸術性豊かな歌は少ない。（中略）歌屑が散見するのも、心情表現を重んずるあまり、文芸に重要な形成の契機を欠くからである。彼の美意識が瞬間的に実生活を超脱して詠歌自体に自己目的性や歓びを見出している例も若干あるが、総じて日常生活との連関が密接であるから、芸術のための芸術創作を主要動機とするものではない。また、彼は形式美を重視しないから、王朝歌人のごとく表現に彫心鏤骨《るこつ》することもあまりない。

くり返しになるので、もう詳しくは触れないが、彼らが言いたいことを一言で私なりにまとめるのなら、文学表現とは違うレベルで良寛の作品にはある力がこもっていて、そのため歌を解釈する際に、文学表現の周縁にある、たとえば〈人間性〉というようなことばで飾られるような評価軸が設定されてしまう、ということになる。それこそ御風以来の良寛評価の主流なのである。

それに対して、私が目指したいのは、すばらしい人柄というような近代的評価のバイアスを取り払ってみること、その上で良寛の歌を見た場合どのような評価が下されるのか、またそもそもバイアスを取り払うことが可能なのか、文学研究という場において取り払う意味があるのか、というようなことである。考えるだに難問ばかりで、筆を進めるのが億劫になるが、以上の設問に対する現時点での私なりの答を以下に記したい。

三　良寛歌の評価軸

（1）「霞立つ」の歌をめぐって

ここからは、良寛の歌を具体的に取り上げていくが、特に冒頭で言及した、

霞立つながき春日に子どもらと手まりつきつつこの日暮らしつ

という、おそらく良寛の歌のなかでももっとも人口に膾炙した一首について考えてみる。まず単純にこの歌に向き合ってみると、「つ」のくり返しがリズミカルな感じを作り出しているし、そしてここまでやや懐疑的に扱ってしまったかもしれないが、現場性、臨場感というものが強く伝わってくる感じはたしかにこの歌の持つ強さとして肯定的に評価されるべきであろう。「春日」を詠んだ歌々を試みに列挙してみると、

春さればまづ咲く宿の梅の花ひとり見つつや春日暮らさむ　（万葉集・巻五・山上憶良）

久方の光のどけき春の日にしづ心なく花のちるらむ　（古今集・春下・紀友則）

つれづれと雨ふりくらす春の日はつねより長きものにぞありける　（玉葉集・春上・章義門院）

出づるより霞に匂ふ春の日の花にいそがぬ影ぞのどけき　（東歌・享和二年〈一八〇二〉刊・加藤枝直）

というように、春という季節に寄せる感傷や愛着がそれぞれに描かれてはいても、作者の感情は風景の背後にあって、読者にはほのかな香りが漂ってくるという程度にしか伝わってこない。それが、日本古典において愛されてきた美意識でもあった。良寛の「霞立つ」の歌は、これらと比べて〈私〉というものがもっと前面に押し出されてくる、自己主張の強い歌である。その点では、むしろ近代短歌的な匂いがする。御風ら近代の人々の支持はこのあたりに根っこがあるのかもしれない。

さて、この歌の研究史を見てみよう。この歌についての相馬御風の評価は次のようなものである。

かうした折の良寛が、やはり私たちに最もなつかしく感じられる。要するに私たちにとりては、良寛と云ふ人の

感じは、正に春風の感じである。彼と最も親しかった解良《けら》栄重《よししげ》の手記にも「師余が家に信宿日を重ぬ。上下自ら和睦し、和気家に充ち、帰り去ると雖《いえども》数日のうち人おのづから和す。師と語る事一たびすれば胸襟清きを覚ゆ」とある如く、彼がいたるところに春風の如き和気をもたらした風姿を想像する事は、私たちにとりてもたまらなくうれしくありがたい事である。

が、それと共に私たちはあの雪の深い山中の草庵裡に、永い〳〵冬の間をたゞ独り寂然と暮してゐた良寛その人の姿をも、しみじみとした心でなつかしまずには居られない。

夜もすがら草のいほりにわれをれば杉の葉しぬきあられふるなり

（中略）

来る年も来る年も、彼は一年の三分の一以上は、かうした寂寥のうちに暮さなくてはならなかつた。その永い孤独生活裡に、彼はいかに深く生そのものゝ寂味を味つたことであらう。しかもその深い〳〵寂寥の底に彼はまた、如何に切に人間のなつかしさを感じたことであらう。（『良寛百考』）

右のような記述からは、やはり人間性という評価軸を強く感じてしまう。

それは、御風門下の吉野秀雄[4]にしても同じことで、

一首、ほのぼのと温く、ふくよかに人を包み来る感触を受けるが、是即ち良寛の人間的愛念の発露に外ならない。渾然としていかにも良寛の作、良寛以外の誰びとのものでもないといひきることができる。

というような記述からは、和歌の批評のなかに人間的評価が混入していることが感じられる。

では、従来の研究の傾向に搦めとられずに良寛の歌を批評するにはどのような手段が考えられるのだろうか。

そのためには、良寛個人に収斂されていきがちな評価を、もう少し広い場に持ち出していくべきなのだと思われる。

表現の次元で、その歌がどのように先行表現や当代のそれと関連しているか、そこに突破口を見出してみたい。

そこで、ひとまず一首の歌のありかたについて、個別に見てみよう。そうしてみると、この歌の表現のうち、「手まりつきつつ」以外は『万葉集』に依拠していることが知られるのである。

「霞立つながき春日」は、

霞立つ長き春日の暮れにけるわづきも知らずむらきもの心を痛みぬえこ鳥うらなけ居れば（下略）（万葉集・巻一・軍王）

霞立つ長き春日をかざせれどいやなつかしき梅の花かも　（万葉集・巻五・小野淡理）

などの例があるし、「この日暮らしつ」も、

妹がため玉を拾《ひり》ふと紀伊の国の湯羅の岬にこの日暮らしつ　（万葉集・巻七・作者未詳）

妹がため菅の実摘みに行きし我山路に迷ひこの日暮らしつ　（万葉集・巻七・人麻呂歌集）

などの例がある。「子どもら」という表現はやや口語的な感じもするが、「子ら」という言い方なら『万葉集』に数多く見出せる。ただし、『万葉集』の「子ら」は恋しい人を指すのであって、子供たちというのではないのであるが。

『万葉集』を切り貼りしていること自体、脱俗を演じようとする良寛のポーズと言えなくもない。しかし、歌として見た場合、やや単純な切り貼りといった印象も拭えない。ただ、五七五七七を分解して考えること自体が邪道であり、一首の仕立てさえすぐれていれば、部分でどんなに先行表現に依存していようとかまわないという批判はありうるだろう。それはそれで正しい指摘だと思う。しかし、そう言っては今までの良寛享受の論理にすぐ引き戻されてしまうと思うので、ここでは分解したことに意味を認めて、先を急ぎたい。

さて、右の手続きによって、先に述べたように「手まりつきつつ」という表現がこの歌のなかで特に独特なのだと

図5 『骨董集』手鞠

いうことがわかる。たしかにこれまでの和歌表現において「手まり」が詠まれることはほとんどなかった。その点では新味なのである。では、この表現はどこから来たのだろうか。良寛が子ども好きで、子供たちと手まり遊びをよくしたことは、御風の指摘にもある通りで、自家製の手まりを含めて遺愛の品がいくつか伝存する。(5)

しかし、そういった〈生身の良寛の体験〉だけがこの表現を生み出したのではないと思う。江戸時代においては、詩歌のジャンルが俗の部分に拡大したこともあって、また性霊《せいれい》主義の台頭という影響もあって、詩材にこれまでの伝統的なそれとは異なった日常卑近の品物も多数取り上げられるようになるのである。「手まり」もそのような傾向にあって、多くの江戸詩歌、特に良寛も生きた江戸後期で詠まれている。以下、その用例を知り得た範囲で列挙する。

井上文雄《いのうえふみお》

朝ゆふに手まりそそくる外ぞなきうなゐはなりが春のまうけは　（調鶴集、慶応三年〈一八六七〉刊）

栗柯亭木端《りっかていぼくたん》

其のかたちあたかも鳥の子の様でこん〳〵とん〳〵と始る手毬つくなり　（狂歌真寸鏡、元文元年〈一七三六〉刊）

平秩東作《へずつとうさく》

手毬より遊びつゞきて小娘のまづ初午もひとふたよ三夜　（狂歌若葉集、天明三年〈一七八三〉刊）

智月

手毬なら散るともあがれ飛びあがれ　（類題発句集、安永三年〈一七七四〉刊）

一茶

鳴猫に赤ん目をして手まり哉　（八番日記、文政四年〈一八二一〉正月）

手毬つく度踊り出す背中の子　（誹風柳多留一三三篇、天保五年〈一八三四〉刊）

糸付て娘手まりのつき習ひ　（塗笠、元禄十年〈一六九七〉刊）

手まり程かたまりや人の口にのる　（三国志、宝永六年〈一七〇九〉刊）

ちまやかに・五色の手まり大き成り　（智恵くらべ、慶応四年刊）

手鞠　太田《おおた》玩鴎《がんおう》

閨閤邀春戯楽多　閨閤《けいかふ》　春を邀《むか》へて　戯楽《ぎらく》多し
殊憐手鞠簇嬌娥　殊に憐む　手鞠　嬌娥《けうが》を簇《そう》すを
斜廻玉臂摂長袖　斜めに玉臂《ぎよくひ》を廻《めぐら》して　長袖を摂し
軽囀朱唇唄艶歌　軽く朱唇を囀《てん》じて　艶歌を唄ふ
綵線纏環花妬繍　綵線　纏環《てんくわん》　花　繍《しう》を妬《ねた》み
柔綿団搏雪飛波　柔綿　団搏《だんぱく》　雪　波を飛ばす
賭来三四還千百　賭《と》し来りて　三四　還《ま》た千百

不許猫児窺弄他　許さず　猫児の窺ひて他を弄するを　（玩鷗先生詠物百首、天明三年刊）

以上のように、江戸の和歌・狂歌・俳諧・漢詩で「手まり」は題材としてかなり用いられている。そのことと良寛は無関係だったのかと言えば、おそらくそうではないだろう。

良寛は孤高を守って暮らしたとはいえ、江戸後期という時代と無縁に生きたわけではない。その時代の風潮は多かれ少なかれ彼に影響を及ぼしたのだと思われる。

つまり、〈童心を保って子供らと遊びに興じる聖人像〉というイメージが訴えるところの、純真で童心を保った心から手まりの歌を詠んだというだけでなく、生活のなかで身近な非伝統的題材を詩歌に詠むことが自然なことであるという文芸思潮の影響もあって、「手まり」を歌に詠んだのだと、そうは言えないだろうか。そして、このような切り口を見出すことによって、従来指摘されなかった側面も見えてくるのではないか。

これまで良寛といえば、伝統や当代から自由であった、俗塵にまみれずに一人清らかさを保ったというような評価をされてくることがほとんどであった。そのことだけを見据えていたのでは、従来の聖人観から脱け出せないだろう。聖人観を全肯定する立場の人にとっては、この点に疑問は感じまい。しかし、文学作品の鑑賞に先立って聖人観というものを抑制したいと考える立場に少しでも理解を示そうとするなら、まず伝統からの自由というような従来のうたい文句をできる限り排除して、伝統性や時代性へ結びつけていくことが必要になってくるのではないか。

もちろん江戸的表現としてある種の相対化を行なうことだけによって、良寛の和歌が捉えられると思うのは間違いである。だから、今の提言はあくまで現時点での研究上のバランスの取り方の問題である。

（2）　その他の歌

〈私〉が強く感じられるものとしては、

鉢の子をわが忘るれども取る人はなし取る人はなし鉢の子あはれ

もそうである。「鉢の子」は托鉢をするときに持ち歩く鉢。誰からも一顧だにされない鉢の子をむしろいとおしいと言う背後には、強烈な自己への愛情を感じてしまう。もっとも、「鉢の子」も詩材としては新しく、「手まり」と同様の評価が可能である(この歌については後述)。

山かげの岩間をつたふ苔水のかすかにわれはすみわたるかも

にも、意識的か無意識かはともかくとして、「われ」への強いこだわりがある。「われはすみ」に「澄み」と「住み」が懸けられているわけだが、修飾されているのは自己へのこだわりなのである。同様に、

世の中にまじらぬとにはあらねどもひとり遊びぞ我はまされる

にも、「われ」への強いこだわりがある。

また、有名な、

紀の国の高野のおくの古寺に杉のしづくを聞きあかしつつ

たらちねの母がかたみと朝夕に佐渡の島べをうち見つるかも

にしても、「聞きあかしつつ」「うち見つるかも」といった動詞の背後にこれも強く「われ」を感じ取ることができると思われるのである。

自己主張があることは、むしろ近代の先駆的価値として前向きにも捉えられるものである。しかし、ここで論じたようにそういう自己主張が〈物語〉を作り出して、作品の文学表現という枠組みから〈うた〉そのものが外在してしまうことにつながる。

個人的には、

むらぎもの心楽しも春の日に鳥のむらがり遊ぶを見れば

のような、二句切れによる「平易のようで用意のあるよみぶり」[6]などの方が好ましく思われる。良寛は技巧的な歌人としてもっと評価されてもいいのかもしれない(後に詳しく述べる)。

四　ひとまずのまとめとして

結局のところ、ここでの問題意識は、良寛の人生を先に知った人が、良寛の〈うた〉をその人生への知識抜きで本当に読むことができるのかということである。人生という〈物語〉に引き寄せられないための評価軸として、詩材の変遷という時間軸を導入してみたらどうかというのが私の提案である。ただし、良寛の〈うた〉を良寛伝説という〈物語〉から剝離させるのはなかなか難しいことなのである。それに比べて、〈うた〉と〈物語〉が混在する様子をそのまま享受して、それら全体を味わえばよいという考えは、わりと容易に設定されがちであろう。そもそも『伊勢物語』はそのようなものだし、小町、西行にも似たような性質が見出せる。ただし、個人的にはもう少しこのことに拘泥してみたい。

最低限言いたいのは、良寛享受はもっと多様であってよいということである。いつも一様の評価しかなされない傾向があるのは良寛の歌にとっても不幸なことだと思う。

五　良寛の古歌摂取

（1）伝統と個性

さて、ここからは今まで述べてきた論点を、さらに良寛の歌々を取り上げながら、古歌摂取という点に着目して、別の角度から確認してみたい。

良寛の歌の生成過程について、良寛研究の最高到達点のひとつとされる吉野秀雄の著『良寛』（筑摩叢書、一九七五年。ちくま学芸文庫、一九九三年。以下、吉野の言はすべて同書による）では、次のように述べられている。

実事（生活・経験・矚目何でも）→それが呼び起こす古語的表現→伝統の中に没し去ったかのごとき外観→はからずもかがやく良寛調の個性、この公式は良寛歌中の秀作には常にあてはまると断言することができる。

ここで問題にしたいのは「伝統の中に没し去ったかのごとき外観→はからずもかがやく良寛調の個性」という部分をどう判断するかという点である。「良寛調の個性」を重視すれば、この矢印の行為は、良寛が古歌を超克したということになるのだろう。ただし、「伝統の中に没し去ったかのごとき外観」が度を越えると、通常の場合むしろ負の評価が与えられることになる。吉野の「良寛歌中の秀作」はどの程度を指してそれと言っているのだろうか。個人的にはその点をもっと厳密に見極めたいと思うのである。

さらに問題を難しくしているのは、先に述べたように、良寛の場合、〈うた〉の背後に「すばらしい人格者だ」という〈物語〉が深く関わっていて、〈うた〉そのものの特質を純粋に抽出することがきわめて困難だという点である。

（2）　古歌摂取

〈うた〉を〈物語〉から引き離し、それ自体を文学表現として見るにはどうしたらよいのだろう。そのためには、ことばそのもののありかたをとにかく個別に押さえていくことしかないのだろう。そこで先に触れたように、良寛の古歌摂取のありかたに着目し、古歌と比較しつつ、良寛歌はどのように評価されるべきかを考えていくということが一つの方策として想定される。すばらしい人格者だという〈物語〉と密着してしまう良寛の〈うた〉の不思議な魅力を解き明かすためには、古歌という臓器を腑分けしつつ、良寛の心臓を取り出してみる必要があるのである。もちろん臓器ひとつひとつが立体的に組み合わさって良寛歌という一つの身体はできあがっているのだから、個々の臓器にのみ着目するようなやり方には限界がある。しかし、従来あまりに〈うた〉と〈物語〉が混在しすぎる〈あるいは、させられすぎる〉まま今日に至っている良寛受容のありかたに取りこまれないようにするには、古歌摂取について検討することはある程度有効な方策だと思う。以下、良寛歌はすべて『布留散東《ふるさと》』に収められているもので、本文は原則として『日本古典文学大系、近世和歌集』(岩波書店)により、私に漢字を当てた。なお、良寛と古歌の関係については横山英氏の一連の研究[7]をはじめ多くの先行研究があることも申し添えておく。

さて、早速具体例に入りたい。たとえば次の一首を見てみよう。

秋山をわが越えくればたまほこの道も照るまで紅葉《もみぢ》しにけり

この歌は、「道も照るまで」以外は『万葉集』を典拠とする。「わが越えくれば」「紅葉」は、

大坂を我が越え来れば二上にもみち葉流るしぐれ降りつつ　(万葉集・巻十・作者未詳)

により、一首の景にも似通うところがある。「紅葉しにけり」は、

我が衣色どり染めむ味酒三室の山は黄葉しにけり　（万葉集・巻七・人麻呂歌集）

による。「秋山を」越えるというのは、

二人行けど行き過ぎ難き秋山をいかにか君がひとり越ゆらむ　（万葉集・巻一・大伯皇女）

が意識されているのである。枕詞「たまほこの」も『万葉集』によく見られる。

この歌については吉野も、

「道も照るまで」が実感の写実的表出で、何ともいえずいい。

と述べて、一定の評価を与えている。「実感の写実的表出」かどうかはともかく、「道も照るまで」はこの一首のなかで印象的な表現たりえていて、決して見過ごすことのできない作品となっていよう。古歌を腑分けしていって、心臓に辿り着けたと言ってよいのかもしれない。

では、次のような一首はどうだろうか。

ふるさとへ行く人あらば言づてむ今日近江路をわれ越えにきと

発想としては、

便りあらばいかで都へつげやらむけふ白河の関は越えぬと　（拾遺集・別・平兼盛）

を踏まえている。また下の句は、

（上略）近江路の逢坂山に手向して我が越え行けば（下略）　（万葉集・巻十三・穂積老）

も意識しているのかもしれない。そして、上の句はすべて、

ふるさとへ行く人あらばことづてむけふ鶯の初音ききつと　（後拾遺集・春上・源兼澄）

によっている。特に『後拾遺集』兼澄歌の摂取の仕方は、やや無造作に過ぎるのではないかと思われる。冒頭に掲げ

た吉野の図式を借りて言うのなら、「伝統の中に没し去った」もののように感じられるのだ。

そもそも本歌取りをどんなに指摘しても、一方に、同じことばを取ったからといって精神までが同じわけではないという論理が強固に築き上げられていれば、その歌人の独自性を言うことは可能である。そして、当然のことながら、そこにも真実は含まれている。

古歌を摂取しつつ、かつそれに束縛されることなく、吉野の言う「良寛調」を獲得した歌もあったろう。また、そうではなく、技巧的にやや落ちる素朴な切り貼りになってしまっているものもある。吉野自身もある程度それは認識していたと思うが、とにかくそれを峻別するところからしか良寛歌の本当の意味での評価は出発できないだろう。

もう一首挙げてみよう。


来てみればわがふるさとは荒れにけり庭もまがきも落葉のみして

これは、

むかし見し妹が垣根は荒れにけりつばなまじりの菫《すみれ》のみして　（堀河百首・藤原公実）

に一首の雰囲気は似ていて、「庭もまがきも」には、

里は荒れて人は古《ふ》りにし宿なれば庭も籬《まがき》も秋の野らなる　（古今集・秋下・遍照）

が意識され、一首の雰囲気という点でも参考となる。また、

人すまずあれたる宿をきてみればいまぞ木の葉は錦おりける　（後撰集・冬・藤原仲平）

なども意識されたかもしれない。「わがふるさと」には、

心ゆも我《あ》は思はずきまた更に我が故郷に帰り来むとは　（万葉集・巻四・笠女郎）

という例が『万葉集』にある。

吉野は、『堀河百首』『古今集』などの影響を認めつつ、「それでいて(この歌は)誰が見ても良寛調を呈していることを特色とする」と言う。古歌と比較してみた場合、この歌はあけすけなほどシンプルで、古歌の世界との二重写しを企図する本歌取りというものに対して通例抱く概念からすると、やや物足りない(そのように、本歌取りが歴史的に持ちえていた技巧的な視点から良寛歌を裁断しようとする姿勢自体に対する反論は容易に想像されるが、ひとまずその点には深入りせずにおきたい)。しかし、この素朴さこそが、良寛の歌にある種の力――〈物語〉をまとわりつきやすくさせる力――を付与しているし、そういった点が文学としての享受を拒絶するような働きをしてもいる。

(3)〈うた〉と〈物語〉

さて、本歌取りの作品を別の角度からもう少し挙げておこう。

あしひきの黒坂山の木の間より洩り来る月のかげのさやけさ

この歌は、三句以下が、

木の間より漏り来る月の影見れば心尽くしの秋は来にけり　(古今集・秋上・読人不知)

秋風にたなびく雲の絶え間より洩れ出づる月の影のさやけさ　(新古今集・秋上・藤原顕輔)

によっており、やや無造作な摂取ではないかと思われるものである。ところで、吉野はこの歌について、良寛歌も下句がすべりすぎている。ただ「黒坂山」という固有名詞の感じさせる実感が悪くない。

と言っている。後半のように思ってしまうのは良寛個人の人生への過剰な思い入れが和歌表現自体の鑑賞に先行しているからではないだろうか。「黒坂山」は諸説あるが、谷川敏朗氏の説(岩波古典大系所引)によれば富山県倶利伽羅にある山であり、良寛にまつわる〈物語〉と密接な場所なのである。

もう一首挙げてみよう。

月夜善み門田《かどた》の田居《たゐ》に出てみれば遠山もとに霧たちわたる

「門田」は『万葉集』に例があり、「霧たちわたる」も『万葉集』に例が多い。「遠山もと」は、

ふけぬるかこの里人は音もせで遠山もとに衣打つなり　（玉葉集・秋下・九条道家）

などに例がある。

吉野は、

逢坂をうち出でて見れば近江の海白木綿花に波立ち渡る　（万葉集・巻十三・作者未詳）

との類似を指摘し、

似たところがあるようでいて、ひどく違ってもいる。良寛の歌は三句まで伸びていって「見れば」となるが、万葉集の歌は第二句にすでに「見れば」が出、しかもその句が八音で強い。言葉は似ていても、良寛の歌調はよわよわしい。が、またそこに彼の個性がひそんでいるのだ。「遠山もとに」は玉葉集に「遠山もとに衣打つなり」がある。こういう句を心にとめ、いつしか自分の語彙と化していたのが、また彼の個性でもある。いうまでもないが、良寛はただ月夜の遠霧を目に見て把握し、ひたすらこれをいいたかったまでのことである。

と述べている。最後の部分のような言い方によって、『玉葉集』摂取の意味は極めて限定的なものとなり、逆に良寛の〈うた〉を〈物語〉へと導いていくということになって、迷路に入りこんだ気分にさせられる。典拠の指摘と歌全体の分析の間に唐突な飛躍があると思うのである。それは「月夜の遠霧を目に見て」いる良寛像への感動が、歌全体の評価に先行するからこその出来事ではないか。

くり返しになるが、吉野の言う「良寛調」が示す内実には、〈うた〉以外に〈物語〉も含まれてしまうことを、どうし

ても思わざるを得ない。〈物語〉があるから〈うた〉も許される、そういうニュアンスで「良寛調」は語られてしまっている。もっとも、

たが里に旅寝しつらむぬばたまの夜半《よは》の嵐のうたてさむきに

という良寛歌について吉野が、関連する逸話として、「良寛の草庵に乞食が物乞いし、良寛が古布子か何ぞを脱いで与えたという事柄がおもしろい」ものの、

歌はつまらない。

とするような例もあり、吉野にも〈物語〉をおもしろがりつつ〈うた〉と区別しようとする姿勢があることも指摘しておくべきだろう。ただし、歌人吉野の厳しい批評眼をも乗り越えて〈物語〉は溢れ出てきている。それほどまでも〈物語〉の力は強い。

（4）体験と観念

〈うた〉と〈物語〉ということに関連させつつ、もう少し述べてみたい。

さびしさに草のいほりを出てみれば稲葉おしなみ秋風ぞ吹く

下句は、

たびねして暁がたの鹿のねに稲葉押しなみ秋風ぞふく　（新古今集・羇旅・源経信）

による。また、

寂しさに宿を立ち出て眺むればいづくもおなじ秋の夕暮　（後拾遺集・秋上・良暹）

も参考歌とすべきだろう。さらに吉野は、第四句の異同に「稲葉うごかし」とあることから、

君待つと我《あ》が恋ひ居れば我が屋戸の簾動かし秋の風吹く　（万葉集・巻四・額田王）

との緩やかな関連を見る。なお、「草のいほり」は、

むかし思ふ草の庵の夜の雨に涙なそへそ山ほととぎす　（新古今集・夏・藤原俊成）

など用例は多い。

吉野の指摘はやや長いが、重要なのでここに掲げておく。

良寛はこの二者（新古今・経信歌と後拾遺・良暹歌）を一つにして、ただ「宿」を「草のいほり」に変えただけのような観がある。これでいいものであろうか。わたしはこれでいいと断ずる。なぜなら、良寛の歌は後拾遺・新古今の二首よりも作品として上等であり、万葉の秀歌の前にはとてもかなわぬが、それとはまた違った特有のしなやかな哀切さを徹らせ、みずからの独立を主張し、良寛調の個性を明瞭に備えているからだ。さらにいえば、後拾遺歌の下句は、抽象的・観念的ではなはだたよりない。新古今歌の上句と下句は、関聯が曖昧で、善意に観てもこしらえごとに過ぎない。これらに反して良寛の歌は、「草の庵」はもとより、「稲葉」も「秋風」も目の前の現実をあるがままに採って来ている。同じ言葉を用いても、精神が別である。そして順直な精神によって駆使される時、言葉は俄然面目を改め、生彩を帯びずにはおかない。この一事を別にして、どこに作歌の秘密などがあろうか。

まず問題にしたいのは、「良寛の歌は「草の庵」はもとより、「稲葉」も「秋風」も目の前の現実をあるがままに採って来ている」とあるが、どうしてそう断言できるのかということである。吉野秀雄という一人のすぐれた歌人の感性がそう言わしめるのかもしれないが、ここに良寛受容の大きな問題点がある。すなわち、良寛は観念的でなく、身近な体験を通してのみ歌を詠んだというような〈幻想〉が強く存在している。しかし、それは歌人の想像力に対する過小

評価ではないか。良寛も体験ばかりで歌を作ったとは到底思えないし、またそう考えるべきではないと思うのである。そして、体験、現実といった要素に偏らず、ことばの問題に比重を置いてみた場合、「特有のしなやかな哀切さ」という評価にはやはり首肯し難い。

（5）同時代へ

ここまで〈うた〉と〈物語〉の融合性とその峻別の意義、また困難さについて述べてきたが、ではそのような隘路を克服するにはどうしたらいいのか。すでに指摘したことであるが、同時代と関連させつつ良寛を文学史へ結びつけていくことしか方法はないと思われる。

たとえば次の一首。

鉢の子をわが忘るれども取る人はなし取る人はなし鉢の子あはれ

「取る人はなし」は、

誰がために引きてさらせる布なれや世を経て見れど取る人もなき　（古今集・雑上・承均）

による。

「鉢の子」は、托鉢のための鉢。相馬御風が「大切な托鉢の道具であるところの鉢の子を道ばたに忘れて来て、取りに戻って見ると、ちゃんともとの場所にあつた」（『良寛百考』厚生閣、一九三五年）と述べるように、〈物語〉性を喚起する〈うた〉である。井本農一氏[8]は次のように述べて、〈うた〉に伏在する〈物語〉の問題について指摘する。

鉢の子はいうまでもなく応量器で、托鉢の僧侶が持って歩く鉢である。右の三首（引用者註・右の一首を含む）はどれもいかにも良寛らしい味のある、おもしろい歌である。だが、これらの歌はある程度良寛その人の生活を知っていなければ理解し難いであろう。良寛という人を背景にしなければそのおもしろみのわからない歌であり、歌としては、それだけでは独立性の乏しい現実性を欠いた歌である。そういう主観的な傾向は、詩の場合にもあったが、歌にも同様にある。

ここで〈物語〉に取りこまれないためには「鉢の子」という素材の特質に着目する必要がある。「鉢の子」は和歌では詠まれて来なかった非伝統的な歌材である。しかし、太祇《たいぎ》に「鉢の子に粥たく庵も若菜かな」「鉢の子ににえたつ粥や今年米」(太祇句選)とあるなど(9)、江戸の俳諧でも題材として取り上げられている。つまり、この歌の成立は、良寛がその〈物語〉に即して語られているような、「鉢の子」への純粋な気持ちにのみ起因するのではなく、「鉢の子」という非伝統的な素材をも詩歌に取り込もうとする同時代の文芸の傾向にも促されたものなのである。そう考えることで、この歌は〈物語〉の呪縛から少しでも自由になれる。

(6) 良寛の技巧

同時代へという回路は、素材の比較を通じてということにとどまらない。これまで良寛の歌は特別視され、彼の生きた時代の和歌とは切り離され孤立する形で取り上げられることが多かった。しかし、同時代の歌々との比較はさまざまな角度からもっと積極的になされてよいと思う。たとえば、次の一首。

ぬばたまの夜はふけぬらし虫の音もわが衣手もうたて露けき

この歌は、枕詞「ぬばたまの」を冠して「夜はふけぬらし」とし、初、二句目で夜更けという時間をまず言い、そのあと「虫の音もわが衣手もうたて露けき」と、そこでの状況を説明する。ところで、同じように「夜はふけぬらし」という表現を用いても、賀茂真淵《かものまぶち》の、

さよ中と夜はふけぬらし我が宿の庭に霜おきてさゆる月影　（賀茂翁家集）

を見てみると、やはり下句を中心に状況説明がなされているが、霜と月とが映発し合うこの光景は、良寛のそれに比べてだいぶ緻密なものになっている。窪田空穂が「平凡な事象を謂はゆる粘つて、食ひ下つて云つてゐる所は、平凡に似てゐて平凡ではない」（新田寛『近世名歌三千首新釈』〈厚生閣、一九一六年〉に引用）と述べているように、描写への細かなこだわりが感じ取れるのである（なお、上の句は『万葉集』歌による）。本居宣長や木下幸文《きのしたたかふみ》の「夜はふけぬらし」を用いた例歌も挙げてみよう。

妹が手にならすくしげのふたがみに月かくろひぬ夜はふけぬらし　（鈴屋集、寛政十〈一七九八〉～十二年刊）

本居宣長

玉ぼこの大路とよもし行人もしづかになりぬ夜はふけぬらし　（亮々遺稿《さやさやいこう》）

木下幸文《きのしたたかふみ》

宣長の歌は、上句が「二上山《ふたがみ》」を導き出すための序詞、「櫛笥《くしげ》の蓋《ふた》」と「二上」が懸詞になっている。幸文の歌、「とよもし」は音を響かせる意。これらと比べても、良寛の歌の「虫の音もわが衣手もうたて露けき」はくり返し述べているようにシンプル過ぎると思われるのだ。

もう一例挙げてみよう。

賤が屋の垣根に春の立ちしより若菜つまむとしめぬ日はなし

この歌の下句は、

あすからは若菜つまむとしめし野に昨日もけふも雪は降りつつ　（新古今集・春上・山部赤人）

によっている（『万葉集』では、「明日よりは春菜摘まむと」になっている）。「若菜つまむと」という歌句を持つ、江戸後期の和歌としては、たとえば次のようなものがある。

木下幸文

野辺見れば雪まおほくぞ成りにける若菜摘まむと思ふけふしも　（亮々遺稿）

松平定信《まつだいらさだのぶ》

夜もあけばわかなつまむと若がへる老のねざめの春のあけぼの　（三草集、文政十年〈一八二七〉刊）

熊谷直好《くまがいなおよし》

はるの野に若菜摘まんときて見れば浅沢水はいまだ氷れり　（浦のしほ貝、弘化二年〈一八四五〉刊）

幸文の歌は雪間の多い野辺、直好の歌は浅沢沼に張った氷というように光景が具体的であるし、定信の歌は邪気を祓う若菜に我が身の若返りをよそえるもので趣向がはっきりしている。それに比べて、良寛の「賤が屋の垣根に春の立ちし」というイメージは、漠然として捉えどころがない。

伝統的な歌ことばの世界に規範を置きつつ、自らの一首を彫琢するべく技巧を凝らしていく、この時代の専門歌人たちのありかたを基準にした場合、良寛の歌は物足りないし、高い評価が与えられることはないと思われる。主として万葉的な世界からの摂取が認められるものの、古典世界との対峙の仕方はあまりに無造作なのである。しかし、素朴で漠然とした歌を詠んだことで、人々はそこに〈物語〉性を投影させることが容易になり、やがて彼の存在は伝説となっていった。そういうことのすべてを彼が意識して計算通りやれたとは思えないが、しかし、〈うた〉のなかで〈良寛〉という〈物語〉を演じようとする意識が全くなかったとも到底思えない。そして、そのように演じることを可能にしたのは、彼の強烈な自意識であった。

自分を演じるという点で、良寛は十分技巧的だった。いわゆる古典和歌の技巧とは違う次元で、良寛歌の技巧はもっときちんと見定められるべきだと思う。

（１）『解釈と鑑賞』一九九三年十月号
（２）鈴木貞美『「生命」で読む日本近代』（ＮＨＫブックス、一九九六年）など。有光隆司氏ご教示。
（３）長谷完治「良寛の人と和歌」（『和歌文学講座８　近世の和歌』勉誠社、一九九四年）
（４）吉野秀雄『良寛和尚の人と歌』（彌生書房、一九七三年）
（５）鹿児島徳蔵『良寛の手毬と鉢の子』（文化書房博文社、一九八一年）
（６）『日本名歌集成』（學燈社、一九八八年、担当・藤平春男）
（７）横山英『良寛私考』（短歌新聞社、一九八一年）の巻末に氏の主要な業績が列挙されている。
（８）『詩人良寛』（美和書房、一九四六年。講談社学術文庫にも『良寛』として所収）
（９）他に「鉢の子に木綿をうくる法師哉」（曠野・卜枝）、「鉢の子もなまぐさい日や夷講」（蘿葉集・也有）、「施す米は鉢の子の富士」（篗纑輪）、「諸国の秋を貰ふ鉢の子」（誹諧童の的）などの用例もある。

【付記一】　ここでは、ともすれば吉野の言を引き合いに出して失礼な言い方を重ねてしまったが、それだけ吉野の業績が良寛研究において重要なのであり、むしろ大きな敬意と深い感謝の念を捧げたい。
【付記二】　同様の問題意識は一茶についても当てはめることができるだろうが、それについては堀切実「小林一茶」（解釈と鑑賞、二〇〇〇年五月）が論じている。

第三章　聴覚世界の拡張

第一節　都市空間江戸に響く音声

一　はじめに

江戸時代の音というと、個人的に印象に残っているのは、『西鶴諸国咄』(貞享二年〈一六八五〉刊)の「不思義のあし音」に出てくる、足音によってその人物の特性まで言い当てることのできる男の話である。これは、『諸国咄』に出ているくらいだから、かなり特殊な出来事としての認識がなされているのだろうが、しかし、現代のさまざまな生活環境によって五感を研ぎ澄まさなくても生きていかれる、というよりはむしろ五感を麻痺させられるような状況に生きざるを得ないわれわれよりも、はるかに自分自身の感覚を頼りにして生きてきた江戸人が、音声への感覚においてまさっていたことは想像にかたくない。ここでは、彼らが詩歌のなかでどのような音を表現し、そのことが前時代までの詩歌とどのように区別されるものであったかについて、若干の考察を加えたい。

音声の研究といえば、いまや「サウンドスケープ」という名を広めたことですっかり有名になってしまった、マリー・シェーファーの『世界の調律』(一九七七年。日本語訳版、平凡社、一九八六年)があり、また日本では「サウンドスケープ」を「音風景」と捉え俳諧研究に焦点を絞った堀切実『芭蕉の音風景』(ぺりかん社、一九九八年)が、音声と文学との関係について魅力的な視点を提示してくれた。田中優子『江戸の音』(河出書房新社、一九八八年)は音曲を中心に扱っており、動物の鳴き声に限定しての論としては、山口仲美『ちんちん千鳥のなく声は』(大修館書店、一九八九年)もあり、いずれも有益な江戸の音声論として受け取られるべきであろう。(1)

ここでの目論見をもう少し具体的に述べておくと、江戸という都市空間が生じたことで、そこに住む人々の聴覚がどのように研ぎ澄まされていったかについて、文学表現の問題として考えてみたいと思う。というのも、『世界の調律』を読んでもわかるように、人々を取り巻く環境によって、そこにいる人たちが聴くことのできる音声が明らかに違うからである。江戸という都市が生み出した音声とはどのようなものであったのかを考えることで、その聴覚的な感性をも知る手がかりを得られるはずである。

二　自然の音

ところで、聴覚的な残滓を江戸詩歌から拾い出してみようとして、その用例を検してみると、比較的多くあって目につくのは、鳥や虫の鳴き声を聴くというものである。

上野の岡に郭公を聞きて　　巨勢利和
むかつをの上野の奥の杉むらを過ぎがてに鳴くほととぎすかな　(大江戸倭歌集、万延元年〈一八六〇〉刊)

平塚落雁　　良時
おちくるもあさるも見えて平塚の里の早稲田を雁の鳴くらむ　(飛鳥山十二景詩歌、元文四年〈一七三九〉成)

図6 『江戸名所図会』道灌山聴虫

平塚は、今の北区田端・上中里・西ヶ原の辺りである。

鳥獣虫魚の類が鳴き声を響かせるのを鑑賞するということ自体は、いちいち用例を挙げるまでもなく、万葉の時代からあった。『古今集』では、歳時意識の高まりや年中行事の様式化によって、鶯、蛙、郭公、鹿、虫は特にその鳴き声が愛でられるという美意識が確立する。鶯が梅の枝に「飛びくく、立ちくく」するなどその姿も多く詠まれたりしているが、全体にはこれら動物たちへの視覚的な把握は稀薄であって、聴覚的な認識こそが主であったと言わねばならない。姿そのものが具体的に喚起するイメージではなく、鳴き声によってその動物の存在がほのかに知られるような抒情的な想像力こそが日本的美意識の原点なのである。その命脈は、江戸詩歌においても保たれている。

もちろん、右の歌々は江戸の地での詠なので、新たな歌枕との結びつきという意義は認められる。古い衣装をまとった郭公や雁が新しい場を得て、その景物が本意として持っていた共同性を発揮することで、新たな江戸の歌枕に感興をもたらしてくれる。

なお、すでに旧稿(2)で述べたことだが、虫ならば虫それ自体を詠むのではなく、虫籠という器に捕われて室内にあるそれを詠むというように、生活空間のなかの自然といった自然把握も江戸時代になると数多くなされていくようになる。虫の音も、野原で楽しむだけでなく、虫籠に捕えておいて室内で改めて楽しむという生活様式が成り立ったことで、詩歌の世界にもその影響が及んでくるようになったのである。したがって、単純に虫の音を聴くといっても、虫籠のなかの虫の音を聴くのであれば、人間の生活意識により密着したものとして前代まではやはり区別されてよい。たとえば、

虫籠　　　　都久裳

籠ながら売《うら》るゝむしや江戸の秋　（類題狭蓑《さみの》集、天保十四年〈一八四三〉刊）

には、直接鳴き声ということは触れられていないものの、虫籠という物体が介在したことで、虫の音が生活空間に鳴り響くありさまが看取されて、都市空間独特の風情が醸し出されているのである。

また、和歌ではあまり扱われない景物の鳴き声について用例を拾うこともできる。

白鳥がないてさびれる根津の里　（誹風柳多留《はいふうやなぎだる》・四篇、明和六年〈一七六九〉刊）

上野の不忍池に白鳥が飛来するのは晩秋もしくは初冬。その頃の根津の岡場所は寒くなるせいもあって客が来なくなってしまうというのである。白鳥が鳴くのを表現するのは古典詩歌では極めて珍しい。

鳥獣以外にも自然音としては風や雨、川の音などがある。

神祠老杉　　守真

老杉不記幾星暦　　老杉は記さず　幾星暦

日夜帯風奏妙音　　日夜　風を帯びて　妙音を奏す　（諏訪浄光寺八景詩歌、享保六年〈一七二一〉以前成）

牛御前

これやみな雨を聞く人下すずみ　其角《きかく》　（五元集、延享四年〈一七四七〉刊）(3)

深川にとしくれて

川の音藪の起き臥しとしくれぬ　杉風《さんぷう》　（杉風句集、天明五年〈一七八五〉刊）

一首目「神祠老杉」は、諏訪神社（現在、荒川区西日暮里）にある。

これら自然音は、やはり中世以前の古典和歌にとって基調音と言うべきものであり、江戸時代でも根幹は不変であって、そこに当代的な意匠が凝らされているものと言える。

三　鐘の音

そして、自然の音に対置される人工的な音としてまず第一に挙げられるべきなのは鐘の音である。(4) 次のような句を見ていると、鐘の音はすでに江戸人の生活に密着した音として認知されていたことが知られる。

花の雲鐘は上野か浅草か　芭蕉

花は八重鐘は九つ東叡山　鶴郎

今年きく上野の鐘も時雨けり　白雄

春雨に声そそぎしか芝の鐘　双湖

上野・寛永寺、浅草寺、芝・増上寺の鐘が詠まれている。そもそも鐘によって都市空間を時間的に律することは、江戸時代に至って確立したのではなかったか。時の鐘の各都市への設置は一応江戸初期と見てよいのだろう。(5)

また、たとえば、次の二首を見てみよう。

太田道灌が別業日暮里にて　戸田茂睡《とだもすい》

夕霧に谷中の寺はみえずなりて日暮の里にひびく入相　（鳥の跡、元禄十五年〈一七〇二〉刊）

無縁の晩鐘　新井白石

不見烟中寺　烟中の寺を見ず

但聞烟外鐘　但《ただ》　烟外の鐘を聞く

江城秋色遠　江城　秋色遠く

落日隠高峯　落日　高峯に隠る　（白石先生餘稿、享保二十年〈一七三五〉刊）

無縁寺は回向院のこと。(6) 視覚が消失しても聴覚に響いてくるものは確かにあって、その存在を示してくれる。むしろ見えないにもかかわらず寺がはっきりと感じられることで、谷中や深川という空間がいっそう鮮やかに浮かび上がってくるのである。これら詩歌は、「春の夜の闇はあやなし梅の花色こそ見えね香やは隠るる」（古今集・春上・凡河内躬恒）の江戸版である。

鐘は江戸時代特有のものではないし、また都市のみにあるものでもない。(7) しかし、江戸時代に至って時の鐘が都市空間の基調音となり、都市がそこに存在することを示して空間に流れる時間を律したという点で、この場合やはり重視されるべきだろう。

これまで述べた自然音、鐘の音は、江戸時代より前の和歌にはしばしば登場するものである。指摘したような、江戸的色合いが付加されているにせよ、〈雅〉的な範疇には収まっていると言うべきかもしれない。それに対して、以下はむしろ〈俗〉と見なされるものである。

四　人の声

つづいて、人の声を取り上げてみたい。江戸より前の和歌でも、恋の辛さに泣く声や読経の声など人声は描写されている。しかし、江戸詩歌から拾える人声の特徴のひとつに、商業に密着した音声が挙げられる。

その好例としてたとえば、『狂歌才蔵集』（天明七年刊）から、

あら玉のとしたちかへるあしたよりまたれぬものはかけとりの声　　紀　躬鹿

を挙げよう。紀躬鹿は牛込に住した狂歌師である。この歌は、「あら玉の年立ち帰る朝より待たるるものは鶯の声」（拾遺集・春・素性）が本歌だが、優雅な鶯声を掛け売りの代金を取り立てる人間の荒々しい声に転換させるのは、まさに天明狂歌ならではの妙技である。

商業に関係ある人声のなかでも代表的なのは物売りの声である。(8) 江戸ではさまざまな物売りの声が響いていたことについては、たとえば三谷一馬の『江戸商売図絵』（中公文庫、一九九五年。『定本江戸商売図絵』立風書房、一九八六年）や、同じく三谷の『彩色江戸物売図絵』（中公文庫、一九九六年。『彩色江戸物売百姿』立風書房、一九七八年）などを見るだけでも容易に知られる。

そして、それを扱った詩歌については、たとえば雑俳『俳諧觿《はいかいけい》』（明和五年初篇刊）を繙くだけでも、

梅の外鮓《すし》売声に薄月夜　（鮓売り）

鮓売の一声宛に灯がとほり
七色の声は段々たうがらし　（七味唐辛子売り）
張文庫屋も晴天の声　（文庫売り）

というように用例がいくつも拾い出せるし、他にも、

扇売　　　　　奥政

春に今朝あふぎあふぎとよびこみて松と竹との枝かはしませ　（万載狂歌集、天明三年刊）
読み売りは何をふんだかうたをやめ　（誹風柳多留・三十一篇、文化二年刊）
鯉売りが声に汗なしすゞみ床　（誹諧広原海・二十二篇、元禄十四年刊）
長く呼ぶ樋竹売のとふる声　（ことだま柳、文久元年〈一八六一〉成）

というように用例には事欠かない。ここからだけでも、当時どれほどの物売りが巷にあふれ、それぞれの売り声が印象的に人々の心を捕えていたかが知られよう。江戸以前の詩歌では限られた美意識に規定された人声を描くのに対して、江戸時代のそれは趣を異にしていて、日常の町中に響く人間の声へと広く関心を向けていくのである。

もう少し例を挙げておこう。江戸下谷に隠棲した村田《むらた》了阿《りょうあ》の『市隠月令《しいんげつれい》』三月条には、

月末に至て簾売出。行春や一声青き簾売とはよくいひ得たり。

という記述がある。「行春や」の句の出典は『蓼太《りょうた》句集』（安永六年〈一七七七〉刊）。「青き」が「一声」と「簾」の両方にかかっている。簾売りには、「朔日のそらにひと声簾売」（誹諧童の的四篇、明和四年刊）という句もある。

さらに川柳をもう一例挙げる。

蚊帳うりはめりやす程なふしをつけ　（誹風柳多留・六篇、明和八年刊）

「めりやす」は長唄の一種で、しんみりとした情感が好評を博し、当時大いに流行した。蚊帳売りがそれを真似ているというのだ。物売り、長唄という、江戸に特徴的な事物が比喩の関係にあるところが面白い。

妙音耳をつらぬき萌黄の蚊屋　（誹風柳多留・一〇二篇、文政十一年〈一八二八〉刊）

声を売るやうに聞へる夏のかや　（誹風柳多留・一三〇篇、天保五年刊）

よばれたと見えてみじかい蚊帳の声　（柳筥、天明三年刊）

などともあるから、蚊帳売りの声は印象的だったのだろう。三田村鳶魚によれば、蚊帳売りの声が特に美声なのは、かつて説経節の上手な男が売り声に一工夫したことが遠因として考えられるのだそうである。(9)

物売りだけでなく、門付け芸人たちの声も、

鳥追

石部《いしべ》金吉《きんきち》

さみせんのあいにほういの一声はいづくの誰を呼子とり追　（万載狂歌集）

というように、音声が描写される。鳥追いの女性には供の男がついていて三味線の合間に「ほうい」と声をかける。擬音語を用いたりもしながら、人声を活写していくのである。江戸下谷に家塾を開いた藤森弘庵《ふじもりこうあん》の「江門節物詩」（春雨楼《しゅんうろう》詩鈔、安政元年〈一八五四〉刊）(10)にも、鳥追いについて、

献媚何曾分冷熱　　媚を献ずること　何ぞ曾て冷熱を分かたん

家家門巷送春声　　家家　門巷　春声を送る

と表現している。

また商売に限らなくても、たとえば「江門節物詩」では、撒豆（マメマキ）について、

撒豆家家雹声鬧　　撒豆　家家　雹声《はくせい》鬧なり

とある。「雹声」とはあられ、ひょうの降る音のようだとの意。また夏越の祓については、

柳外笑声青舫去　柳外の笑声　青舫去り

とあるなど年中行事における賑やかな声々も見出せる。

さらに、

夜そば切ふるへた声の人だかり　（誹風柳多留・初篇、明和二年刊）

という例は、寒いので蕎麦を買いに来た人が待っている時の声であり、このように町中のさまざまな人声が詩歌に描かれていくのである。

五　物質の音

ここでは、物質が出す音声ということでいくつかを取り上げたい。伝統的な和歌では、砧の音や鳴子などの美意識は確立しているものの多様性には乏しい。物売りの声とやや重複するが、ここでも商売によって発生する音というのをまず考えてみる。物売りの方は人間の声だが、この場合はそうではなく物質が立てる音である。

越後屋にきぬさく音や衣更　其角　（五元集）

「衣更」の季節には、綿入れを袷《あわせ》に着替えるが、その年の初袷を仕立てるため、人々は江戸随一の大店越後屋に殺到する。そのため絹を引き裂く音が表通りにまで響いてくるという、初夏ならではの句。許六《きょりく》は『青根が峰』（元禄十一年頃成）において、

今めかしき物を取出して発句にする事、以ての外の至り也。

と批判するが、その評価によって逆に句の斬新さが確認できよう。都会風と評される其角ならではの、音声によって都市の賑わいを鋭く描写する句である。

商売の音というなら、次のような作もある。賃粉切は葉煙草を刻む職人である。

　ふきがらをじうといわせるちんこ切　（誹諧柳多留・三篇、明和五年刊）

賃粉切は、煙草を一服吸って吸殻を傍に置いた水桶にぽんと落とす。高温の吸殻は水に入ると「じう」という音がすると言うのである。わざわざ水桶に落とすのは刻んでいる葉煙草に火を移さないようにとの配慮によるものである。つまりこの場合の「じう」は賃粉切の職業性と密接に結びついた音声なのである。もっとも、「湯にはいる時入道はぢうといふ」（誹風柳多留拾遺、寛政八年〈一七九六〉刊）の句もあり、「じう」は賃粉切とのみ結びつくわけではない。

つづいて、年中行事の奏でる物質音について例を挙げてみたい。

　薺《なづな》うつ江戸品川は軒つゞき　　成美《せいび》　（成美家集、文化十三年〈一八一六〉刊）

「薺打ち」は「七草打ち」とも言い、俎の上に七種粥に入る菜を載せ、「唐土の鳥が日本の土地へ渡らぬ先に七種なづな」と唱えながら、包丁や擂粉木・杓文字などで大きな音を立てて叩く、正月の行事である。それが「軒つゞき」の品川で鳴り響くことを詠んだ句である。やはり藤森弘庵の「江門節物詩」には、次のような表現がある。

　肉案丁丁万戸鳴　　肉案　丁丁　万戸鳴る
　斉眉捧粥未天明　　斉眉　粥を捧げて　未だ天明ならず

「肉案」は俎、「丁丁」は俎を叩く音の形容。「万戸鳴る」は、その騒々しい有様をよく言い得ている。

六　遊廓の音

都市のなかでも独特な華やぎを見せるのは遊廓だが、ここからもさまざまな音を拾うことができる。ここでの通奏低音は歌舞音曲の音色である。

たとえば市河寛斎《いちかわかんさい》の竹枝『北里歌《ほくりか》』(天明六年刊)には次のような作がある。

賞月楼褰翠帳高　　賞月の楼は翠帳を褰《かか》ぐること高く
秋寒玉架碧葡萄　　秋は寒し　玉架の碧葡萄
繁絃急曲方終夜　　繁絃の急曲　方《まさ》に終夜
不説清光数素毫　　清光に素毫を数ふるを説かず

「繁絃急曲」は三味線を激しくかき鳴らすこと。「繁絃急管」という表現もある。この場合、清掻《すががき》という、三味線の曲を言う(11)。清掻は、吉原の遊女たちが客寄せのため日没頃から店先で鳴らしていたものであり、吉原を象徴する音でもあった。それが部屋でも一晩中激しくかき鳴らされるなか、遊女たちは月見をするというわけでもなく秋の夜を過ごしているというのである。

そのような歌舞音曲について、『北里歌』では次のようにも表現する。

無端弾作相思曲　　端無くも弾き作す　相思の曲
添得琴心一段深　　琴心を添へ得て　一段と深し

は楽府の曲名「相思曲」を踏まえ、

図7　『江戸名所花暦』新吉原

一曲霓裳歌未闋　　一曲の霓裳《げいしゃう》　歌未だ闋《や》まず
紅雲深処度天孫　　紅雲深き処　天孫を度《わた》す

は「長恨歌」の「霓裳」(霓裳羽衣曲)を踏まえるなど、中国漢詩を典拠としつつ現実を描写しているのである。

そして、女性たちの笑いさざめく声々がなにより遊廓らしさを象徴する。これも『北里歌』の一首。「咲」は笑。

百花深院鎖春晴　　百花深院　春晴に鎖す
翡翠楼頭咲語声　　翡翠　楼頭　咲語の声
中有青松栽得好　　中に青松の栽え得て好《よ》き有り
出群新拝大夫名　　群を出て　新たに拝す　大夫の名

また、「新造の声は気海の辺から出」(誹風柳多留拾遺)は、新造の「きんきん声」[12]が気海(臍下丹田)から出ていると想像して、その声の魅力を生き生きと表現する。

もしかすると吉原を外界と区切るのはお歯黒溝なのではなくて、色街独特の賑やかな音声なのかもしれない。そして、その音は夜の遊びの時間が終わると同時に見事なまでに消失する。あとには祭りのあとの虚しくも寂しい静けさが残るのみである。

七　おわりに

以上、自然音、鐘の音、人の声、物質の音、遊廓の音、と触れてきた。

全体としては、これらの音が総体としてあるからここは江戸であるというように音が空間を規定していくと思われる。音によって都市空間を確認するとでも言えばいいのだろうか。もちろん、鐘の音、物売り、遊廓など江戸にのみある属性とは言い難く、いずれをとっても十分条件ではない。ただし、それらが質量ともに多くあって、より人工的な空間を演出する都市空間において、その特性を詩歌が切り出していく機能が発揮されているのである。ただし、新しい音声が生じたから詩歌にもそれが表われたというだけでなく、旧来の詩歌が取り上げなかった音声に詩歌内部の問題として目が向けられていったことこそが重要なのである。それは、和歌・漢詩に加え、俳諧・狂歌・川柳とさまざまな詩歌ジャンルが出揃ったことによって、詩歌として表現できる幅が広がったからこそ生じたことなのであった。旧来の〈雅〉的な詩歌が〈雅〉的な音声を描写するというような単純な詩と音との関わりだけでなく、漢詩が吉原の音を描写するように〈雅〉〈俗〉が交錯しもする。

そして、詩歌に外在する論点としては、商業・商売が巷に響く音声を変化させ、それが詩歌をも変質させていくことも注目される。

このように、内在的な理由と外在的なそれとが相俟って、結果的に種々雑多な〈俗〉の音声をも詩歌として表現しようとする意欲が人々のなかに生じ、従来の〈雅〉的な音声とともに時に両者が併存・融合しつつ、都市という回路を経て一定の秩序が与えられて、ひとつの交響曲を奏でていく。それがいわば江戸詩歌という交響楽団の成立なのである。

(1)『國文學』一九九九年二月号「近世文学の新局面」の「新ジャンルを開拓する」における十項目において「音声」(担当・西田正宏)も取り上げられている。近年では、『日本文学』一九九九年十月号の特集が「近世・残響する〈音・声〉」である。

(2)「虫籠の文学史」(江戸文学、一九九二年六月。『江戸詩歌の空間』森話社刊にも所収)

(3)この句と次の杉風の句は『江戸名所図会』の挿絵にも載る。

(4)『世界の調律』では「町から都市へ」の章で特徴的な音声として指摘されているなかに、「人間と神を結びつけると同様、社会的にはその共同体を引き寄せ、ひとつにまとめる」「求心的な音」としての教会の鐘の音がある。そして、「街や都市が夜の闇に包まれている時は、晩鐘の音と夜警の声が重要な音信号だった」とも言う。

(5)笹本正治『中世の音　近世の音――鐘の音の結ぶ世界』(名著出版、一九九〇年)

(6)この詩は『江戸名所図会』回向院条の挿絵にも載る。

(7)注(5)笹本書以外に、阿部謹也ほか『中世の風景』(中公新書、一九八一年)、峰岸純夫「誓約の鐘――中世一揆史研究の前提として」(都立大・人文学報、一九八二年)など。西洋史では、ホイジンガ『中世の秋』(一九一九年。日本語訳、創文社、一九五八年)、阿部謹也『甦える中世ヨーロッパ』(日本エディタースクール出版部、一九八七年)など。

(8)『世界の調律』は、産業革命以前のヨーロッパでは通りや仕事場はさまざまな声にあふれていたとして、特に呼び売り屋・音楽家・乞食らの声がある時は暴力的な騒音にもなりながら満ち満ちていたことを指摘する。

(9)三田村鳶魚「初夏の売り声」(改造、一九三三年六月。『三田村鳶魚全集』第九巻)

(10)停雲会「藤森弘庵「江門節物詩」注解　第一回〜第四回」(太平詩文、一九九八年一月〜十二月)

(11)揖斐高『江戸詩人選集』第五巻(岩波書店、一九九〇年)

(12)佐藤要人『川柳吉原便覧』(三省堂、一九九九年)

【付記】本稿の初出後、菅茶山の漢詩における物売りの声について、朱秋而「菅茶山の漢詩に表れた俳諧性」(和漢比較文学、二〇〇〇年八月)が論じている。また、武藤純子「初期浮世絵にみる「聴く」芝居情報」(浮世絵芸術、二〇〇一年三月)が、「視覚文化の浮世絵に、音曲つまり聴覚的な要素が描かれているものが多いこと」について論じている。

第二節　擬音への志向──蛙の声の描写

一　はじめに

景物とその特徴としての「本意」が、共通性と差異性とをともに紡ぎ出していくようなありかたが、古典詩歌の本質としてしばしば指摘されるが、ここでは〈蛙が鳴く〉という行為の歴史を素描することで、和歌を中心とした詩歌史を一つながりの流れとして把握したい。そして、その流れのなかで江戸詩歌が果たした役割の大きさについて言及してみたいのである。逆に言えば江戸詩歌をきちんと定位させることで、日本詩歌の流れが一つながりになれるとも言えるだろう。

蛙と言えば、私が子どもの頃、紅白歌合戦でダークダックスの「筑波山麓合唱団」という蛙の擬音語を基にした歌を聴いて、面白くてずいぶん真似をしたものだ。そうしているうちに今度は草野心平の詩集を教えてもらい、それも熱中して読んだ記憶がある。「るるり／りりり」（「おれも眠らう」）とか「ぴるるるるるっ／はつはつはつはつ／ふっふっふっふっ」（「蛇祭り大行進」）という擬音語の、奇妙だが何か人を魅きつける表現の淵源はどこにあるのだろうか。当時は考えもしなかったようなことだが、それをここで考えてみたい。

二　江戸時代以前素描

最初に述べたように、日本詩歌全体の流れを把握しておく必要があるので、江戸以前について略述しておきたい。まず『万葉集』についてだが、たとえば、

佐保川の清き川原に鳴く千鳥かはづと二つ忘れかねつも　（万葉集・巻七・作者未詳）

という歌があるように、蛙というのはその鳴き声が愛でられるものであって、そのことは、結局近代にまで受け継がれていく。それだけ、鳴くという行為は蛙詠にとって本質的、根源的な営みと言えるだろう。さらに、『万葉集』の蛙を考える場合に押さえておくべき点がふたつある。ひとつは、恋心との関わりであり、次のような例がある。

家人に恋ひすぎめやもかはづ鳴く泉の里に年の経ぬれば　（万葉集・巻四・石川広成）

朝霞鹿火屋《かひや》が下に鳴くかはづ声だに聞かば我恋ひめやも　（万葉集・巻十・作者未詳）

もう一点は、平安時代との関わりで押さえておくべきことだが、明日香川・佐保川・神奈備川・六田の川・吉野川・三輪川など、さまざまな場所で鳴き、特定の歌枕が形成されることがないということである。

つづいて、平安時代になると、

かはづ鳴く井手の山吹ちりにけり花のさかりに逢はましものを　（古今集・春下・読人不知）

という『古今集』歌が規範となって、〈蛙―山吹―井手〉という美意識が固定化されてくる。八代集においてということなら、『万葉集』では一例しか見られなかった山吹との組み合わせが十一例、『万葉集』には見られなかった井手の玉川との組み合わせが六例見られるのである。八代集において蛙が十六例であることからすると、かなりの高率であ

る。さらに、山吹という植物、井手という歌枕がともに蛙と組み合わさるものは五例もある。また、蛙の鳴く理由は『万葉集』での妻恋いとは異なり、春の終わりを惜しんで鳴くというように変化している。季節感がより鮮明に意識されるようになった結果なのだろう。

つまり平安和歌では、井手の玉川に山吹が咲く晩春の景を哀惜して鳴く自然物としての性格が蛙にはっきりと付与されるに至ったのである。動物、植物、歌枕が一組になって、晩春、惜春を彩る光景をことばの上で象っている。そして、『万葉集』にあった、妻を思って鳴く蛙という要素は、鹿にのみ残存したことで、鹿をめぐる美意識もまた固定化していった。

では中世になると、どうなるかというと、再びどこで鳴くかということについて工夫がなされるようになる。井手の玉川に限らず、苗代、池、田など、場所についての多様性が生じてくるのである。『六百番歌合』でも「堀江の蛙」という表現に対して「さも聞こえ侍らん」という判詞が見られるし、

ほのかなる霞の末の荒小田に蛙も春の暮惄むなり

という定家の歌に対して、判詞では「霞の末の荒小田には歌のすがたさびてこそは見え侍れ」とある。この「さびて」という指摘に見られるように、中世の蛙詠は精神的深化に伴う閑寂な趣が出てくるようでもある。なお、正徹《しょうてつ》がたくさんの苗代蛙を詠んでいることも特に注目される。

三　江戸時代の蛙詠

さて、古代以来の和歌的美意識にとっては、鳴いているという行為・状況がもたらす抒情性のみが要求されてきた

と思われるが、江戸時代に至ると、鳴き声の内実に目が向けられるようになる。すなわち写実的な姿勢が見られるようになったことに着目しつつ、しばらく江戸の作品を見てみたい。

（1）　江戸期の堂上

まず注目されるのは、江戸期の公家たちの作品になると、「～とや鳴く」という歌句がよく見られるようになることである。つまり、「～と鳴いているのだろうか」と詠むことで、蛙の鳴き声の内実を説明しようとする姿勢が見られるのである。それ以前にも、たとえば正徹の、

春の夜も初めはひとりまきの戸の水鶏《くひな》に似たる蛙なくなり　（草根集）

のように、蛙の鳴き声を水鶏に似ているとして、描写への姿勢が見られる場合もある。ただし、江戸期の堂上の方がより説明的な感じがするし、また用例も多い。具体的に作品を見ていきたい。頻出する「～とや(と)鳴く」という表現に傍線を付した。

田蛙　長仁
せき入る山田の水に散うかぶ花ををしとや蛙なくらん
田蛙　近衛《このえ》基熙《もとひろ》
春ふかく水せき入て苗代にをのが時とや蛙なくらん
田蛙　水無瀬《みなせ》氏信
夕さればまづ風わたる小山田に水まさるとや蛙なく声
田蛙　清水谷実業《しみずだにさねなり》
（新明題和歌集、宝永七年〈一七一〇〉刊）

春の色をみとしろ小田の蛙さへ神のめぐみはうれしとや鳴く

苗代蛙　仙洞（霊元院《れいげんいん》）

此比《このごろ》のなはしろ小田にせく水をまちえしことゝ蛙なくらん　（新題林和歌集、正徳六年〈一七一六〉刊）

四首目「みとしろ（御戸代）」は、神にそなえる稲を作るための田。「春の色を見」と懸詞になる。一首目には、晩春を惜しむという古今的美意識が残存しているが、他の歌々からは田に水が漲っていることへの期待感、つまり春の到来への喜びの気持ちを満喫するというニュアンスが、むしろ感じ取れる。このことは、中世後期の三条西実隆《さんじようにしさねたか》の、

田蛙

時しあれば山田の水の蛙もやとしゆたかなる春を知るらん　（雪玉集）

にも見られることなので、そういう傾向が江戸時代に至ってより顕在化したと言うべきなのかもしれない。

（2）江戸後期

そして、江戸後期に至るとさらに写実的な傾向は進む。蛙の鳴き声を具体的に描写しようとする姿勢が顕著になるのである。

たとえば、上田秋成の次の作品。

かはづ

夕されば蝦《かはづ》なくなり飛鳥川瀬々ふむ石のころび声して　（藤簍冊子《つづらぶみ》、文化二年〈一八〇五〉刊）

これは、蛙が「ころころ」と鳴くことと、石が「ころころ」転がることを言い掛けたもの。同巧のものとして、

蛙　荒木《あらき》田《だ》久老《ひさおゆ》

石ばしるきよき川瀬にころ〳〵ところび声して蛙鳴也　(紅塵《こうじん》和歌集類題、寛政二年〈一七九〇〉刊)

蛙　　石塚資元

せをはやみ小石ながるゝ鈴鹿川なくや蛙もころび声して　(類題鰒玉《ふくぎょく》集・三編、天保七年〈一八三六〉刊)

小石川　　井上文雄《いのうえふみお》

ころ〳〵と蛙なくなる小石川こゝにも井出の声はありけり　(江戸名所和歌集、元治元年〈一八六四〉刊)

などがある。蛙の鳴き声を「ころころ」などと描写してしまうところには、この時代の和歌が狂歌・俳諧から影響を受けてしまうことの不可避さ、いわゆる雅俗混融の状況も看取されよう。

他にも、蛙の鳴き声への写実の例を挙げる。国学者でもある橘守部《たちばなもりべ》は、

蛙

ふる雨にうかびていづる水の沫《あわ》のうたかたかたとなく蛙かな　(橘守部家集、安政元年〈一八五四〉刊)

と詠み、蛙を「かたかた」と鳴くとするが、ここではその擬音語は「うたかた(水泡)」との懸詞として導かれている。また、本居大平に学んだ国学者でもあった加納諸平《かのうもろひら》は、

夕蛙

さくら人今はとかへる島つ田のゆふとどろきや蛙なるらむ　(柿園詠草、安政元年刊)

と詠む。「夕とどろき」は夕方にどこからともなく聞こえてくる騒がしい音。藤原信実《のぶざね》に「帰るさの家路に急ぐ市に出て夕とどろきの民の声かな」(新撰六帖)がある。そのような蛙の声だというのである。

以上は鳴き声の内実を形容しようとする歌々と認めてよいだろう。これまでの伝統的な詠み方に対して新味を出していきたいとする姿勢と、より実感を重視するようになるという傾向とが合致して、今まで等閑視されてきた鳴き声

の内実という点に足を踏み入れたということなのである。

そのことについて、文芸思潮の面から一言だけ付言しておくと、江戸時代の中頃に、それまでの伝統的表現を踏襲しようとする古典主義的な詠作態度に対して、むしろ個人の実感を重んじていこうとする写実主義の台頭がなされていった。[1] それには、古典主義の行き詰まりという問題や、性霊《せいれい》思想の浸透などいくつかの要因が重なり合ってのことだったのである。したがって、蛙の鳴き声における写実性の獲得にも、背後にはそのような点が指摘できるのである。

図 8 『江戸名所図会』芭蕉庵

(3) 俳諧

ここで俳諧に目を転じておこう。

蛙について考える場合、これまで見てきたような和歌的世界における〈鳴く蛙〉に対して、芭蕉が、

古池や蛙飛込む水の音　(春の日)

と詠んで、〈飛ぶ蛙〉を提示したことは俳諧史的に画期的なことであった。[2] 『三冊子』(元禄十五年〈一七〇二〉成)の「水に住む蛙も、古池に飛込む水の音といひはなして、草にあれたる中より蛙のはいる響に、俳諧をきゝ付けたり」という指摘がその特質を端的に表わしている。詳しくは先行研究に述べられているので省略するが、ここに俳諧が和歌的伝

統を乗り越えようとする意気込みのようなものを感じ取ってよいのだろう。そして、飛躍を恐れずに言えば、そのような俳諧の意欲が和歌へもどこかで刺激を及ぼして、これまで述べてきたような江戸の和歌の転回がなされていったのではなかったか。

以上、和歌史の延長線上においても、また雅に対する俗としての俳諧の分野においても、蛙詠に対する転換が鮮やかになされており、蛙をめぐる詩歌史全体において、江戸という時代の果たした役割は極めて大きいと思われるのである。

四　近代へ

写実性を強めていった蛙詠が、その鳴き声を表現するに当たって独特さを一気に加速させていったのが近代である。まず斎藤茂吉には次のような印象的な作品がある。

死に近き母に添寝のしんしんと遠田のかはづ天に聞ゆる　（赤光）

「しんしん」という形容は、母に添寝する私の心と蛙の声のふたつを修飾している。母が召されようとする天にまで響きを伝えるかのように「しんしんと」蛙が鳴くのを聞いている私の思いは、自らの内側に「しんしんと」向かっていく。そういう思念的な感情を載せる器として、蛙の鳴き声の擬音が用いられていったのである。ここには、自分の五感を頼りに蛙の鳴き声を描出しようとする姿勢がはっきりと見て取れる。

あるいは近代俳句にも次のような作を見出し得た。

くゝと鳴く昼の蛙のうとましや　正岡子規

大原路やころ〳〵と昼蛙　　田中王城
山蛙けけらけけらと夜が移る　　臼田亜浪

そうして、草野心平の数々の詩が登場する。その独特な心象風景が擬音語の特異さと直結していることは言うまでもあるまい。

茂吉や心平らは創作主体の意識としては旧来の伝統にとらわれないところで発想しようとしているのであろう。それが近代的な意味での創作のありかたであったわけであるし、実際その方向性は作品においてある程度達成されている。しかし、万葉以来の詩歌史を辿ろうとする射程距離の長い視点を設定してみると、茂吉の「しんしん」や心平の「るるり」といった多様な擬音語への創意工夫は、鳴き声に着目し、その美意識の固定化から写実へと向かう大きな流れの一齣と見なすこともまた可能である。

とくに、江戸以後の鳴き声への写実性とそれ以前の情緒主体のありかたによって、この一筋の線は大きく二つの傾向に分けられるように思われる。つまり、江戸という時代がそれまでの伝統を引き継ぎつつ、新たな芽を蒔いたのだと。そういうふうにまとめることで、江戸詩歌のありかたを史的に意義付けてみたい。

(1)　揖斐高『江戸詩歌論』(汲古書院、一九九八年)が詳しく論じている。
(2)　復本一郎『芭蕉古池伝説』(大修館書店、一九八八年)など。最近では、この句について深沢眞二「蛙はなぜ飛びこんだか」(雅俗、一九九九年一月)が、芭蕉の最初の意図としては俳諧性に重きがあったとし、「人生のさびしさ」という評価は近代的すぎるとしている。

【付記】　本書校正の最終段階で、大岡信『日本詩歌紀行』(新潮社、一九七八年)が、秋成の「夕されば」の歌について「こちらの心を弾ませる力があって(中略)忘れがたい佳品」と評しているのに接した。

第三節　詩中の楽――江戸漢詩に描かれた楽器

一　楽器に寄せる愛着

浦上玉堂《うらがみぎょくどう》は、画家や詩人として知られているが、琴の奏者としても知られていた。二十二歳の頃にはすでに人に教えるほどであったらしい。備前池田鴨方藩に仕官した際、幕府の医官多紀藍渓から心越禅師系の琴を学び、『玉堂琴譜』の著述もあった。玉堂琴士という号も、明の顧元昭作の琴を入手したところ、それに「玉堂清韻」の銘があったことにちなんでいる。子の名前も春琴、秋琴であり、まさに琴に淫した生涯と言ってよい。

詩集『玉堂琴士集』(前集・寛政六年〈一七九四〉刊、後集・寛政九年以降刊)は、入矢義高『日本文人詩選』(中央公論社、一九八三年。中公文庫にも所収)によって大体を摑むことができるが、その詩集には「石を掃つて琴を弾ず」「水亭に琴を弾ず」「琴底に書す」「琴歌」というような題の作品が多く収められている。たとえば次のような詩からは、玉堂の琴への入魂ぶりがよく窺えよう。

玉堂鼓琴

玉堂鼓琴時　　玉堂　琴を鼓する時
其傍若無人　　其の傍《かたはら》に　人無きが若《ごと》し
其傍何無人　　其の傍に　何ぞ人無き

嗒然遺我身　嗒然《たふぜん》として我が身を遺《わす》るればなり
我身化琴去　我が身は　琴に化し去り
律呂入心神　律呂《りつりよ》　心神に入る
上皇不可起　上皇　起《た》たしむべからず
誰会此天真　誰か此の天真を会《え》せん

特に頸聯の「我が身は　琴に化し去り／律呂　心神に入る」とはすさまじいばかりの熱中ぶりである。なお、尾聯は、太古の帝王を今の世に生かすことができない以上、私の天真の心は誰からも理解されないだろうとの意。

玉堂以外にも、楽器に対して愛着を示した詩人は多い。以下、数例を列挙しよう(最初の三例は『江戸詩人選集』『江戸漢詩選』〈いずれも岩波書店〉によって知り得た)。

幕末の女流詩人梁川紅蘭《やながわこうらん》が詠んだ「琴を買ふ歌」の頸・尾聯は、次のようにある。

余之求琴年久矣　余の琴を求むること　年久し
何料一旦見尤物　何ぞ料《はか》らんや　一旦　尤物《いうぶつ》を見んとは
古気森然来衝人　古気森然《しんぜん》　来りて人を衝《つ》く
目悦心怡口若訥　目悦び　心怡《よろこ》び　口は訥《とつ》なるが若し
(紅蘭遺稿)

長く探していた琴についてようやく「尤物」(すぐれたよい物。逸品)を得た。そして、「古気森然」(昔風のおごそかなさま)たる器物に接し、喜びの余り口ごもってしまったのである。

紅蘭の夫星巌《せいがん》も「月琴篇《げっきんへん》」という詩を残しているが、その冒頭には、次のようにある。

摘阮《てきげん》は、吾が邦に未だ曾《かつ》て有らず。近ごろ商舶載せ来たり、一時争ひ玩《もてあそ》ぶ。戸に唱ひ家に弾じ、蟬と噪《さわ》ぎ鼎《かなへ》と沸《わ》

く、（下略）（星巌乙集・天保八年〈一八三七〉刊）

「月琴」は「阮咸《げんかん》」（形は琵琶に似、四弦・十二柱がある）から発達した楽器。「摘阮」とは「阮咸」を弾くことである。舶来のそれは「争ひ玩ぶ」ほどのものであった。

また、「江戸の人、老盲女」で号を紫琴という、箏（十三弦の琴）を弾く人物が、田能村竹田《たのむらちくでん》のいる九州まではるばる教えを乞いにやって来た時に贈った詩が、『竹田遺稿』に載っている。

抛将性命付朱絃　性命を抛将《はうしやう》して　朱絃に付す
流転離家已十年　流転　家を離るること　已に十年
只為一心尋秘曲　只だ一心秘曲を尋ぬるが為に
弱身遠度九州煙　弱身　遠く度《わた》る　九州の煙

柳沢淇園《やなぎさわきえん》も、東山で催された宴に出た際、隣りの楼に「弾箏妓」を連れて来た人に強く請われて、やむをえず箏を聴かされることになったと、『淇園詩集』（寛政四年刊）に収められている「弾箏妓に贈る」という詩の前書に記している。柳里恭の名で知られる淇園は、漢詩や絵画を始め諸芸に通じており、その随筆『ひとりね』には音楽関係の記事も多く、地歌三弦曲も作曲したりしているので、そのような羽目に陥ったのだろう。

図 9　『玉堂琴士集』（名古屋市立鶴舞中央図書館蔵）

二　中国への憧憬

詠物詩という、〈もの〉を詳密に描こうとする詩の一ジャンルにも楽器は登場する。その代表的なアンソロジー『日本詠物詩』(安永六年〈一七七七〉刊)にも楽部はあり、「舞」(清田《せいた》儋叟《たんそう》)、「雪中に鐘を聞く」(原資)、「無絃琴」(伊藤東涯《いとうとうがい》)、「湘霊瑟を鼓す」(清田儋叟)、「美人箏を弾ずるを夢みるを賦し得たり」(服部白賁)、「鶴骨笛」(八田龍渓)の六首が収められている。

そのうち「無絃琴」は素琴とも呼ばれ、弦の張られていない琴のこと。陶淵明(陶潜)は琴を弾けなかったが、酒を飲むとその琴を撫したという故事(陶靖節伝)による。本文を挙げよう。

　一片焦桐古色沈　　一片の焦桐　古色沈む
高山流水鎖遺音　　高山　流水　遺音を鎖《とざ》す
月臨石榻風虚度　　月石榻《せきたふ》に臨みて　風虚しく度り
花覆金徽塵不侵　　花金徽《きんき》を覆ひて　塵侵《をか》さず
幽賞誰知陶潜趣　　幽賞　誰か知らん　陶潜の趣
希声自契伯牙心　　希声　自ら契ふ　伯牙《はくが》が心
十繊撫罷夜堂寂　　十繊　撫で罷りて　夜堂寂たり
断靄飛鴻何処尋　　断靄《だんあい》　飛鴻　何れの処に尋ねん

二句目「高山流水」、六句目「伯牙が心」は、『蒙求』に「伯牙絶絃」の標題で載る、いわゆる知音《ちいん》の故事による。

鍾子期《しょうしき》は親友で琴の名手伯牙の琴の音をよく聞き分け、鍾子期が死んでからは、真の理解者がいなくなったと言って伯牙は琴の弦を切り、二度と琴を演奏することはなかったという。「高山流水」とは、伯牙が高い山を思い浮かべて琴を弾くと、鍾子期がまるで「峩峩《がが》」(高く聳えること)として泰山のようだと言い、伯牙が流れる水を思い浮かべて弾くと、鍾子期が「洋洋」(広々としていること)として長江・黄河のようだと言ったことにちなむ。この「無絃琴」の詩では、中国の故事が幾重にも重ね合わされながらそれに寄せる愛着が描かれている。

知音の故事については、林羅山《はやしらざん》の子で林家の発展に貢献した林鵞峰《がほう》の「万里松風琴の銘(藤勿斎所蔵)」にも、

伯牙之志水流山高　伯牙が志　水流れ山高し
韓子之操雁帰鶴翺　韓子が操　雁帰り鶴翺《かけ》る
載弾載唱以遊以遨　載《すなは》ち弾じ載ち唱ふ　以て遊び以て遨《あそ》ぶ
七絃響遠万頃銀濤　七絃　響き遠し　万頃《ばんけい》の銀濤

(鵞峰林学士全集、元禄二年〈一六八九〉頃刊)

として用いられ、先述した浦上玉堂には「高山流水」という題の詩まである。他にも、

月下琴を弾ず　大槻習斎

(上略)

古有鍾子期　古へ鍾子期有り
善聴伯牙琴　善く伯牙が琴を聴く
一弾又一聴　一弾　又た一聴
両心相得深　両心　相得て深し
自従鍾子死　鍾子死してより

終世無知音　　終世　知音無し
思之仰大息　　之を思ひて　仰ぎて大息す
月影已沈沈　　月影　已に沈沈

（玉池吟社詩、弘化二年〈一八四五〉頃刊）

とあるなど、楽器を漢詩に詠む際の常套的な典故であった。『英草紙《はなぶさ》』など、散文類でもよく引かれている。日本の古典的な楽器の多くが中国・朝鮮から渡来したなかでも、琴はとりわけエキゾチックな香りを漂わせていよう。

そもそも中国において琴を尊重することは孔子やその学派に端を発し、以後文人思想の形成とともにさらに強固にそのような態度が形作られていった。「琴棋《きんき》書画《しょが》」と題する文人画で描かれている人物は必ず七弦琴を弾いている。[1]七弦琴は、明楽の流行とともに江戸時代において文人に好まれ、その背後には荻生徂徠《おぎゅうそらい》の唐音尊重、楽律の復古論があった。[2]古文辞学を主唱した徂徠は、自身も琴を弾じ、『琴学大意抄』『楽律考』『楽制編』などの著もあり、随筆『蘐園《けんえん》随筆』『南留別志《なるべし》』にも音楽関係の記事が多く見出せる。

江戸時代の琴士は漢学者が圧倒的に多く、国学者はむしろ箏曲に接近した。藤井《ふじい》高尚《たかなお》には、『弾物のさだめ』という著があり、日本の弦楽器を網羅的に論評し、箏の組歌に最も高い評価を与えている。逆に、僧侶は、日本近世琴楽の大宗心越禅師以来の伝統により多くが琴を嗜んだ。藩別に見るとこれも心越の影響か水戸藩が最も琴に熱中した。[3]琴を我が手に抱き音を奏でることで、江戸時代の日本人が持っていた中国的なものへの陶酔感・恍惚感を確かなものとして実感できる。実体を持った楽器としての琴は、いわば中国への憧れの表徴でもあったのである。

このことは、程度の差こそあれ他の楽器にも当てはまることかもしれない。

三　音を形容する

さて、楽器が奏でる音はどのように形容されるのだろうか。

浦上玉堂「余琴を鼓すれば、児巽瑟を鼓して之に和す」の七、八句目には、

嶷嶷高山曲　　嶷嶷たり　高山の曲
洋洋流水深　　洋洋として　流水深し

とあるが、この「嶷嶷」「洋洋」は前述の知音の故事において伯牙の琴の音色を鍾子期が形容したことばであった。

白居易(白楽天)の「琵琶行」(「琵琶引」とも)の表現を援用することもあった。これも先ほど引いた梁川星巌の「月琴篇」に、

珍珠落盤走不止　　珍珠　盤に落ちて　走りて止《や》まず
幽泉咽切鳥間関　　幽泉　咽切《えっせつ》　鳥間関《かんくわん》

という表現が出てくる。「珍珠落盤」は真珠が大皿に落ちて転がることで、「琵琶行」に「大珠小珠玉盤に落つ」とあるもの。「幽泉咽切」は、ほの暗い泉がむせび泣くとの意で、「琵琶行」に「間関たる鶯語《あうご》花底に滑らかに、幽咽《いうえつ》する泉流氷下に難《なや》めり」とあるのによる。[4]

また、江湖詩社の領袖市河寛斎《いちかわかんさい》の「三絃弾」にも、

嘈嘈切切又珊珊　　嘈嘈《さうさう》　切切　又た珊珊《さんさん》
昇平情態尚纖巧　　昇平の情態　纖巧を尚《たふと》び　（寛斎先生遺稿、文政四年〈一八二一〉刊）

という表現が出てくる。「嘈嘈」は、騒がしい音、「切切」は、細く絶え絶えに続く音の形容。これらは、ともに「琵琶行」に「大絃は嘈嘈として急雨の如く、小絃は切切として私語の如し」というように見られるものなのである。「切切」は、同じ白居易の「五絃弾」にも「五絃並び奏す、君試みに聴け。淒淒、切切、復た錚錚《さうさう》」とある。(5) この寛斎の「三絃弾」は、詩題のもとに「白氏の新楽府体に倣《なら》ふ。俗楽の士風を壊すを傷《いた》めばなり」と注記がある。

「切切」という表現は、天保十一年刊の『宜園百家詩《ぎえんひやつかし》』に収められている、飯田復軒の「白楽天湓浦《ぼんぽ》にて琵琶を聴くの図に題す」という詩の頷聯にも、

　風払四絃声切切　　風は四絃を払ひて　声切切
　波浮孤月影娟娟　　波は孤月を浮かべて　影娟娟《けんけん》

とある。

なお、白居易の「廃琴詩」という詩には「遺音尚《な》ほ泠泠」とあるが、この「泠泠《れいれい》(清らかで涼しいさま)」は、明治八年(一八七五)刊の『下谷吟社詩《したやぎんしやし》』初編に収められている神山松雨の「琴を聴く」という詩の起・承句に、

　一曲清琴月満天　　一曲の清琴　月　天に満つ
　泠泠耳畔瀉風泉　　泠泠として　耳畔　風泉を瀉《そそ》ぐ

と用いられている。神山松雨は肥前の人で、字は抱琴なのである。

楽器の奏でる音自体は詩人たちを大いに魅了したに違いないが、それを写実する能力は漢詩という器にも備わっていなかったろうし、詩人たちの脳裏にもそのような方法意識はなかったろう。むしろ、典故のある表現を用いて伝統性のなかに音を体感するという行為自体が彼らにとってのリアリズムに他ならなかったのである。

（1）　青木正児『琴棊書画』（春秋社、一九五八年。平凡社・東洋文庫にも所収）、『日本音楽史大事典』（平凡社、一九八九年、関根裕「弦楽器」）など。
（2）　中野三敏「都市文化の成熟——明風の受容」（『岩波講座　日本通史』14、一九九五年。『十八世紀の江戸文芸』岩波書店刊にも所収）
（3）　岸辺成雄「七弦琴——日本の琴学と琴士」（コンソート、一九八八年）
（4）　入谷仙介『江戸詩人選集』第八巻（岩波書店、一九九〇年）
（5）　揖斐高『江戸詩人選集』第五巻（岩波書店、一九九〇年）

第四章　歌枕から名所へ

第一節　『江戸名所図会』所引の詩歌

一　はじめに

神田雉《きじ》町の名主斎藤家三代の執念によって完成した『江戸名所図会《ずえ》』(天保五・七年〈一八三四・三六〉刊)は、江戸名所を知る上で最も著名な地誌として高い評価を得ている。初代の編者斎藤幸雄の着想のよさや、二代幸孝の徹底した考証癖、三代幸成(月岑《げっしん》)のバランス感覚、また長谷川《はせがわ》雪旦《せったん》の静謐感漂う挿絵など、すぐれた点を数え上げれば切りがない。

そして、この書では、江戸という都市空間に対して、和歌などの詩歌に因んだ場所を発見しようとする姿勢も見られる。挿絵や本文中に適宜引用される詩歌は、ともすれば説明的になりがちな地誌に文学的な香りを加えてくれて、魅力のひとつとなっているのである。結果として、この書には江戸の新たな歌枕概説書としての性格も加味されることになった。

ここでは、『江戸名所図会』がどのような意識に基づいて引用詩歌を採択していったのかについて考えてみたい。

二　江戸名所の生成に向けて

さて、『江戸名所図会』において、古代、中世の名歌が数多く引用されている項目としては、霞ケ関、武蔵野、向の岡(巻三)、立野《たちの》の旧跡、狭山、堀兼の井(巻四)、隅田河、真間、勝間田の池(巻七)などがあるが、これらは、全体の項目数からすれば、ほんの一握りと言ってよいだろう。この他、荒藺《あらい》が崎(巻二)、多磨川、小山田の旧址(巻三)、真土山(巻六)を始めいくつかの項目に複数の古歌が引かれるものの、全体には極めて少ないと言える。この書の池田冠山の序文でも、初代編者幸雄の言として、

江戸に名所と称する者僅々僂指《きんきんろうし》に足らざるを病む。

との嘆きを紹介しているように、江戸には近畿圏に存在する伝統的な地名という意味での歌枕は少ない。二百年以上続いているとはいえ、文化的伝統という点ではまだまだ新興都市ならではの弱みがあるのである。したがって「江戸名所」というものを取り上げようとする場合、一定量を確保するためにはそれらを拡大解釈せざるを得ないという状況が生じて来ざるを得なかった。(1)

その際に注目すべきなのは、和歌のみならず、俳諧や漢詩も用いているという点であろう。たとえば、「小石川」(巻四)の条では、

『回国雑記《かいこくざつき》』

小石川といふところにて、

わが方をおもひ深めて小石河いつを瀬にとかこひわたるらん　道興《どうこう》准后

『黄葉集《こうよう》』

江戸にはべりける頃、小石川といふところにて

久方の月見る宿の涼しさも隣ありけり石川の水　烏丸光広《からすまるみつひろ》

一時雨礫《つぶて》やふりてこいしかは　芭蕉

涼風やなほながらへば小石河　宗因

というように、室町時代の歌人道興の紀行文『廻国雑記』、江戸初期の堂上歌人烏丸光広の家集『黄葉和歌集』から各一首、芭蕉、宗因の各一句と四例を掲げている。

また、「称名寺」(巻二)は金沢にある名刹だが、ここは連歌師尭恵《ぎょうえ》の『北国紀行』、宗牧《そうぼく》の『東国紀行』(以上、室町時代)、沢庵宗彭《たくあんそうほう》の『鎌倉紀行』などから和歌を採っている他、室町時代の五山僧万里集九《ばんりしゅうきゅう》の『梅花無尽蔵《ばいかむじんぞう》』から七言絶句二首を証例として引いているのである。

そこには和歌という〈雅・和〉にのみ頼らず、俳諧の〈俗〉、漢詩の〈漢〉をも導入し、雅俗・和漢混融をむしろ積極的に容認していくという様相が認められる。そうでないと江戸の地に因んだ詩歌をまとまった量集めることができなかったという事情があったわけだが、それだけではなく、この様相は江戸時代の文学自体が内包する特質によるものと言えるだろう。

なお、巻二では、神奈川県東側の沿岸部を三浦半島の方まで取り上げていて、地理的にも江戸というものを相当広く解釈しようとする姿勢があるのである。

三　挿絵所載詩歌の作者

先に述べたように、詩歌は本文と挿絵の両方において引用されている。なかでも挿絵に載せられているものは、本文中に引かれているものとは異なって、一乃至二作品のみが風景とともに掲げられるわけだから、やはり特別な存在なのだと一応は考えてよいだろう。そこには、どのような作者たちの作品が挙げられているのだろうか。数の多い順に以下列挙してみよう。一項目内では、用例数、作者名、挙げられている項目の地名の順に記す(丸数字は巻数)。

二十七　其角《きかく》　①大伝馬町《おおでんま》御旅所、小舟町《こふなちょう》祇園会《ぎおんえ》御旅所、両国橋(二句)、吉原大門通、山王祭、茅場《かやば》町薬師堂、佃島住吉明神社、寒橋《さむさばし》、泉岳寺、②品川駅、④雑司谷《ぞうしがや》、⑤霊雲寺、清水堂、道灌山、西福寺、⑥浅草寺、駒形堂、浅茅が原、新吉原、⑦富岡八幡宮、三十三間堂、亀戸天満宮、三囲《みめぐり》稲荷社、牛御前宮、弘福禅寺、木母《もくぼ》寺

十四　服部南郭《はっとりなんかく》　①江戸城、永代橋、愛宕山権現社、青松寺、赤羽、高輪大木戸、②神奈川、④板橋の駅、⑤寛永寺、⑥新吉原、⑦業平天神祠、大川橋、弘福禅寺、国府台

芭蕉　①十軒店《じっけんだな》雛市、三ツ橋、新川大神宮、佃島、③富士見茶亭《ちゃや》、四谷内藤新駅、④小金井橋、雑司谷法明寺、⑤清水観音堂、蛍沢、⑥石浜神明宮・真先《まっさき》稲荷祠、⑦深川芭蕉庵、小名木川《おなぎがわ》五本松、長命寺

十　道興　③最明寺(丸子)、恋が窪、④宗岡の里、久米川、所沢薬王寺、⑥浅草寺、時雨の岡、思河、浅茅が

原、⑦梅若塚

五　嵐雪《らんせつ》　②蒲田、③四谷大木戸、⑤神田明神社、飛鳥山、⑦梅屋敷

四　太田道灌　②神奈川の台、帷子《かたびら》の里、⑤神田明神社、含雪亭

戸田茂睡《とだもすい》　③鮫が橋、⑥真土山聖天宮《まつちやましょうてんぐう》、⑦吾嬬《あずま》の森、綾瀬川

三　山崎闇斎《やまざきあんさい》　①日本橋、②帷子川、④築土八幡宮

宗因　②能見堂《のうけんどう》、⑥東本願寺報恩講、⑦中之郷さらし井

二　沢庵宗彭　②浦の郷、瀬戸明神社

太宰春台《だざいしゅんだい》　②海晏寺、④目白不動堂

蓼太《りょうた》　②来福寺、杉田村梅園

杉風《さんぷう》　⑥今戸焼、⑦弘福禅寺

高野蘭亭《たかのらんてい》　①柳原堤、⑤音無川

林羅山《はやしらざん》　①愛宕山権現社、⑥浅草寺

宗長　⑦浄興寺、妙法華経寺

一　林春斎(鵞峰《がほう》)　①武蔵

山崎宗鑑　①駿河町

甘露寺親長《かんろじちかなが》　①下駄新道

二条良基《にじょうよしもと》　①馬喰《ばくろう》町馬場

半井卜養《なからいぼくよう》　①新大橋三派《みつまた》

三条西実隆《さんじょうにしさねたか》　①伊雑《いそべ》太神宮
老鼠　①木挽《こびき》町芝居
元政《げんせい》　②本門寺
後二条院　②本牧《ほんもく》
心越興儔《しんえつこうちゅう》　③善福寺
武蔵（禖子《ばいし》内親王家歌合）　③玉川猟鮎
藤原定家　③多磨川
顕昭《けんしょう》　③小山田の関
藤原俊成　④堀兼の井
妙光寺内大臣（花山院家賢《かざんいんいえかた》）　⑤湯島聖堂
烏丸光広　⑤麟祥院《りんしょういん》
白河院　⑤王子権現社
宗牧　⑥浅草寺
在原業平　⑥角田河の渡し
仁和寺宮（守覚法親王《しゅかくほっしんのう》）　⑦富岡《とみがおか》八幡宮
宗瑞《そうずい》　⑦深川木場《きば》
新井白石　⑦回向院《えこういん》
淡々《たんたん》　⑦大川橋

冷泉為久《れいぜいためひさ》　⑦隅田川の渡し
冷泉為村《ためむら》　⑦隅田川の渡し
近衛信尹《このえのぶただ》　⑦隅田川
藤原光俊《ふじわらみつとし》　⑦関屋の里
北条氏康　⑦浄興寺
日蓮　⑦弘法寺
新田部親王　⑦勝間田の池

以上のように、古今の歌人はもとより詩人、俳人ら多士済済の顔触れが見て取れるわけだが、このうち、上位の人々について少しずつ言及しておこう。

二十七例と最も多かった其角であるが、それは彼が江戸に住し都会風の俳諧を行なったため、広く江戸人の心を捉えていたことに起因しているのだろう。三十九歳の時、日本橋茅場町に住み、ここが終の棲家となった(2)。挙げられている作品も、

①　大伝馬町御旅所（祇園会）
　　里の子の夜宮にいさむ鼓かな（「天王の御旅所を拝す」）
薬師堂　夕やくしすゞしき風の誓かな
佃島（住吉明神社）
　　名月やこゝ住吉のつくだ島
泉岳寺　おもだかの鎗を引なりかきつばた（「浅野家の義士等をいたむ」）

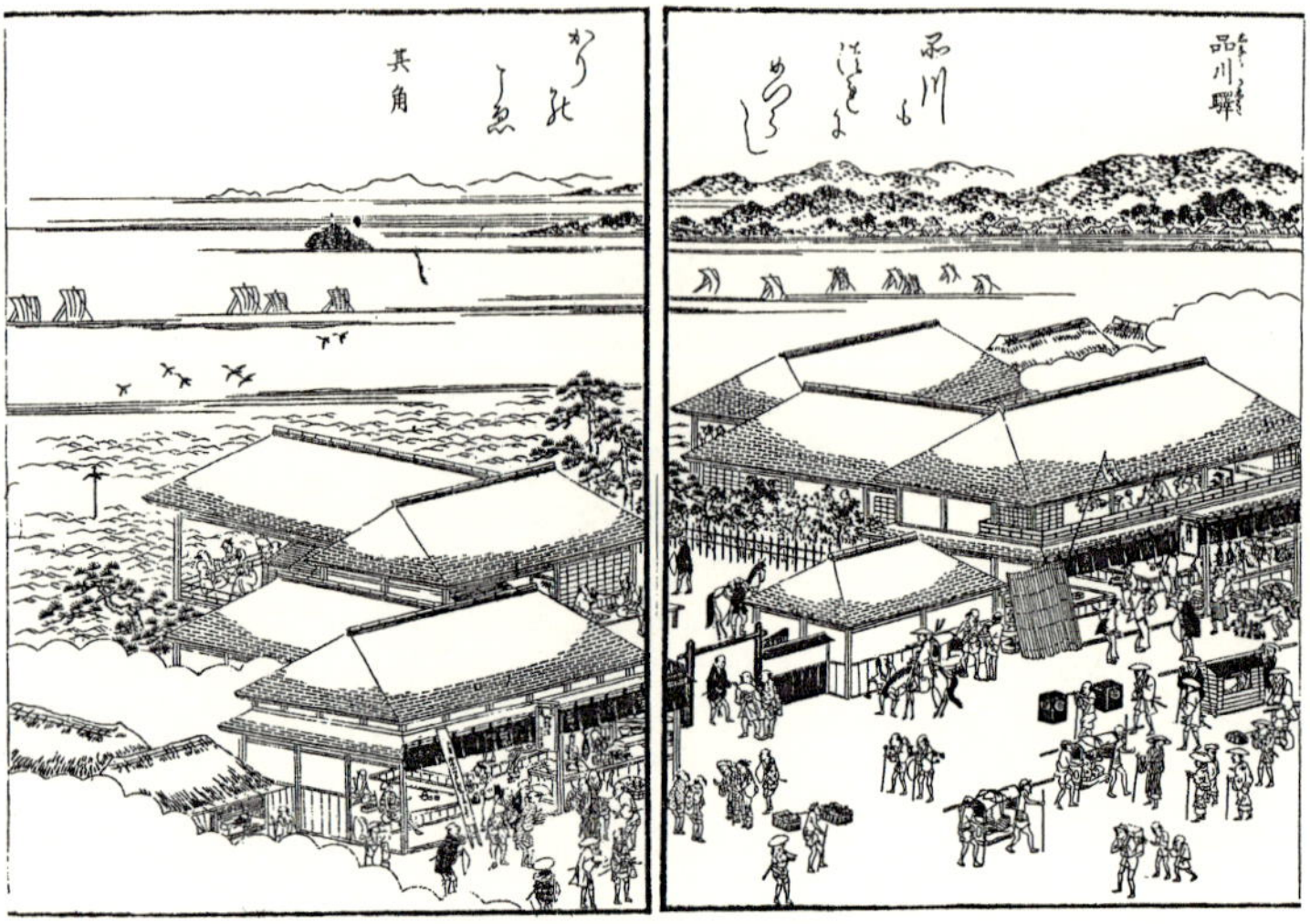

図10　『江戸名所図会』品川駅

②　品川駅　品川もつれにめづらしかりのこゑ

⑤　霊雲寺　灌頂の闇よりいでゝさくら哉（「大悲心院、花を見はべりて」）

　　清水堂　鐘かけてしかもさかりの桜かな（「上野清水堂にて」）

⑥　新吉原　闇の夜は吉原ばかり月夜かな

⑦　富岡八幡宮　汐干なり尋てまゐれ次郎貝（「永代島八幡宮奉納」）

　　木母寺　木母寺に歌の会ありけふの月

というように、江戸という都市の実際のありように即したものがかなり多い。引用されている二十七句はすべて『五元集』（延享四年〈一七四七〉刊）に収められている。

　其角の幅広い人気については、考証随筆に盛んに取り上げられたこと[3]、合巻『女風俗吾妻鑑』（七代目市川団十郎・文政八年〈一八二五〉刊）で、雪の隅田川を背景に紀文らとともに其角が佇む口絵が描かれていることなど[4]、枚挙に暇がない。

　なお、巻一では「俳仙宝晋斎其角翁の宿」が、巻三では

「宝晋斎其角翁の墓」(上行寺)が立項されている。

次に多い服部南郭は、荻生徂徠《おぎゅうそらい》の蘐園《けんえん》を代表する詩人としてよく知られているが、蘐園は江戸の土地を積極的に漢詩で表現し、南郭もまたそのような作品を数多く残している。其角と南郭の二人は、江戸の土地を詩歌によって表現した和と漢を代表する人物として江戸の人々に認知され、人気も高かった。[5]

南郭の詩で特に人口に膾炙したのは、「夜、墨水《ぼくすい》を下る」という詩題の、

金龍山畔江月浮
江揺月湧金龍流
扁舟不住天如水
両岸秋風下二州

金龍山畔　江月浮かぶ
江揺らぎ　月湧きて　金龍流る
扁舟　住《とど》まらず　天　水の如し
両岸の秋風　二州を下る

であろうが、これも巻七の「大川橋」の挿絵に載せられている。他の十三例も挿絵に描かれた場所を詠んだ詩で、絵と詩の関連性は強く、詩はすべて『南郭先生文集』に収められている。その内訳は、初編(享保十二年〈一七二七〉刊)から二首、二編(元文二年〈一七三七〉刊)から十首、三編(延享二年〈一七四五〉刊)から一首、四編(宝暦八年〈一七五八〉刊)から一首となっている。また、巻二「東海禅寺」の条には「南郭先生墓」の挿絵も描かれていて、南郭がこの書において重んじられていることが知られよう。南郭は三十八歳で芝増上寺近辺に移居し、以後このあたりに住した。巻一の「赤羽」にも南郭の詩が掲げられているが、ここ(正確には港区東麻布)には四十九歳の時に移り住んでいる。[6]

南郭と同数の芭蕉の句については、其角・南郭ほど江戸の地に密着している印象はないものの、編者はさまざまにその地と関連させながら挿絵に登場させている。[7]芭蕉は江戸に住して俳諧宗匠としての日々を送り、そののち深川に隠棲していたわけであるし、俳聖としての名声も引用の頻度を促進しただろう。

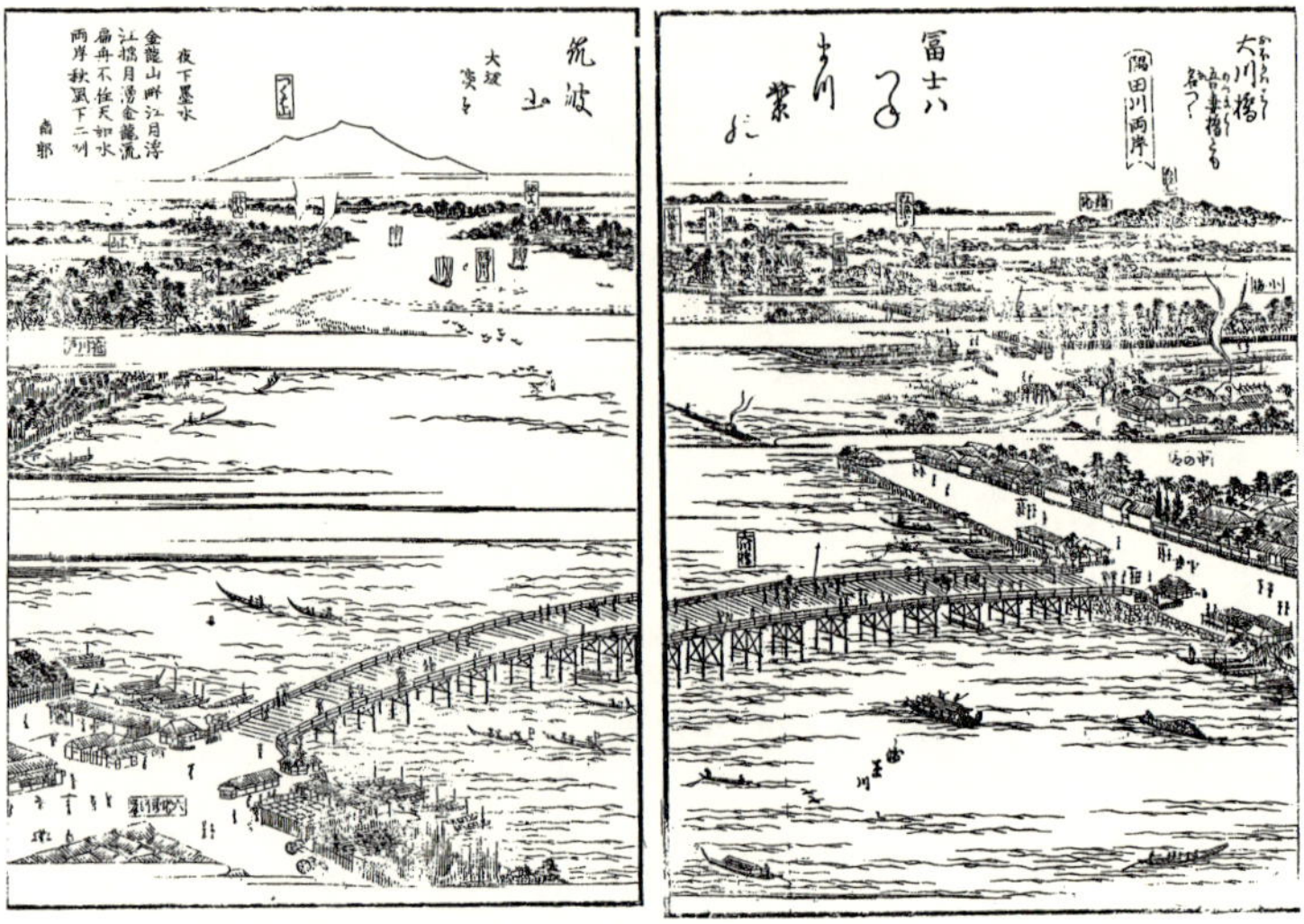

図11　『江戸名所図会』大川橋

たとえば、巻一の「三ツ橋」の条の挿絵に挙げられている、

　菊の花さくや石屋の石の間

は八丁堀について詠んだ句で、三ツ橋のうちのひとつ弾正橋は北八丁堀から本材木町八丁目へ渡る橋なのであり、句と絵は合致している。

同様に巻七の「小名木川　五本松」での、

　川上とこのかはしもや月の友

の句も、「深川の末、五本松といふ所に船をさして」との前書を有するもので、これも句と絵は合致する。

しかし、たとえば、巻五の上野「清水観音堂」の挿絵に掲げられている、

　木のもとに汁も鱠《なます》もさくらかな

は有名な句だが、これは元禄三年（一六九〇）に伊賀上野の風麦亭で行なわれた連句の発句として詠まれており、江戸上野の清水堂とは特に関わりはない。桜の名句ということでここに掲げたのだろう。巻三の目黒「富士見茶亭」の挿絵にある、

　霧時雨ふじをみぬ日ぞおもしろき

は、『野ざらし紀行』における箱根での句である。これも

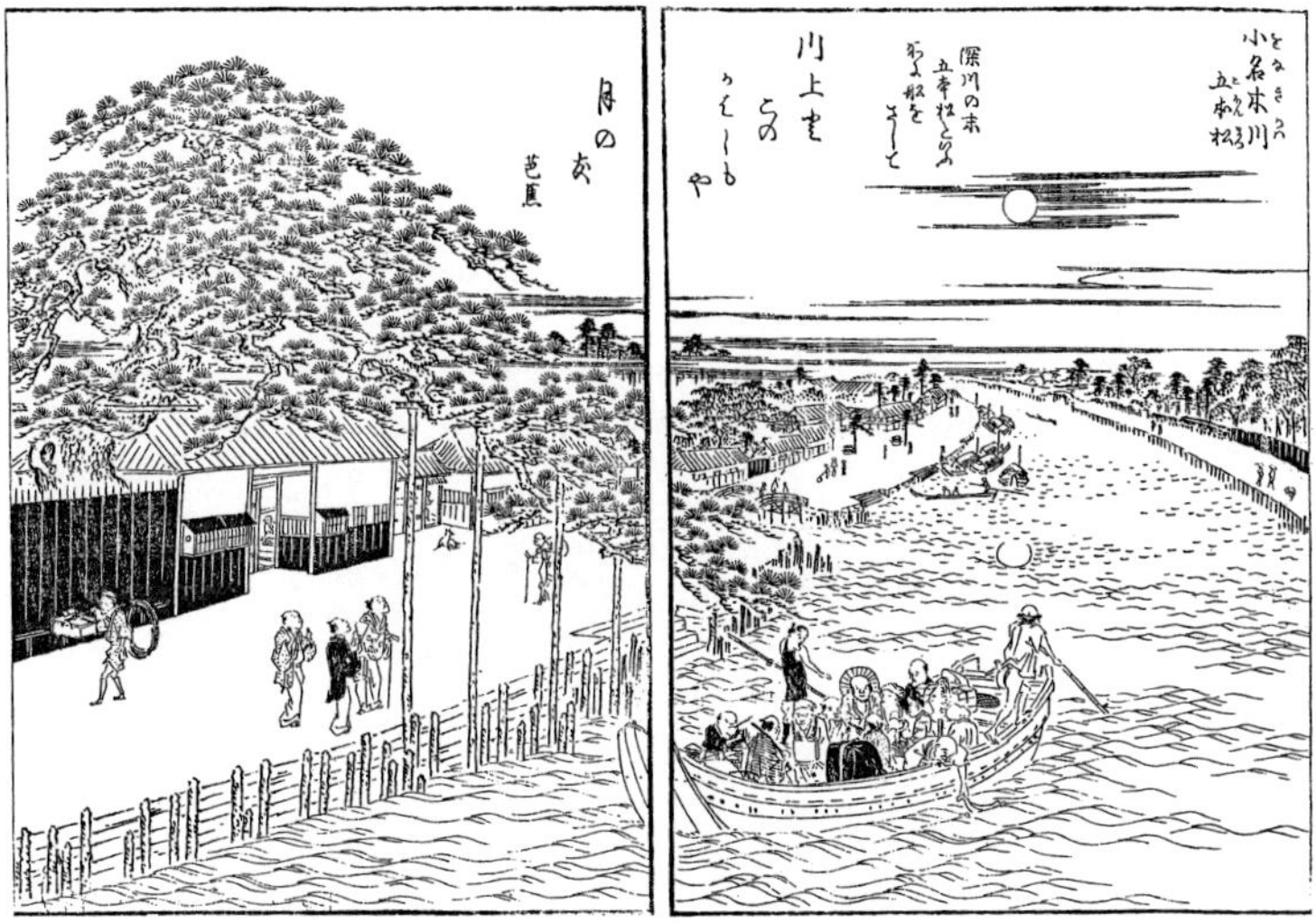

図12　『江戸名所図会』小名木川五本松

「富士を見る」ということに関連して、ここに持ってきたのだろう。

なお、巻七の深川「芭蕉庵」の挿絵には、有名な、

古池や蛙飛こむ水の音

が添えられている（本書一八二頁・図8参照）。

四位の道興は、すべてその著『廻国雑記』[8]（長享元年〈一四八七〉成）からの引用である。道興は十五世紀の僧侶で、聖護院座主となり、大僧正・准三后にまで上り詰めた。其角・南郭・芭蕉が江戸時代の特に元禄前後の人々であったのに比べて、時代がかなり遡ることになる。『廻国雑記』は文明十八年（一四八六）に京都を出発し、北陸から北関東を経由して南関東へ至り、再び北上して奥州を訪れた時の紀行である。途中、各所で和歌・漢詩・誹諧歌・連歌を詠んでおり、浅草や隅田川をはじめ江戸周辺の地でも詠作を残している。もっとも、これは道興自身が江戸名所の生成を自覚的に企図したというよりも、歌枕という概念に必ずしも捕らわれることなく諸所を歴訪して江戸周辺でも和歌を詠んだ結果として、江戸名所生成の先駆的意義を持つことになったと考えてよいのだ

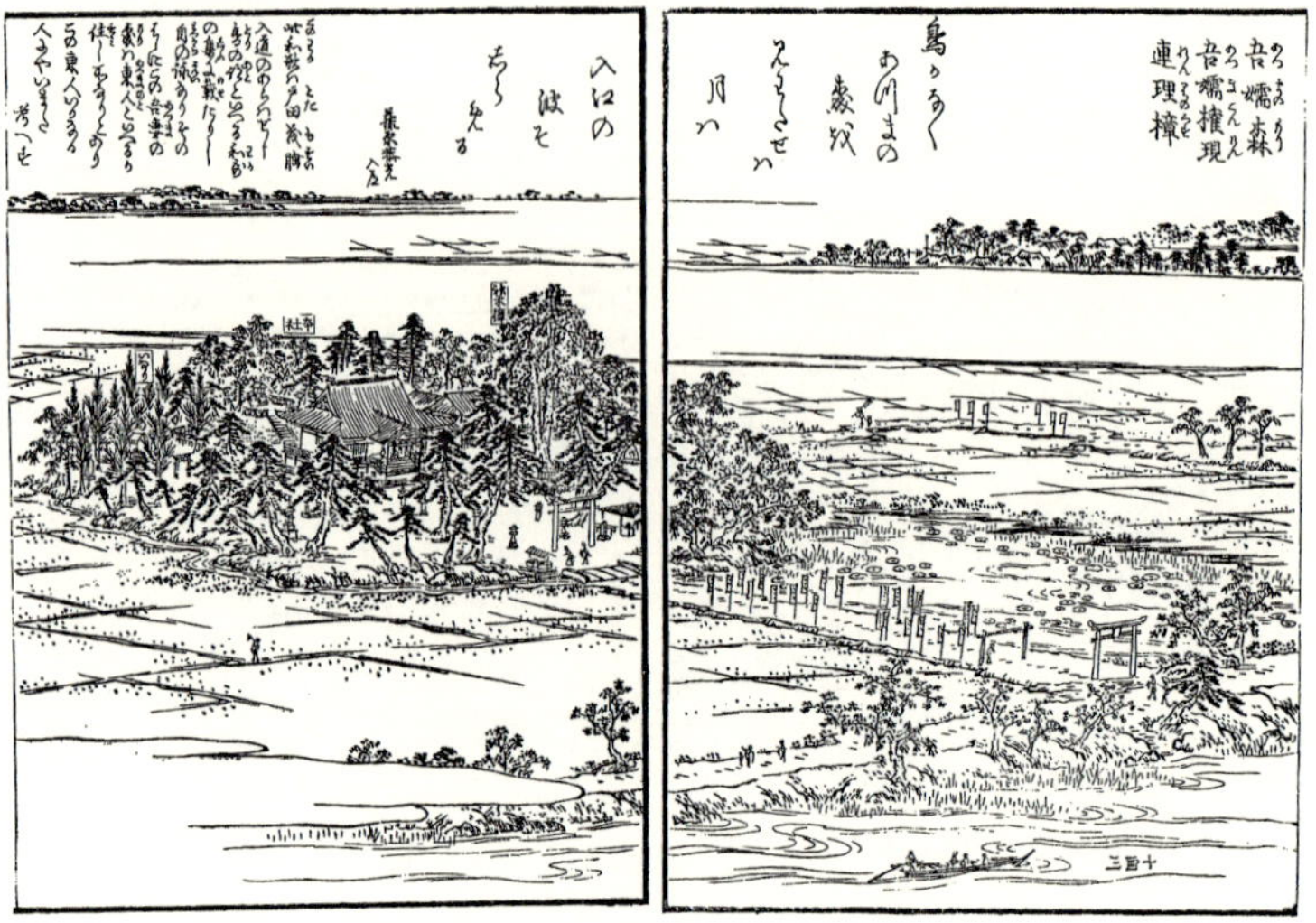

図13 『江戸名所図会』吾嬬の森

ろう。『江戸名所図会』は、『廻国雑記』引用に当たって、文政二年に刊行を完了した『群書類従《ぐんしょるいじゅう》』の版本を利用したと思われる。

五位の嵐雪も其角と並んで芭蕉没後の江戸俳壇を指導した俳人であり、引用回数が比較的多い理由は、其角が引用されたそれに準じていよう。江戸湯島に生まれ、武家奉公を経たのち、俳諧宗匠として立った。

六位の太田道灌の歌の引用は、歌人としての評価以外に、江戸城を築き江戸の基盤を作った人物としての敬意が払われてのことでもあろう。

同じく六位の戸田茂睡は元禄頃に多くの著述を発表した歌学者・歌人で、歌文集『紫の一本《ひともと》』[9]によって、『廻国雑記』よりさらに文学的に、また量的にも多く江戸の歌枕を詠んだことはよく知られている。他に『鳥の跡』という江戸の地で初めて出版された地下撰集を編んでもいる。挿絵の引用が四首なのはむしろ意外なほど少ない。その歌は、以下の通り。

淋しさや友なし千鳥声せずは何に心をなぐさめがはし

(鮫が橋)

あはれとは夕越て行人もみよまつちの山に残すことの葉　（真土山聖天宮）

鳥がなくあづまの森を見わたせば月は入江の波ぞしらめる　（吾嬬の森）

錦ぞとみるやこゝろのあやせ川うつるもみぢをいかで折なむ　（綾瀬川）

二首目は最も有名な歌。「真土山夕越え行きて廬前《いほさき》の角太河原《すみだかはら》にひとりかも寝む」（万葉集・三・弁基）という紀伊の歌枕を詠んだ万葉歌の本歌取り。一首目では「心をなぐさめ」「さめがはし」と物名に詠み、四首目では「こゝろのあや」「綾瀬川」と懸詞を用いたり、三首目は「鳥がなく」との枕詞を用いて「あづまの森」を修飾するなど、旧来の手法を用いつつ江戸の名所を詠み込もうとしている。

山崎闇斎は、儒学者・神道家で垂加神道を提唱し、会津藩主保科正之に迎えられた。宗因は、連歌師として活躍するとともに談林俳諧を主唱したことで知られる。

以上のように、挿絵に載せられた上位の詩歌作者を見てくると、中世の道興（和歌）、江戸時代の戸田茂睡（和歌）、そして芭蕉・其角・嵐雪ら蕉風（俳諧）、さらに服部南郭（漢詩）というような人々が並んでいて、江戸名所の形成史を概観できた気分になる。

そのような江戸名所の形成史が漠然と江戸後期の知識人たちの脳裏にあって、ある程度は意識化がなされてもいたであろう。『江戸名所図会』編者の斎藤家三代の人々は、結果的にそういった流れをかなり反映した詩歌の採択をしているのである。

四　江戸歌枕と歌人

さて、和歌史に焦点を絞り、さらに今度は挿絵所載のものに限らず見ていくことにして、ふたつの問題について考えてみよう。

先ほど触れたように、限られた十数項目には万葉から中世までの名歌がちりばめられているわけだが、この書に引用されているのはそういった古い時代の歌人たちだけではなく、江戸の歌人たちの作品も登場してくるのである。先に指摘した戸田茂睡は勿論重要なのだが、それ以外にも江戸時代の堂上歌人たちの作品が次のように見出せることにまず注目したい。

たとえば、巻二の「袖の浦」の条では、烏丸光広の「こたび袖の浦に泊まりて」という詞書を持つ、

　思ひきや袖の浦浪立ちかへりここに旅寝を重ぬべしとは

という歌が引かれている。通例「袖の浦」として知られるのは出羽歌枕のそれで、ここで取り上げられている相模のものとは異なる。『江戸名所図会』では、寛文九年(一六六九)に刊行された光広の家集『黄葉和歌集』ではなく、江戸屋某家蔵の自筆詠草によって引用している。

巻四の「宝仙寺」は、享保十四年に長崎から長い道のりを経て江戸にまでやって来て大きな話題となった象の骨が納められていることで知られる寺だが、この条では霊元院《れいげんいん》以下堂上歌人七名の十二首が挙げられる。京都で象を観た彼らの詠歌なのである。(10)

巻七「梅若丸の塚」では、『廻国雑記』の道興の歌のあと、二条康道《にじようやすみち》・近衛信尹・良尚親王《りようしようしんのう》らの歌を挙げている。

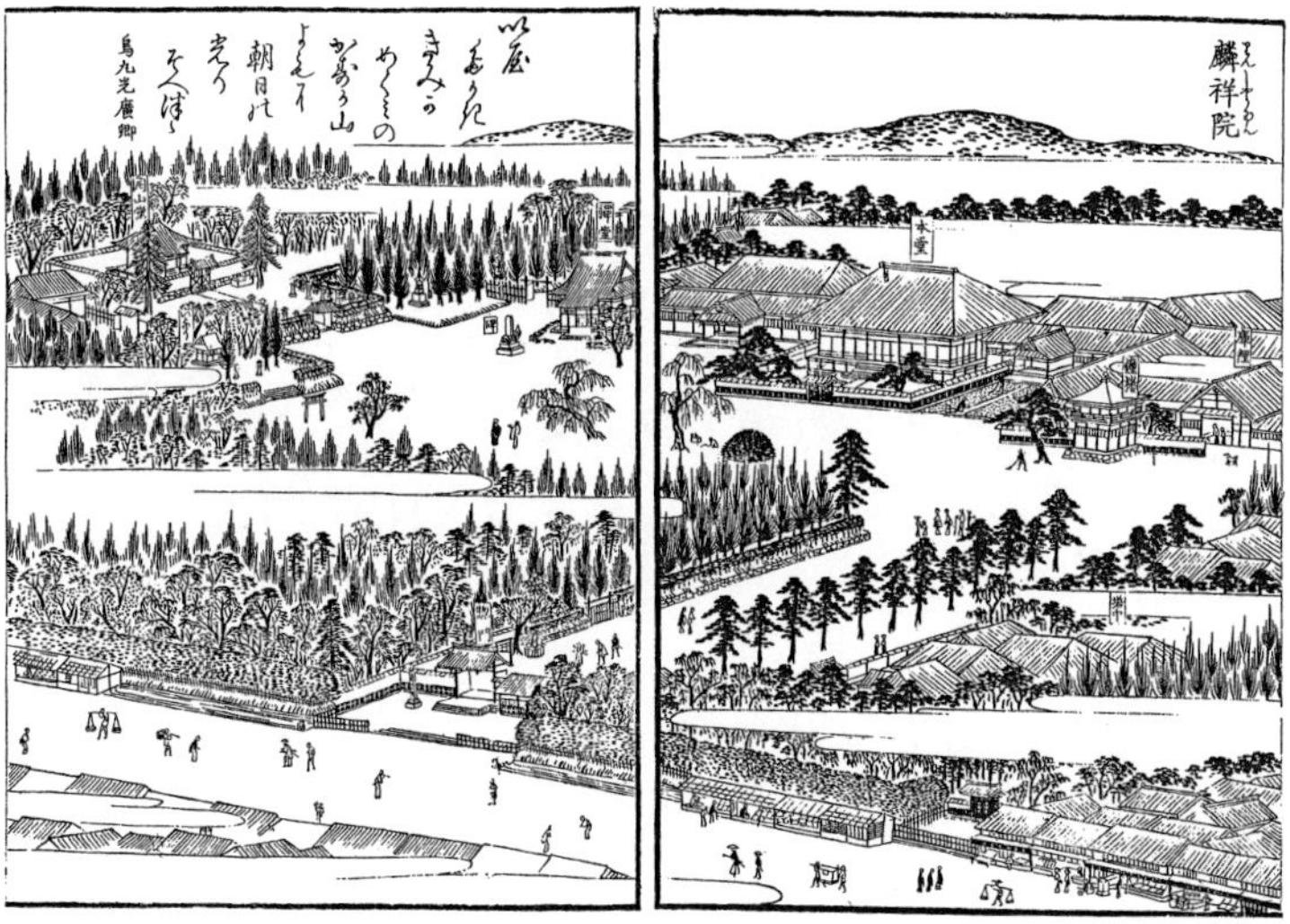

図 14　『江戸名所図会』麟祥院

巻七「隅田川の渡」の挿絵には、冷泉為久・為村の歌が並んで掲載され、近衛信尹の歌も「隅田川東岸」の図に載る。

右のような事例からは、『江戸名所図会』が編まれた当時の人々の意識のなかに、同時代の堂上歌人の権威を認め、それに親近感を覚えるという要素もあったことが想像される。庶民の堂上人気はしばしば見受けられるし、[11] 江戸以外の名所図会にも堂上歌人の歌が多数引用されていることからもそれは知られよう。

なお、春日局の菩提所「麟祥院」(巻五)の条には、春日局に贈った良尚親王・三条西実条《さんじようにしさねえだ》・烏丸光広の歌が挙げられ、挿絵には光広の、

いやたかききみがめぐみのかすが山よもに朝日の光りそへつゝ

という歌が載る。このような部分からは、徳川の当代的な権威を朝廷や公家の持っている伝統的な権威によって裏付けようとする意識も見て取れるだろう。

第二点として、江戸中期に活躍した賀茂真淵《かものまぶち》の歌がほとんど見られないことに注目したい。門下の江戸派も江戸の名所

図15 『江戸名所図会』賀茂真淵・服部南郭墓

生成という点では大事な存在であるにもかかわらず、『江戸名所図会』に関しては全く見出せないのである。

真淵についても、江戸やその周辺を詠んだ秀歌は、さほど多くないものの、

むさし野を霞みそめたる今朝みればきのふぞ去年の限なりける

むらさきのめもはるばるといづる日に霞いろこきむさしのの原

大舟にこぶね引きそへますかがみすみだがはらに月をみるかな

にほどりの葛飾早稲のにひしぼりくみつつをれば月かたぶきぬ

というように数首すぐに挙げられる。

真淵やその門下が『江戸名所図会』に見られない理由としては、彼らが近い時代の人々であり、まだ伝統性を帯びていないという認識が、編集する斎藤家の側にあったからではなかったかと想像される。岡山鳥《おかさんちょう》の『江戸名所花暦』「縣居翁《あがたいおきな》の墳墓」の条にも、

近代名誉の歌よみにて、この大人《うし》の徳をしたふ人多し。

とあり、また『江戸名所和歌集』編者蜂屋《はちや》光世《みつよ》の自序でも、江戸名所詠を採択する際、真淵以降の作品を取ったとしている。江戸後期の特に古学派の人々にとっては、「歌枕の当代」とは真淵以後であった。

真淵とほぼ同じ時代の南郭の方は、その詩がしばしば引用されているわけだが、そのような差が生じるのは、どうしても和歌の方が伝統に厚みがあり、規範意識も強く、引用作品の傾向が保守的になりがちだということが考えられるだろう。

もっとも『江戸名所図会』でも、巻一には「賀茂真淵翁閑居の地」(浜町)が立項され、その地に因んだ歌四首も引用されているし、巻二の「東海禅寺」の条では「縣居大人墓」の挿絵が描かれてもおり、その存在は重要視されてもいる。

五　『東都歳事記』における引用詩歌

さて続いて、『江戸名所図会』同様、斎藤幸成(月岑)著・長谷川雪旦画(ただし雪堤補画)という組み合わせで刊行された著『東都歳事記』(天保九年〈一八三八〉刊)について、その挿絵に引かれた詩歌を見ておこう。

挿絵に添えられた詩歌作品が複数回登場する作者を多い順に挙げておきたい。[12] 一項目内では、用例数、作者名、挙げられている項目の地名の順に記す。

九　其角　正月廿五日増上寺御忌法会、端午市井図、六月五日大伝馬町天王御旅出の図、六月十五日山王御祭礼、巳待《みまち》忍岡弁天参(七月)、盆中往来の図(七月)、堀の内妙法寺会式《えしき》(十月)、浅草田圃酉の市(十一月)、歳暮交加図

四　服部南郭　初春路上図、三月十五日木母寺大念仏、六月廿四日芝愛宕社千日参、(八月の景)

三　浅井《あさい》了意《りょうい》(「江戸名所記」として)

図16 『東都歳事記』東本願寺

三月十八日浅草三社権現祭礼、六月十五日山王御祭礼、雑司谷法明寺会式詣（十月）

中院通村《なかのいんみちむら》　飯田町遜込の図（九月）、東本願寺報恩講図（十一月）、浅草寺年の市（十二月）

二　松永貞徳《まつながていとく》　盛夏路上の図（六月）、飯田町遜込の図（九月）

吉川惟足《よしかわこれたる》　真先神明宮夏越祓（六月）、八月十五日富賀岡八幡宮祭礼

新井白石　正月廿五日増上寺御忌法会、両国納涼（五月）

館《たち》　柳湾《りゅうわん》　初卯の日亀戸妙義参（正月）、雑司谷法明寺会式詣（十月）

蓼太　王子稲荷社初午詣（二月）、芝居顔見世の図（十一月）

嵐雪　盆中往来の図（七月）、九月十五日神田明神祭礼

『江戸名所図会』と同様に、其角と服部南郭が上位に来ており、この二人が江戸という土地を表現した和漢それぞ

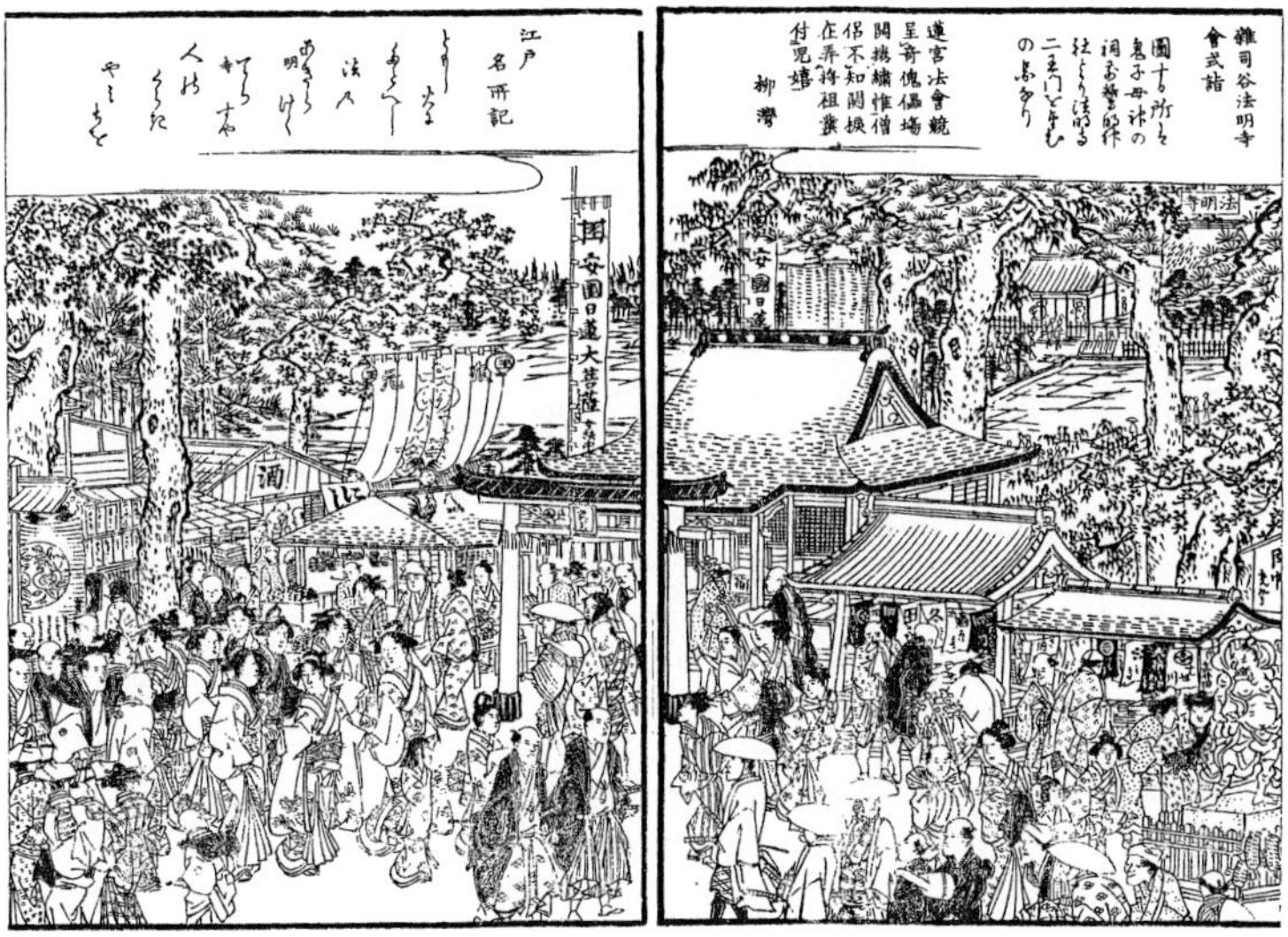

図17 『東都歳事記』雑司谷法明寺会式詣

れの代表的作者であるとの認識について、再び確認することができる。

仮名草子作者浅井了意が三例あるのは、その著『江戸名所記』(寛文二年刊)が早い時期の江戸地誌の代表格として尊重されてのものであろう。

中院通村は烏丸光広とほぼ同時期の堂上歌人だが、宮廷内では通村の方が歌人として重きをなしていた。引用されている三首の詞書は各々「神楽」「報仏之恩」「市商客」とあり、直接江戸の地を詠んだものではない。歌人としての高名さゆえの引用なのであろう。三首のうち二首は『新明題和歌集』(宝永七年〈一七一〇〉刊)、『部類現葉和歌集』(享保二十年刊)という堂上の撰集に収められているが、

　はかりなき劫経ても猶あひがたき教をいかでむくひ尽さむ

という「東本願寺報恩講図」に載せられている一首は、それらの撰集には見出せず、この歌に「三槐《さんかい》集」と注記されているように、中院通村・通茂・通躬《みちみ》の類題集『三槐和歌集類題』(寛政八年〈一七九六〉刊)によって引用したのだろう。

逆に他の二首は『三槐和歌集類題』では見出せない。このことからも、さまざまな歌集を渉猟して編纂されていることが知られよう。

松永貞徳も通村とほぼ同時期の地下歌人としてよく知られている。家集『逍遥集』は延宝五年(一六七七)に刊行されている。

吉川惟足は江戸生まれで、日本橋の商家に養子として入ったが、のち吉田神道の継承者として活躍する。山崎闇斎の垂加神道も惟足神道に学んでいる。

新井白石は、六代家宣・七代家継を補佐して幕政に参与し、儒学者・詩人としても活躍した。

館柳湾・蓼太はこのなかでは最も近い時代の人物たちで、特に柳湾は天保十五年まで生きていたから、『東都歳事記』にとっては現代の人と言ってもよいかもしれない。柳湾は、越後の人だが、江戸に出て亀田鵬斎《かめだぼうさい》に学び、のち幕府に仕えた詩人である。六十三歳の時に目白台に移り住み、そこで没した。蓼太は、天明中興期の俳人で、信濃の人だが、江戸に出て幕府の御用縫物師となった。三千余人の門人を擁し、一大勢力を誇った。

さて、『東都歳事記』について特筆すべきこととして、春夏秋冬の冒頭に荻生徂徠の「東都四時楽」という詩の季節毎の一首を配していることが挙げられる(うち一首は本文中に再度登場する)。徂徠は南郭の師であり、蘐園の詩風を導きもした人物であるから、その点で尊重されて、このような扱いになったものと思われる。

六　『江戸名所花暦』との比較

なお、比較対照のため、少し前に刊行された『江戸名所花暦』(文政十年〈一八二七〉刊)を考えてみよう。画者は『江

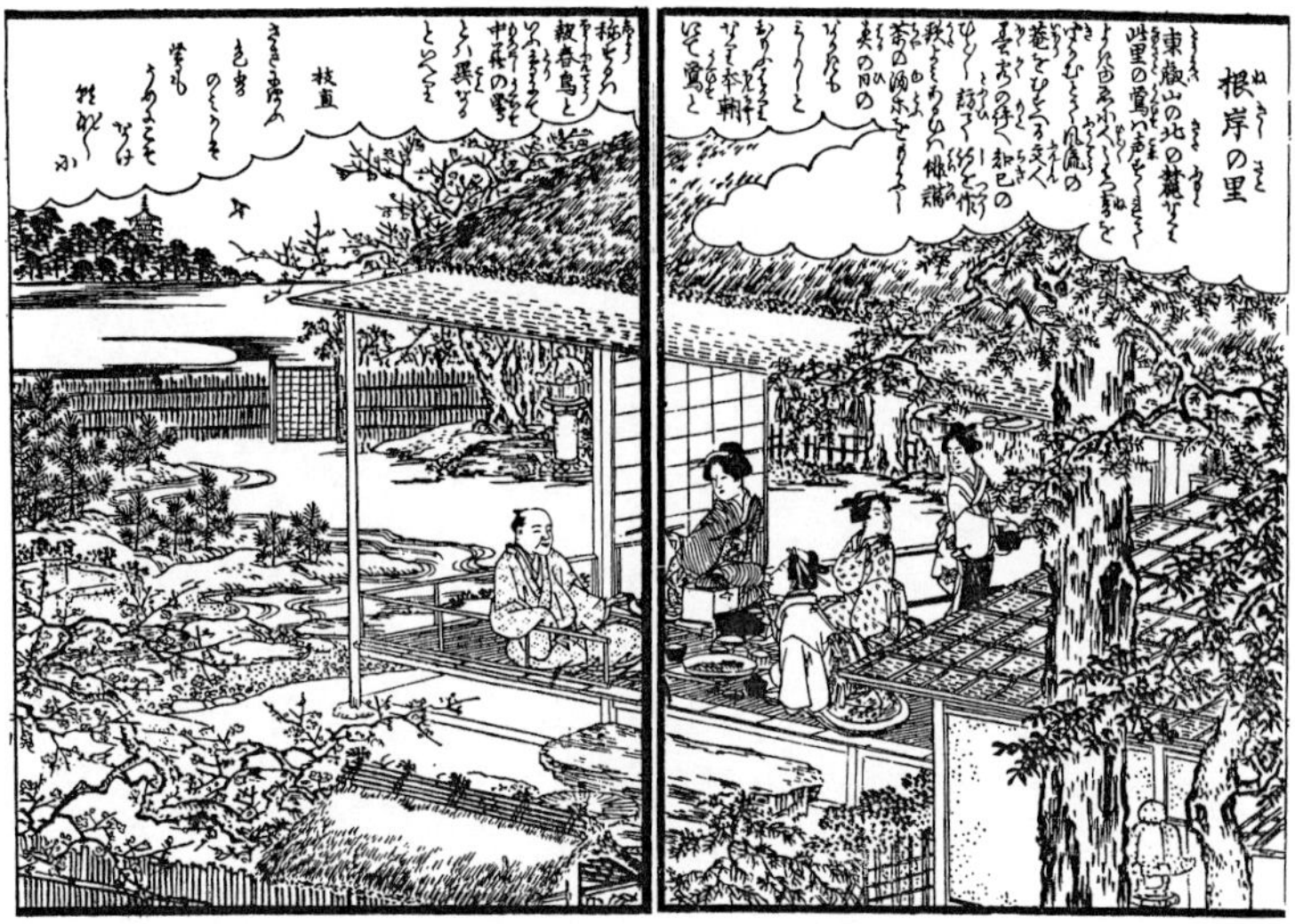

図18 『江戸名所花暦』根岸の里

戸名所図会』『東都歳事記』と同じく長谷川雪旦だが、著者は滑稽本・合巻作者の岡山鳥である。

挿絵に登場する回数が多いのは、橘千蔭《たちばなちかげ》が三回（隅田川、綾瀬川、不忍池）、加藤枝直《かとうえなお》が同じく三回（根岸の里、標茅原《しめじがはら》、隅田川）、亀田鵬斎が二回（隅田川、両国橋）というように、江戸後期の人々ばかりである。具体的にその歌を挙げる。

加藤枝直は、江戸町奉行配下の与力となり吟味方をつとめた。賀茂真淵を茅場町の自邸に住まわせ、子の千蔭とともに国学・和歌を学んだことはよく知られている。その三首は、

さきにほふ色香のみかは鶯もうめにこそなけ朝な〳〵に
（根岸の里）

門にきてはかるくひなと知つゝもたゝくはさすがうとまれもせず　（標茅原）

すみだ川水のうへにもふる雪のきえのこれるは都鳥かも
（隅田川）

であり、すべて家集『東歌』（享和二年〈一八〇二〉刊）に収められている。

橘千蔭も、父の跡を継いで町与力をつとめ、のちには江戸

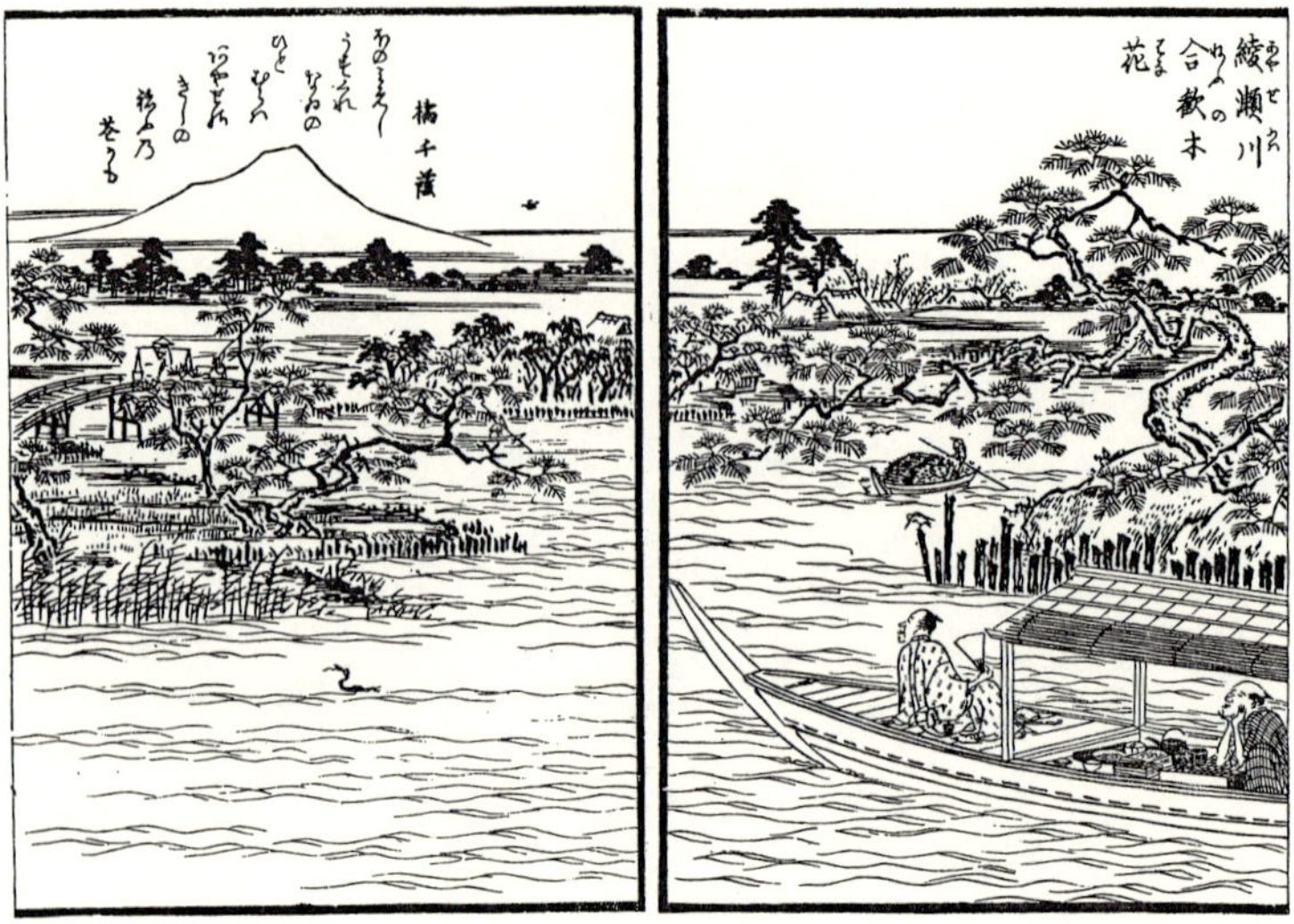

図 19　『江戸名所花暦』綾瀬川

派の歌人として村田春海と双璧と称せられた。その三首は、

瓦やくけぶりのすゑのうすぐもりさくらにそゝぐ雨となりけむ　（隅田川）

ほのみえしうすくれなゐのひとむらはあやせのきしのねぶの花かも　（綾瀬川）

うちよする浪かあらぬかゆふかぜの吹うらがへすいけのはちす葉　（不忍池）

であり、二首目は家集『うけらが花』初篇（享和二年刊）に、他の二首は同二篇（文化五年〈一八〇八〉刊）に収められている。

右に挙げた六首のうち、地名を詠み込んでいるのは枝直の三首目（隅田川）と千蔭の二首目（綾瀬川）だが、たとえば綾瀬川の歌を前掲の戸田茂睡のそれと比べてみても、洗練されたものに仕上がっていて、江戸名所の成熟を実感させられる。

亀田鵬斎は、江戸横山町鼈甲商の番頭の子で、神田生まれ。儒学者・詩人として名を馳せ、その書画が珍重された。駿河台、本所、根岸、下谷金杉などに住し、下谷根岸の家で没した。

また、枝直・千蔭父子が学んだ賀茂真淵については、巻三

の紅葉の名所として「縣居翁墳墓」が立項され、

　みわたせばあまの香久山うねび山あらそひ立る春霞かな
　古郷の野辺みにくればむかしわが妹とすみれの花咲にけり
　卯の花を手毎に折てかへらまし山時鳥きゝしるしに
　よしの山入《いり》にし人はおとせねどゆふべの鐘にありかをぞしる
　ふじの根の麓をいでゝ行雲はあしがら山のみねにかゝれり

という真淵の歌五首が挙げられている。『江戸名所図会』の「賀茂真淵翁閑居の図」がその地に関連しての詠歌を掲げていたのに対し、こちらは土地柄とは関わりなく岡山鳥の判断による「名歌」が挙げられ、歌人真淵を顕彰するという色合いが濃い[13]。この書には、真淵や江戸派に対する親近感と敬意が『江戸名所図会』『東都歳事記』よりもはっきりと示されている。

挿絵に一回しか登場しない作者としては、

　三条公明《さんじょうきんあきら》、正徹《しょうてつ》、後光厳院《ごこうごんいん》、姉小路基綱《あねがこうじもとつな》、藤原家隆

ら中世の歌人たちの名も見られるものの、

　鳴道人(成島信遍《なるしまのぶゆき》)、斎藤縣麻呂(幸孝)、烏丸光栄《からすまるみつひで》(以上、和歌)
　服部南郭、山地蕉窓《やまじしょうそう》(以上、漢詩)
　乙由、醒斎、何丸、千代尼(以上、俳諧)

など、江戸時代の作者たちが圧倒的に多い。成島信遍(錦江)は幕臣で、桜の条の挿絵「飛鳥山勝景」に八首挙げられており、『江戸名所図会』には信遍が撰した飛鳥山の碑文が紹介されている。

岡山鳥は、滑稽本・合巻などを著述しているだけあって、より「当代」に敏感なのであろうし、それと比較して、先に述べた『江戸名所図会』や『東都歳事記』といった斎藤家の人々の採択基準は、やや保守的な方に類するのかもしれない。

七　おわりに

以上、『江戸名所図会』所引の詩歌を、いくつかの視点から考えてみた。

数多くの詩歌が載った挿絵が流布したことで、江戸の名所が視覚的によりはっきりと庶民へ浸透した。そのことの意義はやはり大きいと言ってよいだろう。さらに、絵だけでなく、文によっても、それまでのどの地誌よりも詳しい説明がなされているのだから、『江戸名所図会』が長く江戸地誌の決定版とされてきたのも当然のことと言える。

江戸時代を生きた詩歌作者たちの作品を載せることの必要性については、読者に対してその場所の当代性(優れた場所としての親近感)を認識させるためということが指摘できるだろう。逆に言うと、古典の和歌ばかりを引用したのでは、自分たちとはつながりのない単なる遺跡のように思われてしまうのではないかと恐れたということなのだろう。ただし、あまりに近い時代の歌人は省かれ、江戸時代でも前期の人々が中心に採られたことについては、当代性というものにもある程度の歯止めが利いていて、一定の権威付け(定評と言い換えてもよい)を求めてもいたことがわかる。ただし、この傾向がやや保守的に類することは、岡山鳥の『江戸名所花暦』との比較によっても知られよう。

そして、当代性と同時に伝統性(過去や未来につながっていく普遍性)が常に意識されていた。霞ケ関、武蔵野、多磨川といった伝統的な歌枕をも併載し、新旧双方の名所を綯い交ぜにして読者に情報を提供しようとする姿勢からは、歌枕というものが当代と過去を自由に行き来できる機能を持っているという通説を追認することができるだろう。そのような試みの結果として、『江戸名所図会』は江戸の個々の土地を新たな歌枕として定立しようとする意欲を発揮した書となったのである。

なお、名所図会類に歌が載っているということが歌人としての評価をどのくらい保証するものかという点では、少し慎重になるべきなのだろう。もちろん、すぐれた歌を挙げようという意識は働いていたものの、やはりこのような試みには啓蒙性・大衆性が先行するからである。文学的感興よりも、わかりやすさや便利さが優先すると言ってもよい。むしろ、この種の書が文学的環境を周縁から支え、裾野が広がっていくなかで、江戸詩歌の世界が強く人々に刻印されていき今日に至っていることこそが重要なのだと思われる。

（1）　蜂屋光世編『江戸名所和歌集』（文久四年〈一八六四〉刊）の吉田敏成の序文にも、ほぼ同様の嘆きが記されている。
（2）　田中善信『宝井其角』（新典社、二〇〇〇年）など。
（3）　山本陽史「山東京伝の考証随筆と戯作」（国語と国文学、一九八六年十月）、佐藤悟「考証随筆と戯作」（『俳諧史の新しき地平』、勉誠社、一九九二年）
（4）　佐藤至子「趣向としての当世風景」（国語と国文学、二〇〇〇年七月。『江戸の絵入小説』ぺりかん社刊にも所収）
（5）　日野龍夫「服部南郭伝攷（上）」（女子大文学、一九七〇年二月）には、『江戸名所図会』の挿絵に引かれている漢詩としては南郭の作品が群を抜いて多いこと、其角と南郭は江戸人の生活感情を代表する存在であること、との指摘がある。
（6）　日野龍夫『服部南郭伝攷』（ぺりかん社、一九九九年）
（7）　巻六「石浜神明宮・真崎稲荷祠」の挿絵に引かれる句「何の葉かここにも一木落葉かな」のみ『校本芭蕉全集』に収められておらず、芭蕉の句かどうか確認できなかった。
（8）　高橋良雄『廻国雑記の研究』（武蔵野書院、一九八七年）に簡注が付されている。

（9）近年、『新編日本古典文学全集 近世随想集』（小学館）に注釈が収められた。

（10）拙稿「霊元院歌壇の俊秀たち――象を観た堂上歌人」（『和歌文学講座8 近世の和歌』勉誠社、一九九四年。『近世堂上歌壇の研究』汲古書院刊にも所収）

（11）丹和浩「往来物における七夕の歌」（学芸国語国文学、一九九四年三月）は、往来物に堂上歌人の作品が多く引用されていることを指摘しており、山東京伝の『小紋新法』にも、後水尾院の和歌が引かれていることが知られる（延廣眞治「『小紋新法』影印と註釈（四）」〈江戸文学、一九九〇年十一月〉など、そのような例は多い。

（12）漢詩については、池澤一郎『江戸文人論』（汲古書院、二〇〇〇年）に指摘がある。

（13）一首目については、鈴木淳「賀茂真淵の自讃歌」（国学院雑誌、一九九四年十一月。『江戸和学論考』ひつじ書房刊にも所収）に、二首目については同「賀茂真淵と二人の妻」（短歌、一九九一年七月）に、考察がある。

【付記】『江戸名所図会』『東都歳事記』『江戸名所花暦』は、ちくま学芸文庫に収められている。

第二節　『江戸名所和歌集』が描く市井

一　執筆意図

文久四年(元治元年。一八六四)刊の蜂屋《はちや》光世《みつよ》編『江戸名所和歌集』については、江戸名所に関する恰好の資料であるにもかかわらず、これまでまとまった研究はなされてこなかった。ここでは、序文に見られる執筆意図の分析、その詠みぶりの概括をしておきたい。

編者蜂屋光世は、小山田与清に学んだ歌人で、『大江戸倭歌集』(安政五年〈一八五八〉)も編集している。江戸という土地に対して文学的に極めて近しい人物であったと言ってよいだろう。

古典和歌というのは伝統性に基づいて詠まれるものであり、その点では過去からの時間に連なっていこうとする性格を有しているが、しかし一方で歌人自身はその時代を生きていて、自分が存在している時代からの影響も否応無く受けることになる。たとえば、江戸時代に生きた人々にとって、江戸という土地はその時代を特色づける大きな意味を持つものであったろう。「江戸」は徳川の時代になって「首都」になったのだから、それも当然のことである。したがって、江戸の地名を詠むことは、歌人たちが生きている感覚を歌い上げることに他ならなかったと思われる。

この『江戸名所和歌集』には有名な歌人の歌も収められている。そして、賀茂真淵《かものまぶち》の、葛飾

　　にほどりの葛飾早稲のにひしぼり汲みつつをれば月かたぶきぬ

や、真淵門下の橘千蔭《たちばなちかげ》の、

　　隅田川

隅田川つつみに立ちて船まてば水上遠く鳴くほととぎす

といった、江戸時代の和歌作品のなかでもかなりよく知られた歌も何首か収められているのである。参考までに歌数の多い歌人を列挙しておこう。

三十四首　仲田《なかだ》顕忠《あきただ》
二十八首　加藤(橘)千蔭
二十二首　蜂屋光世
二十一首　間宮《まみや》永好《ながよし》
二十首　小林《おばやし》歌城《うたぎ》
十九首　井上文雄《いのうえふみお》、久松祐之《ひさまつすけゆき》、横山由清《よこやまよしきよ》
十七首　海野《うんの》遊翁《ゆうおう》、久貝正典《くがいまさのり》

この書の序文については、林大学頭に仕えた吉田敏成、水戸藩の倭書局に勤めた間宮永好の二人の国学者と、光世自身による三種が備わっている。跋は井上文雄と横山由清。文雄門下の歌人はこの書に数多く入集している。

このうち、吉田敏成の序文をまず挙げよう。

この江戸に遠のみかどを定めさせ給へりしより、さしもかぎりなかりしむさし野も、青人くさのみしげり行て、年月に人ざとおほくなりそひつゝ、山河岡谷もさま〴〵にうつろひかはり、いにしへに聞えぬ名どころさへ、こゝら出来ぬれど、下りたる世のならひにや、おほかたは其名のみやびたらぬを、うた枕尋ぬる人の常にあかぬわざにおもひて、隅田川竹しばのうらなどをおきては、をさ〳〵口の葉にかくべき物とも思ひたらぬをばいかゞはせむ。かゝれどおのづから気色ことなるわたり、興あるさかひもなどかなからむ。さるところ〴〵にのぞみても、いたづらに言こめたらんは、いたう情おくるゝわざとこそおぼゆれ。鶴ぞのゝあるじの君、それうれはしき事にし給て、近き世に名だゝる師たちのをはじめ、今のうつゝにも其ところはざまにつけて、をかしき心ばへをのばへたるが、これかれあるを見きく限は更なり、殊さらにも題をまうけて、けしきおもぶきこれはとおぼゆる所々、さらぬも其名のゆかしげなるなど、ことのはにいひあらはしつべきたぐひは、此みちにおもひをふかむるともがらにもあとらへよましめて、やう〳〵数つもりにたるを二巻の草子になむせられたる。今よりのちの人はた是にならひて物せんには、猶さま〴〵にことなるふしをも思ひめぐらしつべき事のほんとも成なむかし。かくて己つねにかたじけなうなれ聞ゆるによりて、其よしかの君にかはりてことわりつるは、吉田の敏成になむ有ける。

敏成が言わんとするところの概略は以下の通りである。江戸の地がこれほどまでに栄えているにもかかわらず、歌枕は「隅田川」「竹芝の浦」くらいしか有名なものがないことを残念に思っていた。すると、「鶴ぞのゝあるじの君（蜂屋光世）」がこれまでの詠歌を収集するのみならず、新たに設題して人々に詠ませて量的にも充実させ、この書を作ったのである、と。そのことで、江戸の名所を歌人が詠む際の「ほん（手本）」となるだろうというふうに寿いでもいる。

さらに、光世の自序を以下に挙げる。

江戸名所のうたは道興《だうこう》准后の廻国雑記《くわいこくざつき》を初として、戸田茂睡《とだもすい》の和歌鳥の跡、さゞれいし、あるひは紫の一本《ひともと》、さらぬふみどもに出たるもこれかれあれど、それらはみなはぶきて、加茂乃真淵《かものまぶち》より此かたの人のうたをのみ集《あつめ》たり。又、江戸名所図会《づゑ》にならひて、むさしの国の内のなどころはおほかたくはへたれど、猶もれたるもあるべし。そは続編にのせんとす。さてうたはめでたくとも所がらにかなはぬははぶけり。人々其心して見給へかし。

文久の三とせの春、鶴そのゝあるじ　蜂屋光世しるす

右には、道興の『廻国雑記』(長享元年〈一四八七〉成)や戸田茂睡の『紫の一本』(天和三年〈一六八三〉頃成)、茂睡が関係した『鳥の跡』(元禄十五年〈一七〇二〉刊)、『新歌さざれ石』(元禄十六年刊)などは省いて、賀茂真淵以降の作品を収録したことがまず記されている。この歌集には真淵門流の国学者・歌人が多く入集しており、同様に大きな勢力を保っていた香川景樹《かがわかげき》の門流桂園派はあまり入っていない(ただし景樹自身は入っている)。また『江戸名所図会』を参考にしたことも述べられているが、たしかに『江戸名所和歌集』以前の江戸名所生成について、『江戸名所図会』が果たした役割は極めて大きいと言ってよい。(1)

さて、その次に光世は「うたはめでたくとも所がらにかなはぬははぶけり。人々其心して見給へかし」とも記している。この言は、文学性を求められた場合に備えて予防線を張ったものと一応捉えられるだろう。この歌集の文学性について、二つの理由によって光世には懸念があったと思われる。ひとつは、あまり出来がよくないものでも入集させて数を揃えなくてはならなかったため玉石混交となり、その点に不安があったこと、もうひとつは、実際問題として歌のよしあしより写実性を優先させ、個々の歌枕の実態を人々により具体的に知らしめる必要性があったことである。

ただし、そのような問題はあっても、江戸歌枕を詠じた和歌をこれだけ大量に集成した意義は、当時においても、また後世に対しても大きいと言える。

二　詠法

その詠みぶりについて、まとめておこう。

詠まれている地名のほとんどは、いわゆる伝統的な「歌枕」ではなかった。そのため、歌人たちはたんなる土地名をどのように和歌的世界に取り込むかについて、自らの技量を試されることになる。彼らの多くは、これまで培ってきた伝統和歌の技法や知識を用いて、新しい歌題を詠もうとしていった。

菊坂　　　　　　　　遊女しづ

ほとゝぎすをちかへりなく声せしもけふきく坂やのぼりくだりに

菊坂(現在、文京区本郷)で聴いた郭公の鳴き声をめぐっての詠であるが、まずここでは「菊坂」と「(郭公の鳴き声を)聴く」が懸詞になっている。地名を懸詞によって表現するのは、「逢坂」「逢ふ」、「住吉」「住み良し」というように歌枕詠における常套手段であり、『江戸名所和歌集』でもしばしば用いられている。また「をちかへりなく」は、「郭公をちかへり鳴けうなゐ子がうちたれ髪の五月雨の空」(拾遺集・夏・凡河内躬恒)の表現によっている。

飛鳥山　　　　　　米沢少将斉憲朝臣

とはゞやなさかりは今日かあすか山桜かざして帰るもろ人

「飛鳥山(現在、北区王子)」と「今日か明日か」が懸詞。「昨日といひ今日と暮らしてあすか川流れて早き月日なりけり」(古今集・冬・春道列樹)などを意識していよう。「桜かざして」は、「ももしきの大宮人はいとまあれや桜かざして今日もくらしつ」(新古今集・春下・山部赤人)による。

大江戸

つくし船あしがら小ぶね津軽舟ふねといふ船のよする大江門《えど》　清水浜臣《しみずはまおみ》

「つくし船」と「あしがら小ぶね」はともに『万葉集』に見える語だが、「津軽舟」は江戸以前には文学作品のなかでほとんど取り上げられずにいた。津軽船は、中世に日本海方面で活躍した幕府の御用船で、津軽十三湊にまで航行したことから、この名がある。浜臣は、万葉的世界を思わせる船名と、和歌的伝統に束縛されない船名とを一首に混在させ、筑紫、足柄、津軽というような諸国の船が入り乱れて活気溢れる江戸湊の光景を描いている。賀茂真淵は、

津軽船北ふく風にこころせよえぞが浦わはなみたたずとも　（賀茂翁家集）

と詠んでいるが、これは江戸湊ではなくて日本海での航行を思いやったものである。

田畑

梅咲ける田畑の里の夕まぐれまぎれぬものは匂ひなりけり　細野直貴

「田畑」は今の北区田端。夕暮れ時で暗くなって花の姿は見えにくくなっても、その香りだけははっきりと伝わってくる。『古今集』の「春の夜の闇はあやなし梅の花色こそ見えね香やは隠るる」(春上・凡河内躬恒)の歌、いわゆる「暗香」の発想が踏まえられている。

萩寺

にひしぼり汲みてあそばむ萩寺の萩の錦をひしきものにて　久米八十子《くめやそこ》

萩寺は、柳島龍眼寺《りゅうがんじ》(現在、江東区亀戸)。萩寺に錦のように散り敷かれた萩を「ひしきもの」(引敷物。敷物の意)としつつ、「にひしぼり」(新酒)を酌み交わそうというのである。「にひしぼり」の語は、先に引いた真淵の「にほどりの」の歌を意識して使っているのだろう。「ひしきもの」は『伊勢物語』三段に出てくる語として知られている。

図 20　『江戸名所図会』龍眼寺

以上のように、彼らの歌々は伝統と当代の相克の間にあって生み出されていったもので、新たに歌枕を開発したからといって、実体験をより直接的に詠むといった、一足飛びに伝統性から乖離していくものではなかったのである。そのことをまず第一に確認しておきたい。

また、伝統と当代の融合の度合いはそれぞれの土地の特質によって異なっている。たとえば、同じ浅草の地名でも、大和の国に同名の歌枕がある「待乳《まつち》山《やま》」の詠歌は、伝統的な枠組みのなかで詠もうとする傾向が見られるのに対して、そのような伝統性がまとわりついていない「宮戸川」では当代の生活や信仰が描かれている。その土地についての伝統性の呪縛の多寡によって、当代の入り込む余地に違いが生じてくるわけで、それだけ和歌における伝統的規範は強いということなのだろう。(2)

さて、右のような伝統と当代の融合性を認めた上で、さらに、江戸という生活空間に生きた人々の息吹がたしかに感じ取れる歌々を以下に列挙しておこう。

柳橋　　　　　　　　　　伊東祐命
たをやめのよそふすがたの柳ばしなびきぞわたる人のこゝろも
柳原　　　　　　　　　野村敬賢
いたづらに常は過《すぎ》ぬる柳はらめにたつまでにもゆる春かな
愛宕山　　　　　　　　源興院亮迪
あたご山のぼればたかしつくだ島つきぢ芝浦たゞひとめなり
扇橋　　　　　　　　　岡野敦行
夏の日のかなめとたのむ橋の名の扇もとらじ風のわたれば
深川千鳥橋　　　　　　香川景樹
朝霜の深川くれば千鳥橋まだ踏みそめしあともなきかな

一首目は、柳橋の芸者が着飾って歩く姿に、柳の枝が靡くように男心は惹かれていくと詠む。二首目、いつも通っている道の変化に気づいた、ささやかな発見の喜びが、「いたづらに常は過ぬる」というやや口語的な雰囲気によってよく表わされている。三首目、実際に愛宕山に登ってみて、高所から湾岸の名所を一望できることへの興奮が伝わってくる。四首目。暑い夏の一日を過ごす上で「かなめ」(最も大切なこと)と頼みにしている「扇」にちなむ名を持つ橋なのだが、涼風が吹いているのでその「扇」さえ必要ないとこの地を賞賛する。「かなめ」は、扇の骨の末端を束ねるくさびの意もきかせており、「扇」と縁語になっている。五首目、「朝霜の深」と「深川」が懸けられている。朝早いので人の足で踏み荒らされていないのである。

ここでは、体験に基づいた卑近な感覚が、口語的な言い回しによって、より生活感覚に密着した形で表現されている。表現の質が内容の質と連動しているのである。当然のことながら、そのことにも注意しておきたい。

素朴な言い回しによって、彼らがまのあたりにした現実の風景が表現されている例は、この書においてしばしば見られる。そのような例をさらにいくつか挙げておきたい。

江戸湊　　深見草野子
はつがつを櫓声かけつゝ江戸の海みなとをさしておし送り船

溜池　　林長盛
つゝみなるしるしの榎ふきこゆる風ため池のゆふべすゞしも

神楽坂　　蜂屋光世
若宮の祭りのころはかぐらざかきねがつゞみの音きこゆなり

石切橋　　片桐信方
里の子が蛍とらむとむれて行《ゆく》いしきりばしの夏の夕ぐれ

藤寺　　片山糸子
空たかくさく藤寺はむらさきの雲とのみこそみゆるなりけれ

西が原　　林甕雄
西が原行かひ多しあすか山花のさかりになりにけらしも

江戸湊の櫓声、堤に植わっていた榎の木、若宮の祭り、子供たちの蛍狩り、藤の花の見事さ、飛鳥山の花見など、嘱目の光景への感慨がそのまま口を衝いて出たという趣がある。こういった詠みぶりが徐々に確立されていった向こう側に近代短歌が存在しているのだと思う。

ことばの問題に即して、注目すべき点をもう少し述べておこう。それは、江戸の名所生成においては、現実の土地のありようもさることながら、その地名自体が重要な意味を持っているということである。たとえば「柳原」という地名についても、実際に柳が生えていることがもちろん大事ではあるものの、それ以上に「柳」ということばが地名に含まれていることが、伝統的な歌の世界との二重写しを可能にしている。「柳」ということばが、現実のありかた――数多くの柳が植えられているという実際の風景――を現実以上の存在として文学的に押し上げていくのである。そのことは、吉田敏成の序文に「けしきおもぶきこれはとおぼゆる所々、さらぬも其名のゆかしげなるなど、ことのはにいひあらはしつべきたぐひ」として、現実の風景と地名ということばとが並列的に重視されていることからも確認できる。そしてたとえば次のような例からも、「名」がいかに重きをなしていたかがよくわかるだろう。

霞が関　大石千引
名におへる関の霞も今朝たちて東路ははや春めきにけり

清水谷　岡野敦行
夏の日はこゝにすまばや清水谷名をきくだにもすゞしかりけり

姫が井　清水謙光
たちよりて結ばまほしとおもふかな名もなつかしき姫がゐのみづ

猫また橋　榊原淑野
聞わたる名だにおそろしとしをへて人をくふてふ猫またのはし

妻恋　深見草野子

ねぎ事もみつのやしろと聞からに名もむつまじき妻恋のさか

初音里　河口公篤

里の名をはつ音ときけばほとゝぎすまつもたのしき処也けり

歌人たちと現実の風景の間にはことばの厚い歴史が横たわってもいるのである。そして、ことばによって地名が抒情的に昇華されてこそ、その土地は初めて人々の心の中で明確な形が与えられ、風土として形作られていくのである。

なお、同じ地名の題の歌が並べられているのを読んでいくと、いろいろな発見がある。先に挙げた真淵の「にほどりの」の歌が収められている「葛飾」の条には、

黒沢翁麿《くろさわおきなまろ》

たのみある秋の里人いはふらし葛飾早稲のにひしぼりして

という歌もある。翁麿は真淵を敬慕した国学者で、さきほどの久米八十子同様、真淵の歌を意識して自歌を詠んでいるわけであるが、このような同時代間の影響関係は編者蜂屋光世が地名ごとに歌を集成したからこそ容易に判明することではないか。この書の利用価値は大きいのである。

(1)　本書第四章第一節「『江戸名所図会』所引の詩歌」参照。

(2)　江戸名所研究会「『江戸名所和歌集』研究ノート(一)(二)」(日本女子大学大学院紀要、二〇〇二年三月・二〇〇三年三月)

【付記一】　中澤伸弘『考証随筆　かきのおち葉』(私家版、二〇〇二年)、同「蜂屋光世と『江戸名所和歌集』」(日本古書通信、二〇〇三年五月)も、『江戸名所和歌集』について言及している。

【付記二】　『江戸名所和歌集』の本文は、太平書屋より刊行されている。

第五章　絵画体験の浸透

第一節　詩人たちの昂揚――勿来の関と源義家

一　はじめに

源《みなもとの》義家《よしいえ》が勿来の関を越える時に、

吹く風をなこその関と思へども道もせに散る山桜かな　（千載集・春下）

と詠んだことは『前太平記』巻三十二にも描かれ、よく知られている。現在その跡とされる場所には「奥州勿来関趾」の石碑が建てられ、往時を偲ぶよすがとなっており、他に義家像やいわき市勿来関文学歴史館なども存している。

勿来の関は、白河の関、念珠の関とともに奥州三関の一つであり、「夷よ、来る勿れ」との意がこめられた関名である。和歌で詠まれる場合にも、

立ち寄らば影ふむばかり近けれど誰かなこその関をすゑけむ　（後撰集・恋二・小八条御息所）

などのように、「な来そ」との懸詞を用い、遠い陸奥の地を思い遣って詠むことがほとんどであった。それに対して、義家の歌は現地で詠まれたという点ではむしろ数少ない例のひとつであろう。もちろん、義家が訪れた時には関所は

とうの昔に廃れてしまっていたわけではあるが。

ところで義家が勿来の関を越える図というのも現在いくつか伝わっている。よく見るのは谷文晁《たにぶんちょう》画「勿来関図」で、一九七九年東京国立博物館での「狩野派の絵画」展図録や、一九八三年尼崎市総合文化センターでの「谷文晁展」図録に掲載されている。紙本着色の一幅で、縦一一六・〇糎、横五四・五糎。画面上方に桜が咲くのを、馬上の武人が振り返っているところが描かれている。画面上方左には松平定信《まつだいらさだのぶ》筆により義家の歌が認められている。久隅守景《くすみもりかげ》・田中《たなか》訥言《とつげん》などにもこの画題による作品がある。[1]

他に葛飾北斎の『絵本武蔵鐙《むさしあぶみ》』(天保七年刊)にも「八幡太郎源の義家/名古曾の関の古歌有、略之を」とある図が載る。ここでも馬上の義家が画面一杯に描かれ、桜が散っている。歌川国芳にも浮世絵がある。

図21　歌川国芳『関屋　源義家朝臣』(神奈川県立歴史博物館蔵，松濤美術館図録『武者絵』より転載)

この図像の成立に際しては、勅撰集歌でもある義家の和歌がまず著名なものとして人々の間に認識されていった長い歴史の後、右のような画題で絵画が描かれていったと考えてよいのだろう。

さて、じつはこの義家勿来越えの画賛は、江戸後期の漢詩において最も人気のある人物画賛のひとつなのである。人気の理由は、たとえば林羅山《はやしらざん》の次の言からも窺い知ることができる。

義家は源家の正統にして、武門の棟梁なり。（寛永諸家系図伝）

図 22　『絵本武蔵鐙』「八幡太郎源の義家」（永田生慈氏蔵）

つまり、武士の先祖の長たる存在として、義家は尊重されていたのである。時代は下って、谷合南涯の『日本英雄百絶』（明治十年〈一八七七〉刊）に載る義家詩の頭注にも「八幡公、為当時諸名将之冠」とある。そして、江戸後期に詠史詩歌が流行するなかで、多くの義家勿来関図賛が詠まれていった。

ここでは主として、漢詩の用例について検討していきたい。

二　漢　詩

（1）　画賛十首簡注

漢詩は、全部で十首を取り上げる。それらをまず列挙し、語釈を中心に若干の言及を加えていく。茶山が時代的には少し前で、次いで山陽、佩川、弘庵、笛浦、磐渓、湖山、枕山、支峯の順だが、時期にさほど違いはない。

①菅茶山《かんちゃざん》（一七四八～一八二七）（イ）

奈古曾の関の図に題す

関門形勢扼蝦夷　　関門の形勢　蝦夷を扼《おさ》ふ
憶昔東征駐四騏　　憶ふ　昔　東征　四騏を駐《とど》めしを
清世窮辺路無梗　　清世　窮辺　路　梗《かう》無し
行人間唱落花辞　　行人　間に唱ふ　落花の辞

（黄葉夕陽村舎詩、文化九年〈一八一二〉刊）

「四騏」は『詩経』に「四騏翼翼」とある。「騏」は駿馬。「清世」は、清らかに治まった世、太平の世。「窮辺」はこの世の果ての意で、奥州の地を指す。「梗」はふさぐ、妨げるの意。『唐書』李靖伝に「長安に至れば道梗がる」とある。「落花の辞」は言うまでもなく、義家の和歌である。

②菅茶山（ロ）

八幡太郎、名古曾の関を踰《こ》ゆるの図

三歳懸軍滞塞沙　　三歳　懸軍　塞沙《さいさ》に滞る

英風猶不廃詞華　英風　猶ほ　詞華を廃せず
令厳行伍無多事　令厳《れいげん》にして行伍《かうご》　多事無し
卓馬関門咏落花　馬を関門に卓《た》てて　落花を咏ず　（黄葉夕陽村舎詩）[2]

「三歳」は三年。義家は前九年の役、後三年の役で奥州に出陣した。「懸軍」は、後続の軍がなくても単独で敵地に進軍すること。「塞沙」は、辺境の砂漠。この場合、奥州。「英風」は、英雄の姿。「詞華」は和歌。「令厳」は、命令が厳しいこと。「行伍」は、軍隊。「多事無し」は事故もなく無事であること。「卓馬」は馬を立てること。

③頼山陽《らいさんよう》（一七八〇～一八三二）

八幡太郎、勿来関を過ぐるの図に題す

春風吹旆白央央　春風　旆《はい》を吹く　白央央
多難関心道路長　多難　心に関す　道路長し
満地腥塵未全掃　満地の腥塵《せいぢん》　未だ全くは掃はず
馬蹄愧蹋落花香　馬蹄　蹋《たふ》を愧《は》づ　落花の香　（山陽遺稿、天保十二年〈一八四一〉刊）[3]

「旆」は旗。「央央」は鮮やかな様子。『詩経』小雅・六月の詩に「白旆央央」とある。この場合、源氏の白旗の意も効かせている。「腥」は生臭いこと。「蹋」は「踏」に同じ。落花を踏むのを「愧づ」のは、義家の風雅な心によっている。

④草場《くさば》佩川《はいせん》（一七八七～一八六七）

八幡公、勿来の関を過ぐるの図に題す

九載東征缺我牀　九載の東征　我が牀を缺《か》く

関山帰馬独彷徨　関山　馬を帰して　独り彷徨
春風無限英雄恨　春風　限り無し　英雄の恨み
幾陣花飛満路傍　幾陣　花飛びて　路傍に満つ
（珮川詩鈔、嘉永六年〈一八五三〉刊）(4)

「九歳」は前九年の役を言う。「牀」は斧。『詩経』豳風・破斧に「我が牀を缺く」との表現がある。周公東征の際、人々は牀が破れ欠けるほど苦労して山林を伐り払い進軍を助けたという表現の一部である。

⑤藤森弘庵《ふじもりこうあん》（一七九九〜一八六二）

八幡公、勿来の関の図

誓掃胡塵不顧家　誓って胡塵《こぢん》を掃はんと家を顧みず
懸軍万里向辺沙　懸軍　万里　辺沙に向かふ
馬頭残日東風悪　馬頭の残日　東風悪しし
吹落関山幾樹花　吹き落す　関山　幾樹の花
（春雨楼詩鈔《しゅんうろうししょう》、安政元年〈一八五四〉刊）(5)

「胡塵」は、蝦夷の反乱を言う。陳陶「隴西行」に「誓って匈奴を掃って身を顧みず、五千の貂錦胡塵を喪ぼさん」との表現がある。「懸軍」は②参照。「辺沙」は辺境の地。この場合、奥州。「残日」は夕陽。

⑥野田笛浦《のだてきほ》（一七九九〜一八五九）

八幡公、勿来の関を過ぐるの図

白旗風起乱春暉　白旗　風起ちて　春暉《しゅんき》に乱る
辺境已驚貔虎威　辺境　已に驚く　貔虎《ひこ》の威
鉄馬不前関外路　鉄馬《てつば》　前《すす》まず　関外の路

落花如雪灑戎衣　　落花　雪の如く　戎衣《じゆうい》に灑《そそ》ぐ　　（嘉永二十五家絶句、嘉永元年刊）

「春暉」は春の日光。「貔虎」は、「貔（豹に似た猛獣）」と虎。勇猛な軍隊・将卒に喩える。「戎衣」は軍服。

⑦大槻磐渓《おおつきばんけい》（一八〇一〜七八）

八幡公、勿来の関を過ぐるの図

白旆央央辞帝家　　白旆　央央　帝家を辞す

春風躍馬入煙霞　　春風　馬を躍らせて　煙霞に入る

知君勝算無遺策　　知《し》んぬ　君が勝算　遺策《ゐさく》無きを

横槊関門詠落花　　関門を横槊《わうさく》して　落花を詠ず　　（寧静閣《ねいせいかく》二集、安政五年刊）(6)

「白旆央央」は③参照。「帝家」は天子のいる所、この場合皇居。「遺策」は手落ち、ぬかり。「横槊」は、矛を横たえて持つこと。曹操が戦場において矛を横にして詩を賦した故事（旧唐書・文苑下・杜甫伝）による。蘇東坡《そとうば》の「前赤壁賦」にも「槊《ほこ》を横たへて詩を賦す」とある。転、結句、万全の準備なればこそ歌を詠む余裕があるということなのだろう。

⑧小野湖山（一八一四〜一九一〇）

八幡公、勿来関を過ぐるの図

誰言百戦不酬功　　誰か言ふ　百戦　功に酬いずと

万里東辺指掌中　　万里　東辺　指掌の中

身帯恩光出関去　　身は恩光を帯びて　関を出でて去る

征衣春暖落花風　　征衣　春は暖かなり　落花の風　　（皇朝分類名家絶句、明治三年刊）

承句は、奥州を掌握していることを言う。

⑨大沼枕山《おおぬまちんざん》（一八一八～九一）

八幡公、勿来の関を踰ゆるの図

韜鈐餘事亦詞雄　韜鈐《とうけん》の餘事　亦た詞雄
詠向関門駐鉄驄　詠じて関門に向かひ　鉄驄《てっそう》を駐《とど》む
部伍令厳春昼寂　部伍《ぶご》　令厳にして　春昼寂《しゅんちゅうせき》
白旗不動落花風　白旗　動かず　落花の風

（枕山詩鈔、安政六年刊）[7]

「韜鈐」は『六韜《りくとう》』と『玉鈐篇《ぎょくけんへん》』という兵法書。この場合は、兵法という程度の意。「詞雄」は詩文にすぐれた人。「鉄驄」は青黒ずんだ毛色の馬。「部伍」は軍隊、「令厳」は②参照。結句、「白旗」「落花」は白のダブルイメージ。なお「応高松老大久保君索」との注記がある。

⑩頼支峯《らいしほう》（一八二三～八九）

八幡公、勿来の関を過ぐるの図

多年百戦不酬功　多年　百戦　功に酬《むく》いず
又擁征旆向海東　又た　征旆《せいばい》を擁して　海東に向かふ
勒馬空吟惆悵句　馬を勒《ろく》して　空しく吟ず　惆悵《ちうちやう》の句
勿来関外落花風　勿来関外　落花の風

（皇朝分類名家絶句、明治三年刊）[8]

「旆」は旗。「惆悵」は嘆き悲しむこと。その句とは、義家が勿来の関を詠んだ歌を指す。

なお、以上①～⑩のうち、④草場佩川は古賀精里に学び、のち佐賀藩に仕える。墨竹画を得意とし、絵画にも秀でていた。⑤藤森弘庵は最初伊予小松藩に仕え、のち土浦藩に招かれ、さらにそののち江戸下谷に塾を開いた。安政の大獄に連座したが、のち赦免される。⑥野田笛浦は、古賀精里に学び、文章四大家の一人と称された。丹後田辺藩に仕えた。⑧小野湖山は、梁川星巌《やながわせいがん》に詩を学び、安政の大獄で幽閉された。⑩頼支峯は、頼山陽の次男。他は有名な人物と思われるので紹介は不要であろう。

（２）　塞下曲詩との関連

さて、以上の詩十首の内容について、大雑把に言うとどのような傾向が認められるだろうか。もちろん個々の詩独自のありかたは尊重されるべきだが、ひとまず一括りにしてみて、傾向を大摑みにするところから始めたいのである。私なりにまとめてみると、次のようになる。

《長年の困難を乗り越えて辺境の地を行軍し、勿来の関を越えるに際して、風が吹いて源氏の白旗がたなびき、そして落花を見て馬上の英雄が感興を催し歌を詠じた。》

そして、右をさらに大別すると、

(甲)行軍の厳しさ

(乙)落花を詠ずる雅び

という二つの要素にまとめられるだろう。そして、大体においてそれらは一首の中で(甲)から(乙)へという順序で描かれていく。

右のうち、(乙)落花を詠ずる義家の行為を雅びだとする見方は、言うまでもなく冒頭に紹介した義家の「吹く風を」の歌に依拠するものである。和歌的美意識による表現と言い換えてもよい。そして、絵に描かれている落花と桜

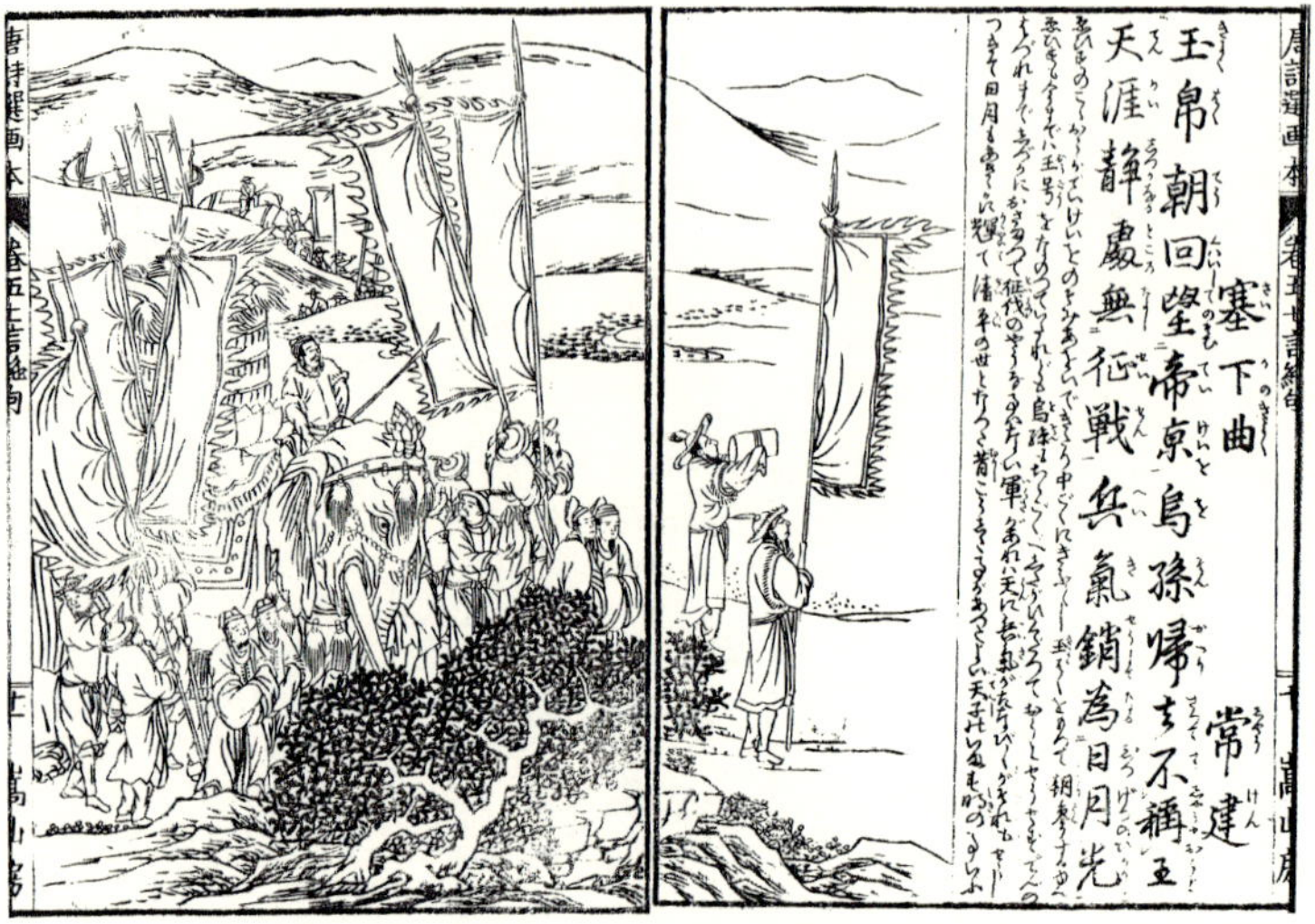

図23 『唐詩選画本』塞下曲

の木を仰ぎ見る武将の物思いにふける顔付きによっても、そのことは想起されたのであろう。構図を同じくする絵が流布し、それらの絵によって等質のイメージが鑑賞する側に与えられていった。落花という具体的な景物のみならず、義家が勿来の関を過ぎる光景全体の情感の共有という点にも、絵画は貢献していたのだと思う。和歌と絵画の両方に触発されて(乙)の内容が詠ぜられたのである。

それに対して(甲)行軍の厳しさの表現はどこから来ているか。もちろん義家蝦夷行という歴史的事実への知識は当然として、それを詩に詠むに当たって何を発想の手がかりとしたのか、という問題である。

そこでまず、絵でも描かれ①〜⑩の十首の詩にかなり共通して見られる、馬と風という要素に着目してみたい。その二要素が見られる例というと、まず『文選』の「胡馬依北風」(古詩)などが想起されるが、もう少し広く言うなら、「塞下《さいか》曲《きょく》」の世界が念頭に浮かんでくる(参考までに『唐詩選画本』「塞下曲」の挿絵を挙げる)。

たとえば、李賀《りが》の「塞下曲」の一部を以下に引こう。

胡角引北風　胡角　北風を引き
薊門白於水　薊門《けいもん》　水より白し
（中略）
蕃甲鎖蛇鱗　蕃甲《ばんかふ》　蛇鱗《だりん》を鎖《つら》ね
馬嘶青塚白　馬嘶きて　青塚白し
（下略）

このように、馬と風とが哀しみをいやが上にも盛り上げていくような風情は、「塞下曲」の世界では珍しいことではあるまい。日本の詩人たちにも、

塞下曲　服部南郭《はっとりなんかく》
昨夜逐強胡　昨夜　強胡を逐ひ
駐馬陰山下　馬を駐む　陰山の下
万匹斉欲嘶　万匹　斉《ひと》しく嘶かんと欲し
北風落平野　北風　平野に落つ
（南郭先生文集、享保十二年〈一七二七〉刊）

など、蘐園《けんえん》の詩人を中心に用例が見出せる。
さらに、参考になると思われる杜甫の「後出塞《こうしゅつさい》」という詩を挙げよう。

朝進東門営　朝には進む東門の営
暮上河陽橋　暮には上る河陽《かやう》橋
落日照大旗　落日　大旗を照らし

馬鳴風蕭蕭　　馬鳴いて　風蕭蕭《せうせう》たり
平沙列万幕　　平沙　万幕を列《つら》ね
部伍各見招　　部伍　各おの招かる
中天懸明月　　中天に明月懸り
令厳夜寂寥　　令厳にして　夜　寂寥
悲笳数声動　　悲笳《ひか》　数声動き
壮士惨不驕　　壮士　惨として驕《おご》らず
借問大将誰　　借問《しやもん》す　大将は誰ぞやと
恐是霍嫖姚　　恐らくは是れ霍嫖姚《くわくへうえう》ならん

ここでは、馬と風ももちろん存するが、その上、「大旗」「平沙」「部伍」「令厳」が、それぞれ、

「大旗」　③旆　⑥白旗　⑦白旆　⑨白旗　⑩征旆
「平沙」　②塞沙　⑤辺沙
「部伍」　②行伍　⑨部伍
「令厳」　②令厳　⑨令厳

というように、前掲十首の勿来関賛詩にも登場している。また、義家に対応するものとしては「大将」という語も、この杜甫の詩には登場する。

さらに確認のため、江戸時代に種々流布した詩語集の類から「塞下曲」の項について当たってみる。たとえば永田《ながた》観鵞《かんが》編『詩語砕錦《しごさいきん》』（明和五年〈一七六八〉刊）の「塞下曲」の項には、次のような用語が見出せる。（　）

内は割注。

平沙(胡ノ地ハヒロキ沙ハラ也)

関山(辺ニアル)

胡塵(胡ノヨセクル馬ケフリ)

旌旗(ハタ)

これらはいずれも、①〜⑩の勿来関図賛十首中に存するものか、類似するものが見出せるものである。おそらくは(甲)行軍の厳しさを表現するに際して、詩人たちが「塞下曲」の表現を参考にして自らの詩境を形作っていったことは間違いない。

以上を要するに、ここでは、詩人たちが「塞下曲」に関する語句と、義家の「吹く風を」歌とを用いながら、(甲)行軍の厳しさ、(乙)落花をめぐる風雅というふたつの世界を共有しつつ、個々人の微妙なずれを楽しむという、無意識のレベルで一体感を保った世界があるのである。この一体感は、絵画の流布ということ、また茶山や山陽ら大きな存在の詩人が先頭を切って詠んでいるということによっても支えられている。

そして、花散る勿来の関の向こう側に、塞上の地を幻視するという、二重性が見出せる。おそらく、それは漢詩においてよりはっきりと見出せるものなのである(9)。

なお、ここまで考察の対象としてきた十首は画賛であるが、画賛でない義家勿来関詠も数首見出せたので、参考までにそのうち二首を掲げておく。ただし、ここでの考察においては画賛であることも重要な要素であるので、この詩はあくまで考察の対象外である。

まず、荒井堯民の『本朝人物百咏』(安政二年序)中の一首を挙げる。堯民は、号晴湖。奥御小姓御膳番頭取白須甲斐守の用人で、大田錦城に学んだ。

源将軍義家

十五年間事北征　十五年間　北征を事とし
勿来関外見山桜　勿来関外　山桜を見ゆ
飛将吟咏芳千歳　飛将の吟咏　千歳に芳し
暁勇絶倫四海轟　暁勇　絶倫　四海に轟く

次に、大槻磐渓の一首を挙げる。

八幡太郎義家

勿来関外好風吹　勿来関外　好風吹く
奥賊乱平何日帰　奥賊　乱平らげて　何れの日にか帰らん
満路落花埋不尽　満路の落花　埋めて尽くさず
残紅猶逐馬蹄飛　残紅　猶ほ馬蹄を逐《お》ひて飛ぶ

（国詩史略、明治四年刊）

三　和歌・川柳

（1）和　歌

以上、漢詩について見てきたが、他ジャンルに目を転じてみる。まずは和歌の画賛について例を挙げる。

なこその関に花さけり、義家朝臣の馬とゞめて見給ふかたに

清水浜臣《しみずはまおみ》

①道もせに今もにほふかもの丶ふの言の葉とめしせきの春風　（泊洦舎集《ささなみのやしゅう》、文政十二年刊）

義家朝臣、なこその花の絵　松平定信《まつだいらさだのぶ》

②みちのくのなこその関は名のみして世にこえにけるはなのことのは　（三草集）

源義家朝臣のなこその関のかたに　賀茂季鷹《かものすえたか》

③千万のあだにむかへるもの丶ふも花さそふ風はすべなかりけり　（雲錦翁家集、天保二年刊）

義家朝臣の名古曾の関にたてる画に　香川景樹《かがわかげき》

④のこるらんたまのゆくへはしらねども名こそ関には立どまりけれ　（詠史歌集・鴨川集付録、嘉永六年〈一八五三〉刊）

義家朝臣名古曾関をこゆるかた　千種有功《ちくさありこと》

⑤散らさずはことばの花も散らざらむ関の嵐は心ありけり　（千々廼舎集《ちぢのやしゅう》、安政二年刊）

義家朝臣なこその関こゆるかた　千家尊晴

⑥吹かぜをなこその関のことのは丶花にもまさるにほひなりけり

（同右）　成瀬広冬

⑦ちる花は雪とみだれてひおどしの鎧の袖にかをるはるかぜ　（詠史河藻《かわも》歌集、文久二年〈一八六二〉刊）

義家朝臣勿来関のかた　福田行誠《ふくだぎょうかい》

⑧あともなく関路の桜散りたれどにほへる名こそなほ残りけれ　（於知葉集《おちばしゅう》、明治二十年刊）

①は、「道もせに」のことばを義家の歌から取り、春風が武士の風流心を促し、落花の代わりとして言の葉を関にとどめさせたというのである。『詠史歌集』（鴨川集付録）にも所載。

③の、「千万のあだにむかへる」という表現は、「千万の軍なりとも言挙せずとりて来ぬべき男とぞ思ふ」(万葉集・巻六・高橋虫麻呂)を踏まえているものの、口語的な匂いも感じさせる。千万の敵にも臆さない勇猛な武士であっても落花をとどめることはできないという慨歎。

④は、「たまのゆくへ」が、

空蝉のからは木ごとにとどむれど魂の行方を見ぬぞ悲しき　(古今集・物名・読人不知)

による表現。

⑤は、花を散らしたことで言葉の花もこの関に散り、永遠に関の名が歌にとどめられることになったと寿ぐ。

②⑥⑧も、①や⑤などと同様、散る花と残る言の葉という対比によって詠まれている。

⑦の「ひおどし(緋縅)の鎧の袖」という表現は、従来散文に見られがちな表現であり、江戸後期に特徴的な非雅語的用法である。

総じて和歌では、落花を詠じた義家の文事を顕彰することに力点が置かれている。ここにあるのは、画中の落花に対抗するかのように、眼前に散りしく花は消え去っても、言葉の花としての和歌は永遠だとする、和歌ジャンル自体の自己主張のように思われる。

ところで、画賛以外にも義家の勿来関越えに関する和歌を拾い出すことは可能で、たとえば江戸後期の詠史詩歌流行をめぐって義家詠が数多く詠まれたなかからは、容易にそのいくつかを見出すことができる。いずれも「源義家朝臣」の題。

高井《たかい》宣風《のりかぜ》

ちりうせぬ名こそ関路にとゞめけれ花の盛もかぎりある世に

五十君夷守
道もせにちるてふ花のことの葉やいまはなこそのせきのおもかげ　（詠史歌集・鴨川集付録）
高橋残夢《たかはしざんむ》
道もせにちる花を見てはるかにも君が名こそのせきをしぞ思ふ
橋本弘道
都まで名こそにほへれ道もせにちりかふ花のせきのはるかぜ
木村政常
武士の心のこまもなづむらむ名こそのせきの花のしらゆき
竹尾正久
せきこえてちるやさくらのことの葉に名をとめけりなあはれますらを　（詠史河藻歌集）

（2）川　柳

さて和歌や漢詩のように画賛ではないが、川柳にも勿来の花吹雪を詠んだ作品は数多く見られるので、それも参考のため見ておきたい。(10)　いずれも『誹風柳多留《はいふうやなぎだる》』中の作品。（　）はその巻数である。

道もせに散ツて朽せぬ山ざくら　（一四一）

「朽せぬ」とは、歌に詠まれたことで、勿来の関の桜が不朽の名声を得たことを言う。

来て見れバ歌とふきかへできる関　（四十）

「ふきかへ」は代り。すばらしい関によって名歌もできたというのである。

弓取の名こそ高けれ関の花　（九十六）
文と武を兼た名こその山さくら　（九十七）
名将のナコソ世にちれ関の花　（一〇一）

これらはいずれも武人としての義家の風雅心を讃えたものである。

文に不破《ふは》武にハ名古曾の関とせき　（九十・一二二）
不破名古曾文武取組む関と関　（一五一）

不破の関は、近江・美濃の国境にあり、古代三関の一つ。「人すまぬ不破の関屋の板びさしあれにしのちはただ秋の風」（新古今集・雑中・藤原良経）などで知られ、荒廃したわびしいさまを描写されることが常であった。右に挙げたような川柳からは、あまり辛辣な批評は見られず、むしろ祝儀性の強い感じがする。これも、武家の棟梁としての人気ゆえではないかと思われる。

四　まとめ

さきに中国的イメージとの二重性について触れた。

そして、詠史詩歌には本質的に現在と過去とを二重写しにしようとする精神が内包されている。過去を詠んでいるようだが、その昂揚感は〈今そのもの〉が口を衝いて出たものに他ならない。

それを私なりに図式化すると、

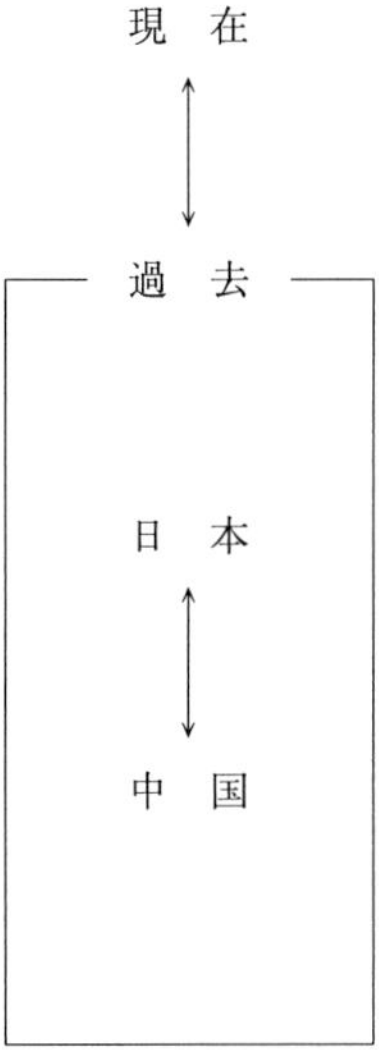

というふうになる。

　なお、義家勿来関詩が塞下曲を下敷きにするというような、日本の史実を描写する際に中国詩の世界を利用することは、他にも種々見出せる。(11) その点では、ここで取り上げた問題点は応用範囲が広いと言わねばならない。

　ここで最も言いたいことは、詠史詩が本来的に持っている、過去の歴史的事実をいかに生き生きと現在に蘇らすかという知的な詩作精神についてである。たんに国粋主義とだけ見られがちな詠史詩だが、本来的な特質である知性の発露といった側面を理解することで、再評価されてもよいと思う。そして、中国詩的世界としての「塞下曲」という回路を用いて知的に過去の史実を再構成し我が物としようとした義家勿来関図賛の詩群を、詠史詩の本来的なよさを十分発揮したものとして高く評価したいのである。

(1)　門脇むつみ「冷泉為恭筆　足柄山図」(國華、二〇〇一年九月)
(2)　『皇朝分類名家絶句』にも所収。
(3)　『詠史絶句』にも所収。
(4)　『皇朝分類名家絶句』にも所収。
(5)　『皇朝分類名家絶句』『安政三十二家絶句』にも所収。

(6)『皇朝分類名家絶句』にも所収。
(7)『皇朝分類名家絶句』にも所収。
(8)『安政三十二家絶句』にも所収。
(9) なお、義家の「吹く風を」の歌自体にも辺塞詩の影響があったことが、松野陽一「俊成と千載集」(『和歌文学論集8 新古今集とその時代』風間書房、一九九一年)によって指摘されている。本書の義家勿来関画賛論では、和歌的美意識による花散る勿来の関と漢詩的世界における塞上曲という二重性によって図式化してきたが、和歌という回路からも塞上曲へと導かれる要素は存していて、事態はもう少し複雑になる。ただし、前述した二重性は、やはり漢詩においてより明確な形で見出されることに変わりはない。
(10)『日本史伝川柳狂句』(古典文庫)を参考にした。
(11) 拙稿「詠史詩覚書」(日本女子大学紀要 文学部、二〇〇二年三月)

【付記一】 上村才六『日本詠史詩詳解』(聲教社、一九二八年。覆製、松雲堂書店、一九八八年)を利用し、詩の解釈のいくつかについて得る所があった。学恩に感謝したい。
【付記二】 本稿初出後に、後藤昭雄『平安朝漢文学論考』(桜楓社、一九八一年)の「嵯峨朝詩人の表現」において、「蝦夷の住む陸奥の地を、中国の辺塞詩のイメージのもとに捉えて、国境を犯す夷狄との戦いに明け暮れる北辺の砂漠地帯と見なしている」という指摘に接し、興味深かった。ここで取り上げた江戸後期の詠史詩と直接の関連があるかどうかは難しいところだが、日本漢詩の普遍的な発想という点で大いに参考とすべきであろう。
【付記三】 詩歌と絵画の交響については、拙著『江戸詩歌の空間』(森話社、一九九八年)を参照されたい。また、江戸時代の和歌画賛については、田代一葉「清水浜臣の画賛」(日本女子大学大学院・二〇〇二年度修士論文)に網羅的な研究がある。

第二節　イメージの共有——笙を吹く新羅三郎

一　はじめに

新羅《しんら》三郎義光《さぶろうよしみつ》は、前九年・後三年の役と二度にわたって奥州に遠征した源義家の弟であり、笙《しょう》の名人としても知られた。その義光が豊原時元《とよはらときもと》から秘曲を伝授され、さらに時元の子時秋に伝えた逸話は、『古今著聞集』などいくつかの説話集に見える。そして、江戸後期にはそれを詩題として詠んだ詠史詩が、画賛を中心として数多く見出せるのである。ここでは、それらの詩の作られ方を吟味しつつ、詠史詩の特質について具体的に考察してみたい。

最初に、義光が兄義家の転戦する奥州へ赴く際に、足柄の関で秘曲を伝授したという有名な逸話について、その概略を押さえておく。以下に『古今著聞集』に載る「源義光笙の秘曲を豊原時秋に授くる事」の記す所の要を摘む。

新羅義光は、笙の名人豊原時元の弟子であった。息子の時秋がまだ幼いうちに時元は没してしまったので、「太《たい》食調入調曲《しきちょうにゅうじょうきょく》」は時秋ではなく義光に伝授されたのであった。後三年の役によって義光の兄義家が奥州に赴いた時、京にいた義光は奥州に遠征したいと思った。朝廷はそれを許可しなかったので、義光は兵衛尉《ひょうえのじょう》という官職を投げ捨てて旅立った。すると豊原時秋が付き随ってきて、帰るように言っても決して応じない。そして、足柄の関まで来たとき、義光は時秋の思いをようやく察し、「これまで私に付いて来たのは、このためであろう」と言って、秘曲を伝授した。時秋はさらに随行しようとしたが、義光に強く止められ都へ帰って行った。

他にも『続教訓抄』『時秋物語』『今鏡』新枕などに類話があるが、『古今著聞集』が最も流布度が高いと言ってよいのだろう(『古今著聞集』には元禄三年〈一六九〇〉刊本がある)。また、江戸時代では、岸鳳質『扶桑蒙求』(天保十四年〈一八四三〉刊)にも「義光授笙」が、宇都宮遯庵《うつのみやとんあん》『日本古今人物史』(寛文九年〈一六六九〉刊)にも「豊原時秋」が立項されてほぼ同様の内容が載っており、そのような漢文体逸話集もこの話の流布に一役買ったであろう。岡西惟中《おかにしいちゅう》『一時随筆』も「橘季茂が記にみえぬ」と『古今著聞集』に依拠してこの話を紹介している。(1) 現在、小涌谷温泉と芦の湯との境にある笛塚がその遺跡であるらしい。(2)

なお、実際には義光に秘曲を伝授されたのは時元であるが、ここでは『古今著聞集』に従って時秋であるということにして次に話を進めていきたい。

二　漢　詩

(1)　画賛十二首箇注

さて、「新羅三郎、笙を足柄山に吹くの図」というような詩題を持つ江戸時代の画賛を拾っていくと次のようなものが指摘できる。(3) 以下、原文と訓読を掲げ、箇注を加えつつ、生年順に列挙していきたい。

①秋山玉山《あきやまぎょくざん》(一七〇二～六三)

新羅三郎、笙を足柄山に吹くの図

漢室将軍賦遠征　漢室の将軍　遠征を賦す
虬鬚颯爽夜吹笙　虬鬚《きうしゆ》　颯爽　夜　笙を吹く
銕衣忽見秋風起　銕衣　忽ち見る　秋風の起こるを
月白関山草木鳴　月は白く　関山　草木鳴る
（玉山先生詩集、宝暦四年〈一七五四〉刊）

「漢室」は漢の宮廷。その時代に匈奴を征伐するため遠征した将軍に義光をなぞらえている。「虬鬚」は、蛟《みずち》のように曲がっている髭。「虬鬚颯爽」は、⑨芹坡の詩にも出てくる。「吹笙」は『詩経』小雅・鹿鳴にある表現である。「銕衣」は鎧、鉄甲。④山陽・⑨芹坡・⑩竹堂の詩にも出る。「草木鳴る」は、笙のすばらしい演奏に呼応するかのように草木も音を立てたということ。名演奏があたりに鳴り響いたのである。「関山」は関と山々。この場合は足柄の関を言う。

「関山月」は有名な詩題で、『唐詩選』所収の儲光義《ちよこうぎ》の作品には、

一雁過連営　一雁　連営を過ぎ
繁霜覆古城　繁霜　古城を覆ふ
胡笳在何処　胡笳《こか》　何れの処にか在る
半夜起辺声　半夜　辺声を起す

とある。「胡笳（胡人が吹くあしぶえ）」に対応するものとして、玉山の詩では「笙」が鳴るのであり、そのように国境での悲愴な戦いの情景が重ね合わされている。

なお、①玉山では、②茶山・③棕隠・④山陽以降重要な要素となる兄弟という視点や鶺鴒の故事は見られない。

②菅茶山《かんちやざん》（一七四八〜一八二七）

新羅三郎、笙を足柄山に吹くの図

窮辺三歳懸軍苦　　窮辺　三歳　懸軍の苦
遠道単身求教情　　遠道　単身　教を求むるの情
暫藉脊令原上草　　暫《しばら》く脊令《せきれい》原上の草を藉《し》きて
相伝一曲鳳皇鳴　　相伝ふ　一曲　鳳皇の鳴

（黄葉夕陽村舎詩遺稿、天保三年刊）

「窮辺三歳」は、義家が後三年の役で奥州を転戦したことを言う。「懸軍」は、援軍がないまま敵地へ深く侵入すること。「遠道単身教を求むるの情」は、豊原時秋が秘曲を伝授してもらうため義光に随ったことを指す。「脊令（鶺鴒）原」は、兄弟が互いの難を救うことの喩え。『詩経』小雅・常棣《じょうてい》にある表現である。以後、この表現が頻出するので、少し詳しく触れておく。この常棣の詩は、兄弟が仲よくすべきであると戒める内容が記されているのである。冒頭部分を以下に記す。

常棣之華　鄂《がく》不《ふ》韡《ゐ》韡《ゐ》
凡今之人　莫如兄弟
（中略）
死喪之威　兄弟孔懐
原隰《げんしふ》裒矣　兄弟求矣
脊令在原　兄弟急難
毎有良朋　況也永歎
（下略）

傍線部が問題とすべき表現だが、水鳥の鶺鴒《せきれい》はいま高原にあって困難に直面している、互いを呼び合って助け合うとの意に取れる。やはりいざという時には兄弟というものは頼りになるのだと言うのである。またその直前の「原隰に裒《あつま》るも、兄弟求む」は、出征して高原と下湿の地に出て、死の危機に直面しても兄弟は互いに助け合っていくとの意で、出征した武士の兄弟の喩えとしてふさわしい。

なお、鶺鴒の故事を詠み込んだという点では、④山陽の方が早い(後述)。「鳳皇(凰)鳴」は、笙の音色を喩えたもの。これも後に詳しく触れる。

③中島棕隠《なかじまそういん》(一七七九〜一八五五)

新羅三郎義光の図に題す

一氏建功難弟兄　　一氏　功を建てて　弟兄たり難し
鴒原赴難援天兵　　鴒原　難に赴きて　天兵を援く
風流猛毅如相比　　風流　猛毅　如《も》し相比せば
応勝周郎顧曲名　　応《まさ》に周郎顧曲の名に勝るべし

(棕隠軒三集、天保元年刊)

ここでも鶺鴒の故事が詠みこまれているが、成立は④山陽の詩の方が早い。「周郎顧曲」は、三国時代の周瑜《しゅうゆ》が音楽に詳しく、曲に誤りがあると顧みたという故事。

④頼山陽《らいさんよう》(一七八〇〜一八三二)

新羅三郎、笙を足柄山に吹くの図に題す

鶺鴒原遠月孤明　　鶺鴒　原遠くして　月孤り明らかなり
欲出関門且駐行　　関門を出でんと欲して　且《しばら》く行を駐《とど》む

応惜平生広陵散　　応に平生の広陵散《くわうりやうさん》を惜しむべし
鉄衣風露夜吹笙　　鉄衣　風露　夜　笙を吹く
（山陽詩鈔、天保四年刊）[4]

「広陵散」は琴曲の名で、『源氏物語』明石の巻でも源氏が弾く場面がある。この曲は、晋の嵇康《けいこう》が隠者から授けられたもので、その死後伝えるものがなくなったという。『晋書』には、嵇康は誅せられるに際して広陵散を伝えずに自分は死んで行くと述べるとあるが、そのような切迫した精神性の反映した曲名をここに持ってくることによって、義光もまた命がけで兄義家のもとに向かおうとしているのだという強烈な印象を詩にこめることができた。また、広陵散は絶えてしまったが、豊原家の秘曲は義光と時秋の間に生まれた人間的な信頼によって、絶えることなく伝わっていったという山陽の価値判断も加わっていよう。「関門を出でん」は、漢代に置かれた「玉門関」という関所を意識していると山陽の書翰（後述）にある。「鉄衣」は鎧、鉄甲。

なお、この詩は文化十二年（一八一五）八月十三日付藤井機園・小野招月亭・小野移山亭宛書翰に載せられており、成立時期がその日付の直前であることがわかる。[5] ②茶山の詩は遺稿詩集に収められているが、遺稿集に収録された作品は文政四年以後のものなので、山陽の方が先に成立したものと知られる。③棕隠も文政九年成立なので、やはり山陽が早い。

なお、以下に書翰中の当該箇所を引用する（異同部分に傍線を施した）。

新羅三郎も掛ておき、おきて見つ、ねて見つ仕居候。決してわすれは不仕候。（中略）先第一番に此扇子、次に新羅に賛と仕候也。詩は、左の通に出来候。

脊令原上月孤明　　欲出関門駐旆旗
自惜平生広陵散　　満身風露夜吹笙

外に幾首も作見候へども、是がまだしもに候。出関門は生入玉関門の意、広陵散は嵇叔夜故事にて、秘曲の絶ることの套語也。是は今一度錬候て題、且直に三浦へ申付候も、表装の両方にて、壹方半位の事にて可然か。

また、天保七、八年刊の『日本外史』に義光についての記事がある。当時における『日本外史』の影響力のすさまじさは今更言うまでもあるまい(ただし、『日本外史』に「鶺鴒」という語は見出せない)。

⑤篠崎小竹《しのざきしょうちく》(一七八一〜一八五一)

新羅三郎、足柄山に笙を吹くの図に題す

吹笙伝秘遠従兄　笙を吹き　秘を伝へて　遠く兄に従ふ
佳誉千年山月明　佳誉《かよ》　千年　山月明らかなり
足柄近連腰越駅　足柄　近く連なる　腰越《こしごゑ》の駅
祖孫懸隔鶺鴒情　祖孫　懸隔《けんかく》す　鶺鴒の情

(嘉永二十五家絶句、嘉永元年〈一八四八〉刊)(6)

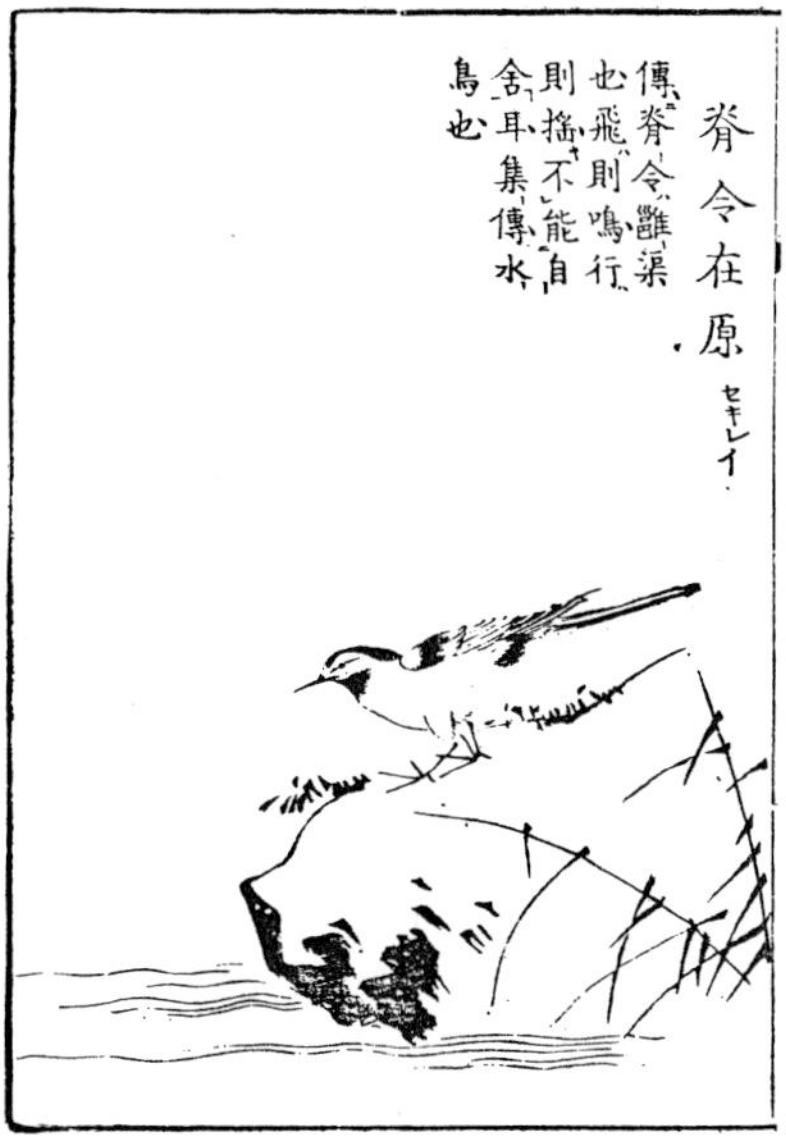

図24　『毛詩品物図攷』脊令

「佳誉千年山月明らかなり」は、誉れ高い話として千年後まで山月とともに美しく輝きを放っているの意。「腰越」は、壇の浦の合戦ののち義経がここまで来たところで鎌倉入りを頼朝によって拒否された場所である。「祖孫」のうち「祖」は義家・義光兄弟、「孫」は頼朝・義経兄弟。頼朝と義経の兄弟が決裂したのに対して、義家・義光兄弟は仲がよかった。すなわち、二組の兄弟の間には「懸隔(遥かな隔たり)」があるというのである。ちなみに頼朝と義経の父は平治の乱で敗れた義朝、その父が為義、その祖父が義家である。そのように、源氏の血統を持ち出してくるところが小竹独自の工夫となっている。なお、「懸隔」には、義家・義光兄弟も頼朝・義経兄弟も足柄・腰越を隔ててそれぞれ離れ離れであったというニュアンスもこめられていよう。離れ離れという点は共通するのに、結束の度合がこんなにも違うのかという作者の感嘆のこもった表現なのである。

⑥藤森弘庵《ふじもりこうあん》(一七九九～一八六二)

新羅三郎、足柄山に笙を吹くの図

鴒原風急路悠悠　　鴒原　風急にして　路悠悠
万里誰能伴客愁　　万里　誰か能く　客愁に伴はん
孤子心情丈夫涙　　孤子の心情　丈夫の涙
玉笙声冷柄山秋　　玉笙の声は冷《ひや》かなり　柄山《へいざん》の秋

(春雨楼詩鈔《しゅんうろうししょう》、嘉永七年刊)

「鴒原」は「鶺鴒在原」の略。「悠悠」は遥かな旅程の形容。『詩経』小雅・黍苗に「悠悠南行」とある。「客愁」は旅路の愁い。「孤子」は豊原時秋が父時元を失ったこと。「柄山」は、足柄山。

⑦奥野小山《おくのしょうざん》(一八〇〇～五八)

新羅三郎、笙を足柯山に吹くの図

千里関心奥地兵　　千里　心に関す　奥地の兵
捨官赴援鶺鴒情　　官を捨てて　赴援す　鶺鴒の情
身猶不惜況笙曲　　身猶惜しまず　況んや笙曲

吹尽鳳音和月清　　吹き尽くす　鳳音　月と和に清らかなり　（小山堂詩鈔、嘉永七年刊）[7]

「奥地」は奥州。「捨官」は、兵衛尉の官職を捨てて義光が奥州に向かったことを言う。「赴援」は助けに赴くこと。「鳳音」は鳳凰の鳴き声だが、ここでは笙の美しい音色の喩え。

⑧大槻《おおつき》磐渓《ばんけい》（一八〇一～七八）

新羅三郎、足柄山に笙を吹くの図

辺塞兇徒未伏誅　　辺塞《へんさい》の兇徒　未だ誅《ちゅう》に伏さず
吾兄幾歳苦馳駆　　吾が兄　幾歳　馳駆《ちく》を苦《ねんごろ》にす
一声吹徹離鴻曲　　一声　吹き徹す　離鴻《りこう》の曲
憑寄秋風到海隅　　秋風に憑寄《ひょうき》して海隅《かいぐう》に到る　（寧静閣二集、安政五年〈一八五八〉刊）[8]

「辺塞」は、夷狄の侵入を防ぐための国境の砦。「兇徒」は、悪者。「馳駆」は駆け回ることだが、ここでは奥州を転戦したこと。「離鴻」は、北へ帰る雁。その鳴き声は楽曲に喩えられる。『拾遺記』に「師涓新曲を造る。以て古楽に代はりて、春離鴻去雁応蘋之歌有り」とあるし、『円機活法』笙の条にも事実の項目に「離鴻」が掲出されており、「潘岳笙賦」が引用されている。「海隅」は海岸の入り込んだ所。この場合、兄義家のいる奥州。「鶺鴒原」の故事がないものの、「吾が兄」として兄弟という視点はある。「離鴻」にも離れ離れになった兄弟というニュアンスがこめられていよう。

⑨田《た》中《なか》芹坡《きんぱ》（一八一五～八二）

新羅三郎、笙を足柄山に吹くの図

虬鬚颯爽鉄衣寒　　虬鬚　颯爽として　鉄衣寒し

月底吹笙坐夜闌　　月底　笙を吹きて　夜闌《やらん》に坐す
不惜苦伝流徴曲　　惜しまず　苦に流徴《りうち》の曲を伝ふるを
孤征遠赴鵜鴣難　　孤征　遠く赴く　鵜鴣の難
（白鷗荘詩鈔、明治二年〈一八六九〉刊）

「虬鬚颯爽」「鉄衣」、いずれも①玉山の詩に出ている。「夜闌」は夜が更けること。「流徴曲」は楽曲の名。高調の曲の一。「孤征」は、義光が奥州に赴いたことを言う。

⑩斎藤竹堂《さいとうちくどう》（一八一五～五二）

源義光、笙を吹くの図

一夜山中草作茵　　一夜　山中　草を茵《しとね》と作し
玉笙吹落鉄衣塵　　玉笙　吹き落つ　鉄衣の塵
清光不隔東西月　　清光　隔てず　東西の月
同照辺城立馬人　　同じく照らす　辺城　馬を立てる人
（竹堂詩鈔、明治二十六年刊）

「茵」は敷き物。「鉄衣」は①玉山・⑨芹坡の詩にも出る。「辺城」は、奥州・足柄双方を指す。「立馬」は馬をとどめ立てること。気持ちの通じ合った兄弟に対して、月が清らかな光を同様に注いでいる。

⑪大沼枕山《おおぬまちんざん》（一八一八～九一）

足柄に笙を吹く図に題す

秘曲抽伝憐業断　　秘曲　抽伝して　業の断ゆるを憐み
長途跋渉救軍危　　長途　跋渉して　軍の危うきを救ふ
笙声一一寓誠意　　笙声　一一　誠意を寓す

恰有春山明月知　　恰《あたか》も　春山明月の知る有り

（枕山詩鈔、慶応三年〈一八六七〉刊）

「跋渉」は諸国を遍歴すること。『詩経』鄘風・載馳に載る表現。「長途跋渉して軍の危うきを救ふ」は義光が兄の窮地を救うため長い道のりをかけて奥州に赴くため足柄まで辿り着いたことを言う。「笙声」にこめられた「誠意」とは、兄を思慕する弟の誠実さ、そして正当な笙の継承者への誠意を言う。

この詩は、安政六年の成立。ここでは「鶺鴒原」の故事は用いられていないが、後に掲げる枕山の『日本詠史百律』（明治十六年刊）では「鴿原急難」の表現が出てくる。

⑫中内樸堂《なかうちぼくどう》（一八二二〜八二）

足柄山に笙を吹くの図

足柄山頭独去遅　　足柄山頭　独り去る遅し

関門駐馬月明時　　関門　馬を駐む　月明の時

可憐緱嶺鳳凰曲　　憐むべし　緱嶺《こうれい》　鳳凰の曲

却向鶺鴒原上吹　　却《かへつ》て　鶺鴒原上に吹く

（樸堂詩鈔、明治三年刊）

起句は、足柄山を義光だけが去らず、秘曲を伝えたことを言う。「関門」は足柄の関。「緱嶺」は「緱氏山《こうし》」、洛陽の南にある嵩山《すうざん》の一峰である。『閑吟集』に「索々たる緒のひゞき、松の嵐もかよひ来て、ふけてはさむき霜夜の、月を緱山に送る也」とあり、『和漢朗詠集』管絃に「数拍の霓裳は暁緱山の月を送る」（連昌宮賦）とある。また、緱氏山と言えば、やはり笙の名手王子喬《おうしきょう》が仙道を修め緱氏山から天に昇ってしまう『列仙伝』の記事が想起させられる。「却て」という表現には、緱氏山の故事と対比させつつ義光について語ろうとする明確な方法意識が認められる。

この詩は、『樸堂詩鈔』の「自嘉永癸丑（六年）至安政丙辰（三年）」という項目に収められている。

なお、①〜⑫のうち、①秋山玉山は、熊本藩儒。藩校時習館創建に力を尽くした。⑥藤森弘庵は、土浦藩儒。⑦奥野小山は、和泉伯太藩、近江三上藩などに仕えた漢学者。⑨田中芹坡は、彦根藩藩校文武館の教授。⑫中内樸堂は、津藩などに仕えた漢学者。あとは有名なので省略する。

（2） 内容をめぐって

以上、十二首の詩について共通するところをいくつか指摘しておきたい。

まずもっとも根幹と言うべき内容としては、

（甲） 苦労を重ねながら奥州を転戦している兄源義家の窮地を救おうとして、弟の新羅三郎義光が足柄の関を越えて進軍していく。

（乙） 豊原時元から伝えられた秘曲を、時元の子時秋に伝授する義光の笙の美しい音色が、足柄の関に響き渡っている。

という二点が十二首に共通するものとして挙げられよう。この二点を過不足なく入れた上で、どのように味付けしていくかが、「新羅三郎、笙を足柄山に吹くの図」という詩題に対した場合に課せられた詩人たちの共通の課題であったということが容易に想像されるのである。そして、技術の巧拙に若干の差はあるにせよ、十二人の詩人ともに第一の課題はこなしたと見てよい。

面白いのは、『詩経』にある鶺鴒の故事を、②茶山・③棕隠・④山陽・⑤小竹・⑥弘庵・⑦小山・⑨芹坡・⑫樸堂という八人が詠み込んでいることである。平安時代の漢詩では兄弟の喩えとしては「参たび言へらく半ば孔懐の声を帯びてむといへり」(菅家文草)、「連枝の半ば枯れたるを悲しび」(性霊集)などというように「孔懐」「連枝」が引かれており、その点でも兄弟の喩えとして鶺鴒の故事が引かれるのは珍しい。ただし、山陽以前の例として『風俗文選』所収の支考「牧童伝」では牧童・北枝という兄弟(金沢の俳人。加賀藩の研刀)について「世のまじはりの媒《なかだち》とならば、彼鶺鴒のはらからも、などや一巣のよしみなからん」とあるのが指摘できる。

さて、右の八名が鶺鴒の故事を詠みこんだ理由としては、言うまでもないことだが、まず第一に『詩経』という作品の権威と浸透度が指摘できよう。徐鼎『毛詩名物図説』(和刻本、文化五年〈一八〇八〉刊)、淵在寛『陸氏草木鳥獣虫魚疏図解』(安永八年〈一七七九〉刊)、岡元鳳『毛詩品物図攷』(天明五年〈一七八五〉刊)らの書によって、鶺鴒の図とともに『詩経』の文句が紹介され、巷間に流布したことからも、この故事の認知度の高さが容易に想像される。

しかし、それだけではなく、もう少し積極的にその要因を探ってみようとするなら、やはり茶山・棕隠・山陽ら有力な詩人たちが次々と鶺鴒の故事を取り入れたことによって、その故事自体を詠み入れることが望ましいとして他の詩人たちに受け止められたのではないかということがある。とりわけ、最も早く鶺鴒の故事を取り入れた頼山陽の存在がこの場合大きかったのではなかったか。山陽は、父春水が茶山と親しく、自身も廉塾の都講となり、また小竹とも親しかった。大槻磐渓は十七歳の時、山陽を訪ねて「筆力縦横、後来有望なり」と評されたと言う。人的交流という点でも、また詠史詩作者の代表格と目されたという点でも、山陽はこれら新羅三郎を取り扱った画賛詩群の中心に位置しているように思われる。もちろん、先に述べたような、広陵散の故事を引いて義光への思いを強烈に表明した山陽の詩自体の力も大きく作用していよう。そのようななかで、和歌の題詠における本意というほど強い拘束力はなくても、パターンの確立という程度には共同性が形作られたのだと思われるのである。

さらに、笙の音色の美しさを表現する際に鳳凰の鳴き声を持ってくるものが三首(②茶山・⑦小山・⑫樸堂)あること

図 25　歌川芳虎『東海道五十三次　箱根』(神奈川県立歴史博物館蔵，松濤美術館図録『武者絵』より転載)

にも注目しておきたい。そもそも「鳳管」という語が笙を意味するというように、楽曲の音色と鳳凰の鳴き声を喩え合わせることは鵜鴿の故事以上に一般的なことであったのである。後述する豊原時元七百年忌の詩でも頻出している。『蒙求』に載る「簫史《しょうし》鳳台」の故事は、簫史の吹く簫の音色が鳳凰の鳴き声に似るほど上達し、鳳凰も飛来するようになって鳳台を設け、やがて妻弄玉《ろうぎょく》とともに飛び去ってしまうというものである。『和漢朗詠集』管絃に載る「一声の鳳管は秋秦嶺の雲を驚かす」(連昌宮賦)という表現も有名であり、『円機活法』笙の条にも、「説文曰く、笙は正月の音なり。物生ず故、之を笙と謂ふ。十三簧有り。鳳の声に象る」とあり、「事実」「大意」の条にそれぞれ「鳳鳴」がある(『教訓抄』の「混天図」には、「笙は女媧氏の作るところ。十九の鳳浜に立ちて鳴き声種々なり。女媧これをきき、解谷の竹を切りて笙を作る。よつて笙を鳳管と名づく」とある)。

また、③棕隠の「周郎顧曲」、④山陽の「広陵散」、⑧磐渓の「離鴻曲」、⑨芹坡の「流徴曲」という表現にも、具体的に曲の雰囲気を表現したという点で、工夫の跡が見られる。

ところで、ずいぶん後回しになってしまったが、「新羅三郎、

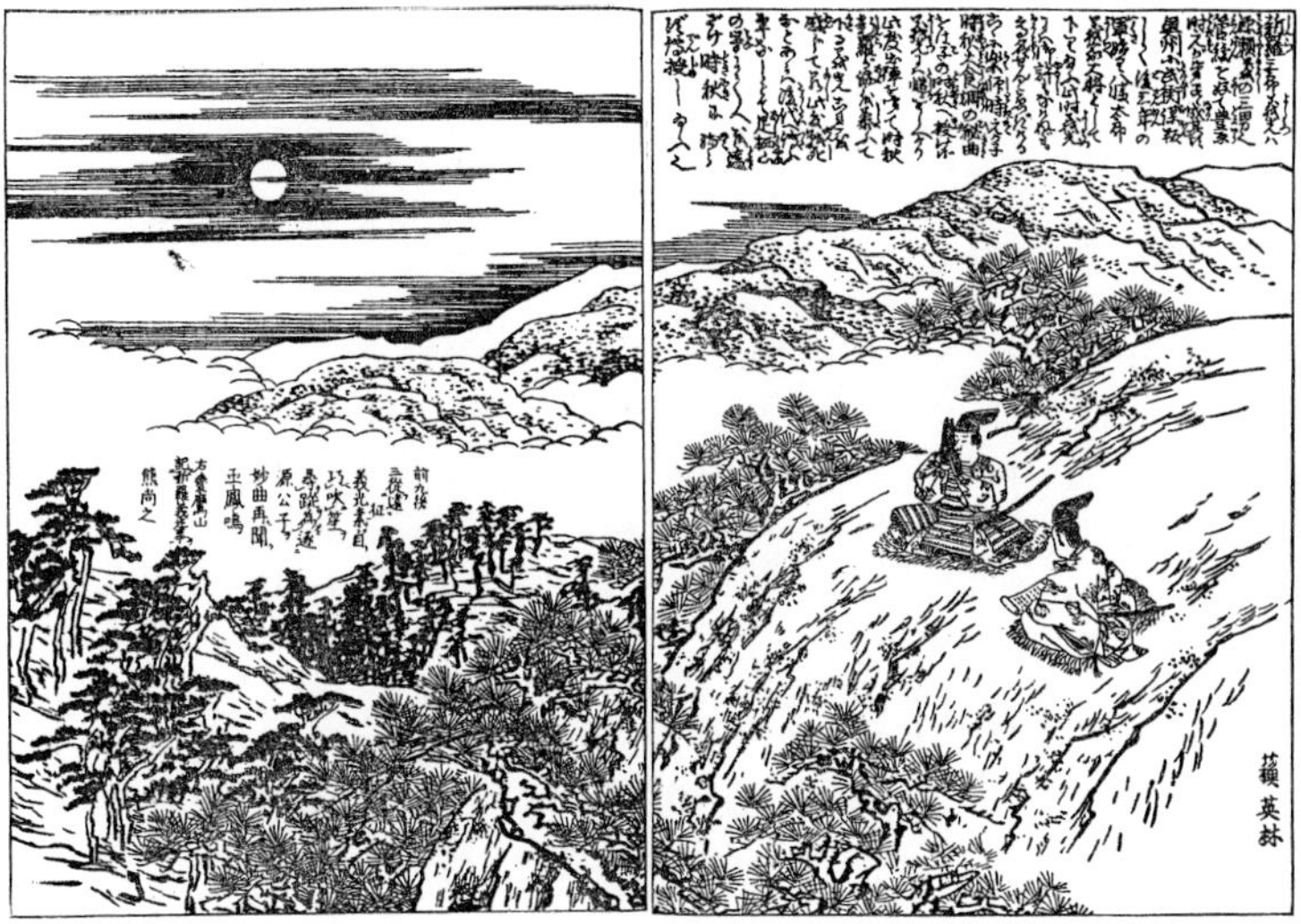

図26 『東海道名所図会』足柄の関

笙を足柄山に吹くの図」というのはどのような絵画であったのだろうか。この画題では、幕末の冷泉為恭《れいぜいためちか》が十余点を描いており、その点特に注目される他、江戸後期の住吉広尚の作品もある。為恭の作品では、いずれも「中央に義光と豊秋の二人を、遠景に左右から迫る山並と月とを配す構成を基本」[9]とする。ただし、冷泉為恭は文政六年生まれなので、玉山や山陽らの画賛との直接の関わりはない。また、志村有弘・諏訪春雄編『日本説話伝説大事典』(勉誠出版)には東京大学史料編纂所蔵の図が載る。他に、歌川芳虎の浮世絵や北尾重光の肉筆画もある。ちなみに、林羅山の『本朝百将伝』(明暦三年〈一六五七〉刊)にも義光の図が載っている。そこには、

源の義光は新羅三郎と号す。奥州に赴くに兄の義家に属し、武衡・家衡を撃ちて軍功有り。善く騎射の礼式を知れり。其の子孫、世々之を伝ふ。

と記されているが、ここでは笙は描かれていない。

(3) 画賛以外の漢詩

画賛以外にも、新羅三郎を詠んだ漢詩としては次のような

ものが見出せた。

熊谷箕山《くまがいきざん》(一七二九～九九)

前九後三従遠征　前九　後三　遠征に従ふ
義光素自巧吹笙　義光　素《もと》より自ら笙を吹くに巧みなり
尋蹤為逐源公子　蹤を尋ねて　源公子を逐ふ為に
妙曲再聞玉鳳凰　妙曲　再び聞く　玉鳳凰

(東海道名所図会、寛政九年刊)

小林畏堂《こばやしいどう》(?～?)「源義光」

従軍有底緩厳程　従軍　底に有りてか　厳程を緩うす
袖裏私蔵白玉笙　袖裏　私に蔵す　白玉笙
不慳一曲伝深秘　慳《をし》まず　一曲　深秘を伝ふるを
足柄山高片月明　足柄　山高うして　片月明らかなり

(畏堂詠史百絶、天保三年刊)

影田蘭山(一七九一～一八五二)「源義光」

遠駆虎隊破辺営　遠駆の虎隊　辺営を破る
勇略奮然驚万兵　勇略　奮然として　万兵を驚かす
堪感楽工当日事　堪感す　楽工　当日の事
山中下馬坐吹笙　山中　下馬して　坐《そぞ》ろに笙を吹く

(百将新詠、天保十一年序)

大槻磐渓「新羅三郎義光」

班荊対坐説中情　　班荊　対坐して　中情を説く
露滴鉄衣山月明　　露　鉄衣に滴りて　山月明らかなり
幾曲宝笙伝秘訣　　幾曲の宝笙　秘訣を伝へ
餘音嫋嫋徹天清　　餘音　嫋嫋《でうでう》　天に徹して清し
（国詩史略、明治四年刊）

谷合南涯（一八三一～七九）「新羅三郎義光」

吹笙一夜坐山巓　　笙を吹き　一夜　山巓に坐す
孤子追行情可憐　　孤子　追行す　情　憐ぶべし
恰是春風明月好　　恰かも是れ　春風　明月の好《よ》きか
可無秘曲向渠伝　　秘曲渠《かれ》に向かひて伝ふること無かるべけんや
（日本英雄百絶、明治十年刊）

大沼枕山「源義光」

鴿原急難出京畿　　鴿原　急難　京畿を出づ
笑舎門官敝屣微　　笑ひて　門官を舎《す》つ　敝屣《へいし》の微
得楽士誠伝秘曲　　楽士の誠を得て　秘曲を伝へ
有従臣勇助軍威　　従臣の勇有りて　軍威を助く
弟兄親愛誰能比　　弟兄の親愛　誰か能く比せん
孫子繁滋固所稀　　孫子の繁滋　固《まこと》に稀なる所
不啻峡中称武氏　　啻《ただ》に峡中に武氏を称さず
信常笠竹族成囲　　信常　笠竹　族　囲を成す
（日本詠史百律、明治十六年刊）

興味深いことには、右のうち枕山以外では鶺鴒の故事が用いられていない。その分、単調な印象も受ける。画賛という特質が鶺鴒の故事を詠ましめる要因として直接作用しているのかどうかは、今の時点ではなんとも言えないが、一応注意しておきたい。

三　豊原時元七百年忌の詩歌

ところで、松浦《まつら》静山《せいざん》『甲子夜話《かつしやわ》』巻七十五には、豊原時元七百年忌・豊原統秋《むねあき》三百年忌の記事が載っている。新羅三郎義光に関する詠史詩と少なからず関係があると思われるので、ここで触れておきたい。時元が没したのは保安四年（一一二三）、また統秋が没したのは大永四年（一五二四）であり、七百年忌・三百年忌が行なわれたのは文政六年（一八二三）であった。

時元七百年忌の方は、六月に武家方によって「夏懐旧」との題で、統秋三百年忌の方は、八月に堂上方によって「秋懐旧」との題で、それぞれ詩歌が作られている。これには、ちょっとしたいきさつがあった。最初武家側が堂上に対して七百年忌・三百年忌両方の追善詩歌の制作を依頼したのに対して、統秋は逍遥院（三条西実隆）と和歌を贈答したこともあり公家に縁のある人物だから、三百年忌の方は引き受けるが、時元の方は公家とは特に関わりがないし、むしろ武家の棟梁源義家の弟である新羅三郎との縁からすると、武家方でやったらよろしいでしょうというような返事があった。そこで堂上・武家双方でそれぞれ追善詩歌が制作されることになったというわけなのである。

『甲子夜話』ではその折に詠まれた多数の和歌・漢詩を書き留めているので、いくつかを抄出してみたい。まず、堂上方の統秋追善の作品。題はすべて「秋懐旧」である。

花山院愛徳

文永距今三百年　　文永　今を距つること　三百年
清音妙曲子孫伝　　清音　妙曲　子孫伝ふ
遥知我祖班仙籍　　遥かに知る　我が祖　仙籍を班するを
与在鳳台月下筵　　与に鳳台月下の筵に在り

三条公修

いにしへの音をもしのべと笛竹のしらべにかよふ松の秋かぜ

四辻公万

伎名不朽伶官賢　　伎名　朽ちず　伶官の賢
已歴星霜三百年　　已に歴る　星霜　三百年
実是古今称卓犖　　実に是　古今　卓犖《たくらく》と称す
流芳奕世業相伝　　流芳　奕世《えきせい》　業相伝ふ

三条実万

呉竹のよゝ吹伝ふ風の音にふりし昔の秋を社《こそ》おもへ

石井行宣

笛たけに竹はむ鳥のよゝの声をつたへてきくもふるごとの秋

三条西実勲

百とせをかさねて回るいにしへのけふをぞ更にあと忍ぶ也

続いて、時元を追善した武家方の作品もいくつか抜き出しておこう。題は、すべて「夏懐旧」。

松平定信《まつだいらさだのぶ》
世々遠くかけてしのべば夏の夜の月もおぼろのあしがらの山

松浦静山
明やすき夜ともいはじ月にふく笛もむかしの音をつたへきて

堀田正敦《ほったまさあつ》
立花のむかしおぼゆるふえ竹にながきよつたふ音や残るらん

巨勢利和
ほとゝぎすすぎし雲ゐに笛のねを聞えあげゝる名こそ高けれ

成島司直《なるしまもとなお》
あしがらの山ほとゝぎす音にぞ鳴なゝ百とせの五月雨のそら

北村季文
足がらの山ほとゝぎす音に鳴てしたひしあとをまたしたふ哉

徳川斉修
豊家絶技世振々　豊家の絶技　世に振々
瑶管金簧妙入神　瑶管　金簧《きんくわう》　妙にして神に入る
七百余年伝此道　七百余年　此道を伝ふ
鳳鳴猶憶柄山春　鳳鳴　猶憶ふ　柄山の春

林《はやし》　述斎《じゅっさい》

箕業不忘継述心　箕業　忘れず　継述の心
相山授受古猶今　相山　授受　古　今の猶《ごと》し
蟬嘶松籟声相和　蟬嘶き　松籟　声相和す
彷彿当年鳳管音　彷彿す　当年　鳳管の音

和歌で、ほととぎすについて詠まれることが多いのは、「いにしへに恋ふらむ鳥はほととぎすけだしや鳴きし我が思へるごと」(万葉集・巻二・額田王)以来懐旧の鳥としての役割を担ってきた和歌的伝統による。立花(橘)も「五月待つ花橘の香をかげば昔の人の袖の香ぞする」(古今集・夏・読人不知)以来、昔を思うことに深く関わる景物であった。

時元七百年忌をめぐる漢詩四十首のうちのなかに、鶺鴒の故事を取り入れたものは、

泉本明善

鳳曲修途乞教情　鳳曲　修途　教を乞ふの情
鶺令雖急為停行　鶺令　急と雖も　為に行を停む
秘腔七百年来業　秘腔　七百年来の業
伝得空山月下声　伝へ得たり　空山　月下の声

という一首だけである。思うに、鶺鴒の故事は新羅三郎の兄弟愛を表現するためのものであり、ここでの漢詩は豊原時元に焦点が当てられているので、そちらに表現の主眼が置かれたということなのであろう。逆に笙の音色の美しさを表現するための鳳凰の鳴き声との比較はしばしば見られるのである。

ちなみに、安永二年には統秋二百五十年忌も行なわれている。安永二年、文政六年と二度にわたる豊原家への追善

行事の存在も、「新羅三郎、笙を足柄山に吹くの図」賛が盛んに詠まれたことどこかで関わっていると思う。

四　和歌・川柳

さて、最後に漢詩以外の例をもう少し検討しておく。村上忠順《むらかみただまさ》編『詠史河藻《かわも》歌集』（文久二年〈一八六二〉刊）には次のような詠史和歌が載っている。

源義光朝臣　　古川松根
こゝろありて君つたへずは足がらのみねのまつ風ふきやたえなむ

本間游清
したひこしあしがら山の月の夜に吹つたへしやうれしかるらむ

足代弘訓《あじろひろのり》
あしがらの山かぜよりも音たかしをしへし笛のむかしがたりは

樽井守城
笛の音を月にすまして君が行みちのおくをやをしへおきけむ

高橋残夢《たかはしざんむ》
ふえの音に吹あはせてやつたへけむあしがら山のみねの松風

富田礼彦
さやかなる月にふきけむふえの音もつたへてたかしあしがらの山

新羅三郎義光があしがら山にて豊原時秋に笙の秘曲をつたへたるかたかけるに
本居宣長
したひこし東のみちの家づとにいへの風をぞふきつたへたる
松崎　明
あしがらや山かぜさむく吹ならすふえをかたみにたちわかれけむ
橘《たちばな》　千蔭《ちかげ》
なさけしる人しもなくは笛竹のよゝのしらべもふきはつたへじ

宣長の「かたかける」とは、画賛であることを意味する。新羅三郎の画賛は詩人たちだけが作っていたのではなかった。そのことからは、当時新羅三郎の絵画が広く流布していたこともわかる。

守城の「みちのおく」には、笙の道の奥義との意と、これから義光が向かう陸奥の意が懸けられており、同様の表現は、長沢伴雄編『詠史歌集』(嘉永六年刊)に収められている、

源義光朝臣　小野《おの》　務《つとむ》
あづまぢのいはでしのびし道の奥をいまはとゆるすあしがらの関

にも見出せる。この歌については、加納諸平《かのうもろひら》の評「三句二すぢをかねたるもまた言の葉のみちのくなるべし」が付されている。

その他、『日本史伝川柳狂句』(古典文庫)を検すると、

快童の遊んだ山で笙の笛

との句を知り得た。当時の足柄は、まず金時伝説、次いで義光伝説で知られる土地だったのではないか。

五　おわりに

以上を要するに、十八世紀中頃から幕末にかけて、「新羅三郎、笙を足柄山に吹くの図」に対して菅茶山・頼山陽ら十二人による画賛が詠じられ、それ以外にも新羅三郎義光を詠んだ漢詩、また和歌や川柳があった。新羅三郎義光のイメージについては、『古今著聞集』をはじめ、漢文体逸話集や『日本外史』などによっても人々によく知られ、豊原時元七百年忌など豊原家に関連する行事もまたそれに貢献したであろう。画賛十二首では、兄思いの弟と笙の秘曲を伝える芸術家という両面から義光の人格が称揚され、かつ『詩経』に見られる鶺鴒の故事を詠みこもうとすることが多く見られた。山陽の詩にこめられた強烈な表現力も高く評価されてよい。

なかでもやはり、画賛において鶺鴒の故事が多く用いられていることが興味深い。そこには、新羅三郎を詠むのなら鶺鴒の故事にも言及するべきだという認識を共有しようとしている無意識的な集団意識があるのだろう。同じ構図を有する絵画の浸透も、そのような共同性を保証するものであった。江戸時代の詠史詩については「格調は千篇一律となり、読者の感情を揺り動かす様なものは殆どない」[10]とする指摘もあるが、むしろ表現の同一性のなかに見られる一体感のようなもの、そして機知的な側面をもっと積極的に認めてもよいのではないか。この鶺鴒の故事をめぐる一連のありようは、表現を共有しつつ自己の感懐を表出していこうとする、高度に知的な詠史詩の特質を端的に表わしていると思われる。

（1）　山崎美成『海録』では、湯浅常山『文会雑記』の「新羅三郎殿奥州へ下られし歳月不詳」との記事を引用した上で、「時秋物語にて、時節いと詳なり、すべて此一条、この物語より委しきはなし、新羅三郎の笙を学ばれし事は、著聞集にみえたり」とする。

(2)『新日本古典文学大系　菅茶山　頼山陽詩集』(岩波書店、一九九六年)
(3)上村才六『日本詠史集詳解』(聲教社、一九二八年。覆製、松雲堂書店、一九八八年)を参考にした。
(4)守田敬斎『詠史絶句』にも所収。
(5)徳富蘇峰・光吉澆華『頼山陽書翰集』(民友社、一九二七年)
(6)守田敬斎『詠史絶句』にも所収。
(7)『嘉永二十五家絶句』にも所収。二句目「官を棄てて」。
(8)『皇朝分類名家絶句』にも所収。
(9)門脇むつみ「冷泉為恭筆　足柄山図」(國華、二〇〇一年九月)
(10)山岸徳平「頼山陽の日本楽府」(斯文、一九五三年八月。『山岸徳平著作集 1』有精堂刊にも所収)

【付記】斎藤竹堂「外国詠史」中のピョートル大帝についての詩において、「鶺鴒原冷し　一身孤なり」との表現が用いられている。田中芹坡の「義経、頼朝に黄瀬川に会するの図」と題する詩においても、「同胞　相会す　鶺鴒の情」とある。

初出一覧

＊は学会発表。

序論　書き下ろし

第一章　近代への道程

第一節　『国語と国文学』(東京大学国語国文学会)七十五巻一号、一九九八年一月　＊和漢比較文学会東部例会(一九九七年七月、於東北大学)

第二節　『国語と国文学』(東京大学国語国文学会)七十七巻十号、二〇〇〇年十月　＊東京大学国語国文学会シンポジウム(一九九九年十一月、於東京大学山上会館)

第三節　『ユリイカ』(青土社)三十三巻一号、二〇〇一年一月

第四節　『江戸文学』(ぺりかん社)二十七号、二〇〇二年十一月

第二章　歌人と伝統

第一節　【うた】をよむ―三十一字の詩学―』(三省堂、一九九七年)

第二節　『和歌文学研究』(和歌文学会)八十六号、二〇〇三年六月　＊和歌文学会大会(二〇〇二年十月、於日本大学)
『解釈と鑑賞』(至文堂)六十五巻五号、二〇〇〇年五月

第三節　『國文學』(學燈社)四十五巻五号、二〇〇〇年四月　＊和歌文学会大会(一九九九年九月、於金沢学院大学)
『国文目白』(日本女子大学国語国文学会)四十号、二〇〇一年二月

第三章　聴覚世界の拡張
第一節　『日本文学』(日本文学協会)四十八巻十号、一九九九年十月
第二節　『國文學』(學燈社)四十四巻二号、一九九九年二月
第三節　『國文學』(學燈社)四十七巻八号、二〇〇二年七月

第四章　歌枕から名所へ
第一節　『文学』(岩波書店)三巻二号、二〇〇二年三月　＊和歌文学会五月例会(二〇〇一年五月、於日本女子大学)
第二節　『日本女子大学大学院文学研究科紀要』(日本女子大学)八号、二〇〇二年三月
『新編日本古典文学全集月報』(小学館)八十四、二〇〇二年七月

第五章　絵画体験の浸透
第一節　延廣眞治編『江戸の文事』(ぺりかん社、二〇〇〇年)
第二節　『日本女子大学紀要　文学部』(日本女子大学)五十号、二〇〇一年三月　＊和漢比較文学会東部例会(二〇〇〇年七月、於東京成徳短期大学)

初出時そのままのものはなく、字句を修正したり、新たに知った点を書き加えたりした。

また、個々の論考の間に重複があるが、それぞれの論の完結性を重んじて、それを削ることはほとんどしなかった。

あとがき

本書は、七年間勤めた茨城大学の後半から、四年間勤めた日本女子大学の三年目までに執筆した論文を収めた。地方国立の共学校と東京の私立女子校では学校の雰囲気はずいぶん違うけれども、私はどちらも同じくらい好きなのである。どちらの学校でも多くのすぐれた教え子たちに恵まれた。この場をかりて、まずふたつの学校に感謝したい。

今から二十二年前、大学院修士課程の面接試験を受けた時、「修士に入ったら、何を勉強したいか」と聞かれて、あれこれと研究計画を述べた私に対して、日頃ほとんどお話ししたことのなかった近代文学の先生から、「でも、研究というのは予定調和的にはいきませんよ」と言われたのが印象に残っている。たぶん、その先生がおっしゃりたかったのは、自分という枠組みをあらかじめ規定してしまわず、対象に身を任せることで引き出される意外な自分をその時々で表現しなさいということだったのだろうと思う。はたして、自分にはそれができてきたのだろうか。

一方、四十四歳になろうとしている今現在、どうしようもなく自分らしいこと、欠点も含めて、こうとしかふるまいようがない自分というものも痛感しているし、それは、二十二歳の時にすでにあったようにも思う。そのような葛藤を抱えつつ、自分の枠組みと格闘すること、それこそ研究するということなのだろうが、四十歳を過ぎて遅まきながら実感を伴ってそのことがわかるようになってきた気がする。今ごろになってそんなことに気づく迂闊さも自分らしいのかもしれない。

本書では、ずっと愛着を持ってきた江戸の和歌および漢詩が日本の文学の流れの中でどのように定位されるべきかについての論考を収めている。江戸詩歌は、それ以前の実りをふんだんに受けとめて、さらに豊かにし、近代以降へと連なって、今日にまで至っている。文学史の崩壊も叫ばれる昨今だが、大きな時間の流れの中にいる小さな自分がその位置を確認する手立てとしての文学史の可能性を私は信じている。

江戸詩歌を研究することで、自分の枠組みは新たな地平へと開かれる。そして、自分らしさも確かめられる。そのふたつは二律背反ではないのだ。

岩波書店の吉田裕氏は、出版をお薦め下さり、お忙しいなか刊行まで漕ぎ着けて下さった。吉田氏の情熱に突き動かされて、私のこれまでの個々の論文に息吹きが与えられ、ひとつの生命体のように一書にすることができたと思う。心から感謝申し上げる。

また、個々の論文に対してご意見を賜わった方々と、初出時にお世話になった編集者の方々、索引作りにご助力賜わった田代一葉氏にもこの場をかりて感謝申し上げたい。

そして、校正に協力してくれた妻宏子にもお礼を言いたいと思う。

鈴木健一

二〇〇四年一月

■岩波オンデマンドブックス■

江戸詩歌史の構想

2004年 3月26日 第1刷発行
2016年 2月10日 オンデマンド版発行

著 者 鈴木健一《すずきけんいち》

発行者 岡本 厚

発行所 株式会社 岩波書店
〒101-8002 東京都千代田区一ツ橋2-5-5
電話案内 03-5210-4000
http://www.iwanami.co.jp/

印刷／製本・法令印刷

ISBN 978-4-00-730375-3 Printed in Japan

主要人名索引

あ 行

か 行

さ 行

た 行

な 行

は 行

ま 行

や 行

ら・わ 行

主要書名索引

あ 行

か 行

さ 行

た 行

な 行

は 行

ま 行

や 行

ら 行

わ 行